THÈSE

POUR

LE DOCTORAT

ÉTUDE HISTORIQUE ET CRITIQUE

SUR LE

CONSENTEMENT DES ASCENDANTS

AU MARIAGE

> « Il faut perfectionner nos lois civiles si
> « nous voulons qu'elles restent pour le
> « monde des leçons et des modèles de jus-
> « tice et de raison ».
> Boissonade, *Revue pratique*, 1868, p. 67.

THÈSE POUR LE DOCTORAT

L'ACTE PUBLIC SUR LES MATIÈRES CI-DESSUS

Sera présenté et soutenu le 26 Mai 1899 à 1 heure.

PAR

FRANK BERNARD

Avocat à la Cour d'Appel

Président : MM. CHÉNON, *professeur.*
Suffragants { LEFEBVRE, *professeur.*
PLANIOL, *professeur.*

PARIS

LIBRAIRIE DE LA SOCIÉTÉ DU RECUEIL GÉNÉRAL DES LOIS ET DES ARRÊTS
ET DU JOURNAL DU PALAIS
Ancienne Maison L. LAROSE et FORCEL
22, *rue Soufflot,* 22
L. LAROSE, Directeur de la Librairie
1899

A LA MÉMOIRE DE MON PÈRE

A MA MÈRE

Hommage de vénération et de reconnaissance.

DU CONSENTEMENT DES ASCENDANTS

AU MARIAGE

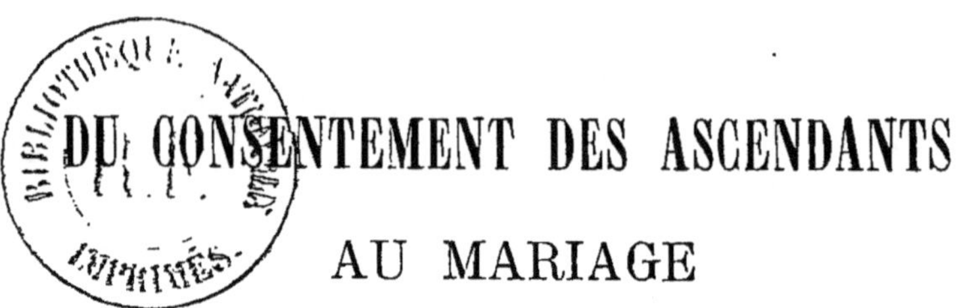

INTRODUCTION

Une loi récente — la loi du 20 juin 1896 — sous un titre modeste (1), a fait faire un grand pas à notre législation matrimoniale.

Ce n'est pas que les modifications introduites aient été considérables. Il n'y a eu que des réformes d'ordre pratique, à portée restreinte, modifiant la forme, non le fond de la législation (2).

Mais il en est de certaines lois comme de certains événements politiques. Pris en eux-mêmes, ils sont insigni-

1. Loi du 20 juin 1896, *portant modification de plusieurs dispositions légales relatives au mariage, dans le but de le rendre plus facile.* J. *Off.* du 24 juin 1896, p. 3461.

2. La loi de 1896 a supprimé le renouvellement de l'acte respectueux, rendu plus facile l'expression du consentement familial et dispensé de certains droits les actes à produire par les futurs conjoints indigents. Voy. le commentaire de cette loi dans : *Lois nouvelles*, 1896, p. 321 ; Loubat. *Des formalités du mariage simplifiées par la loi du 20 juin 1896*, Paris 1897 ; Grandjean et Glard, *Facilités accordées au mariage*, Paris, 1896 ; Blanc du Collet, *Commentaire de la loi du 20 juin 1896*, Paris, 1897.

fiants. Rattachés, plus tard, aux faits qui ont précédé et à ceux qui ont suivi, ils acquièrent une importance notable. Pourquoi ? Parce qu'en eux était contenu le signe décisif d'un changement prochain, parce qu'un œil observateur eut pu apercevoir sous le menu fait d'hier, le gros événement de demain.

L'acte législatif du 20 juin 1896 semble jouer ce rôle dans l'histoire du droit matrimonial. Il est chétif de dispositions et gros de promesses. Il fait peu pour le présent et beaucoup pour l'avenir. Le législateur de 1896 a été timide. Nous devons l'en louer. Il marchait sur un terrain difficile. Il eût trébuché, s'il s'était hâté. Il a préféré parcourir peu de chemin et tracer une route sûre pour le législateur du siècle prochain. Deux défectuosités de notre législation matrimoniale ont été mises à nu : son formalisme excessif et l'autoritatisme trop absolu, à certains égards, de la puissance paternelle.

Ainsi a été soulevée de nouveau devant le Parlement et devant le pays tout entier, l'éternelle question de l'accord de la liberté et de l'autorité dans la famille. Grave problème social ! De sa solution, dans les siècles passés, a dépendu la forme tour à tour patriarcale, aristocratique, despotique ou individualiste de la famille et, partant, de la société faite ordinairement à l'image de la famille ; à sa solution dans le temps présent, se rattache l'avenir de notre race et de notre pays.

On examinera ici un des aspects du problème. Ce n'est pas le moins intéressant. Il s'agit de rechercher dans quelle mesure la famille doit intervenir lors du mariage d'un de ses membres.

On connaît la réglementation actuelle. L'homme âgé de moins de 25 ans, la femme n'ayant pas 21 ans accomplis, doivent, pour se marier, obtenir le consentement de leurs ascendants, à peine d'annulabilité du mariage. Après la majorité de 25 ou de 21 ans, il suffit de solliciter, par acte respectueux, le conseil des mêmes personnes, l'omission de cette formalité ne rendant pas, d'ailleurs, le mariage annulable.

La critique moderne s'élève contre ces dispositions. Quel sera le droit de l'avenir ? L'autorité paternelle continuera-t-elle à exercer sa toute-puissance sur le mariage de la fille ayant moins de 21 ans, ou du fils mineur de 25 ? Cette autorité sera-t-elle remplacée par un système de protection sociale de l'enfance ? La puissance paternelle et la puissance publique seront-elles écartées l'une et l'autre, pour donner carrière au libre choix de l'enfant ? Et si ces divers systèmes sont repoussés comme trop absolus, dans quelle proportion les combiner entre eux, pour en faire sortir cette règlementation moyenne, que la sagesse des nations proclame la meilleure ? Tels sont les termes du problème.

Cent fois posé, il a reçu cent solutions différentes. Qu'on n'attende pas de nous une cent unième solution. La conclusion de ce travail ne sera pas une formule abstraite, destinée à supprimer tout point d'interrogation. La science sociale a ses problèmes comme les sciences mathématiques. Mais elle n'a pas à sa disposition, pour les résoudre, des éléments simples, des chiffres. Chez elle, tout est complexité, diversité. Il y a un droit directeur, extra-positif. Mais qui nous donnera la liste complète de ses théorèmes essentiels ? On risque de faire fausse route si on veut réduire une institution sociale à une équation algébrique et déterminer *a priori* sa valeur intrinsèque. Y a-t-il même une science sociale (1) ? Il y en aura une le jour où les sociologues auront trouvé les lois qui président au développement des êtres sociaux. Mais ce jour est encore éloigné, assurent les uns ; d'autres affirment qu'il est arrivé (2).

Au reste, il ne s'agit pas ici de sociologie, mais de législation. Et la législation est avant tout un art. La méthode d'observation sera ici la plus féconde. Nous chercherons les éléments de solution, non dans la métaphysique, mais dans l'histoire. Nous demanderons aux siècles passés les secrets de leurs dispositions sur l'intervention de la famille dans le mariage. Les origines de notre droit seront mises à profit : nous fouillerons les lois romaines et les coutumes de la Germanie. Le droit canonique, le grand analyste du mariage, sera consulté tout spécialement. Nous recueillerons aussi les éléments fournis par les ordonnances royales et le droit intermédiaire.

A l'étude historique succèdera l'exposé des législations actuelles. Le Code civil, modifié par la loi de 1896, sera l'objet d'un minutieux examen. Puis l'horizon s'élargira. Le *nil humani a me alienum puto* devenant chaque jour davantage une nécessité d'ordre pratique, nous scruterons l'espace, après avoir scruté le temps. Nous demanderons aux législations voisines, sœurs de la nôtre par les origines et la civilisation, quelles solutions elles ont données au problème.

1. Le mot paraît avoir été employé pour la première fois dans son sens étroit et précis, par Le Play, *De la Réforme sociale en France*, Paris, 1878, t. I, p. viii, ix et 38.

2. Voy. Henri de Tourville, *La Science sociale est-elle une science?* dans la *Science sociale*, janv. févr. avr.. déc., 1886 ; Edmond Demolins, *L'état actuel de la science sociale*, dans la *Science sociale*, janv. 1893 ; Champault, *Un exposé abrégé de la science sociale*, dans le *Mouvement social*, août 1894.

C'est alors seulement que les faits recueillis et classés permettront de poser quelques principes généraux. Nous mettrons en œuvre les observations fournies par l'histoire et le droit positif moderne, pour dégager les tendances de la législation, son orientation probable. Les critiques formulées contre la législation actuelle seront passées en revue, ainsi que les modifications proposées. Puis nous chercherons à préciser les réformes immédiates et pratiques destinées à compléter l'œuvre du législateur de 1896.

Ainsi cette étude de la théorie du consentement familial au mariage se divisera d'elle-même en trois parties, comprenant: le développement historique de la théorie, — nous insisterons particulièrement sur cette partie, — sa réglementation actuelle en France et à l'étranger, enfin son organisation désirable.

PREMIÈRE PARTIE

ÉTUDE HISTORIQUE

> « *Les lois d'une époque sont filles de*
> « *l'époque précédente, et lorsqu'un législa-*
> « *teur veut élever un édifice solide, il donne*
> « *toujours pour fondement à ses institu-*
> « *tions nouvelles quelques-unes des insti-*
> « *tutions du passé.* »
> D'ESPINAY, *Influence du droit canonique.*

Nous ne remonterons pas aux premiers âges humains, décrits par la Genèse, ni à l'époque pendant laquelle l'humanité dégradée vivait dans l'état de demi-promiscuité (1) dont les mœurs des peuplades sauvages peuvent donner une idée quelque peu exacte (2).

Nous ne nous arrêterons pas davantage aux premiers siècles de civilisation, quand l'union de l'homme et de la femme dut se plier aux exigences de la coutume et que la famille reçut une réglementation légale. Outre que les

1.   ... *Venerem incertam rapientes, more ferarum*
        Viribus editior cædebat, ut in grege taurus.
                    Horace, *Satires*, liv. I, sat. III, vers 109-110.

2. Voyez : Glasson, *Les Institutions primitives au Brésil*, Paris, 1889, p. 5 et s.; Lafitau, *Mœurs des sauvages américains*, Paris, 1724, t. I, p. 555 et s.; Paul Gide, *Etude sur la condition privée de la femme*, 2ᵉ édit., Paris, 1885, p. 14 et s.; Letourneau, *Evolution du mariage et de la famille*, Paris, 1888, p. 46 ; Starcke, *La famille primitive*, Paris, 1891, p. 117 et 241.

lois primitives sont mal connues, leur étude ne saurait avoir une sérieuse utilité. Les vieilles législations orientales apparaissent comme absolument ignorantes des principes du droit moderne. Spécialement en ce qui concerne l'intervention de la famille dans le mariage, elles ne semblent pas admettre qu'une situation intermédiaire puisse exister entre la liberté complète de l'enfant et son asservissement absolu. Le fils, presque partout, se marie librement. Le mariage des filles, au contraire, est subordonné de bonne heure, à la volonté despotique de la famille. C'est que la fille restant auprès de ses parents, constitue pour ceux-ci une source de profits. Dès lors, qui veut enlever la fille doit la payer. Le consentement de la famille s'achète. La forme primitive du mariage est la vente, vente de gré à gré, ou vente aux enchères publiques (1).

D'autre part, ces législations sont imprécises, contradictoires même. Dans l'ancien droit des Perses, la puissance paternelle comportait les plus tyranniques abus (2). Pourtant on reconnaissait comme union inférieure, mais parfaitement légale, le *Khodask Raï Zan*, mariage dans lequel la fille se donne à un époux contre la volonté de ses parents (3). Le droit indou offre un exemple semblable. La femme avilie, dégradée a pour unique fonction sociale de donner des enfants mâles à l'homme. Durant toute sa vie, elle reste soumise à l'autorité absolue de son père, de son mari ou de ses proches (4). Néanmoins, si on refuse

1. Par exemple, chez les Assyriens. Voy. Letourneau, *op. cit.*, p. 142.

2. Aristote, Eth. Nicom., VIII, 10.

3. Dareste, *Ancien droit des Perses*, Paris, 1886, p. 8. — Martin, *Histoire de la femme*, Paris, 1862, t. I, p. 281.

4. Lois de Manou (trad. Loiseleur-Deslongchamp, Paris, 1883),

de la marier, elle peut se donner elle-même en légitime union, sans avoir à solliciter aucune autorisation (1).

Laissons donc de côté l'étude stérile des antiques législations. Abordons de suite l'examen des législations plus modernes, plus précises dans leurs dispositions, vraies mères du droit matrimonial actuel.

C'est d'abord le droit romain qui, le premier, contient une théorie raisonnée de la famille, du mariage et de la puissance paternelle. C'est le droit germanique, œuvre grossière, point savante, mais intuitive des préceptes de la *naturalis ratio.* C'est la législation canonique, venant compléter l'œuvre civilisatrice de l'Église, créant un droit matrimonial nouveau qui étonne les peuples, mais qui s'impose à eux. C'est le droit des ordonnances royales et des civilistes, œuvre sans cohésion ni principes fermes, tentative de protection de la société aristocratique menacée. C'est enfin le droit révolutionnaire, le grand remueur d'idées.

Montrer comment ces diverses législations ont compris et réglementé l'intervention de la famille à propos du mariage, tel est l'objet de la partie historique de cette étude.

V, 48 : « La femme, pendant son enfance, dépend de son père, pendant sa jeunesse, de son mari ; son mari mort, de ses fils ; si elle n'a pas de fils, des proches parents de son mari ; car une femme ne doit jamais se gouverner à sa guise. »

1. Dareste, Les anciens Codes brahmaniques, Extr. *Journal des Savants*, janv.-févr., 1884.

CHAPITRE PREMIER

LÉGISLATION ROMAINE (1)

L'influence romaine a été profonde sur notre droit. Elle se fait sentir encore aujourd'hui. Il est donc important d'analyser avec soin le système romain du consentement au mariage. On fera connaître d'abord le fondement juridique et l'évolution générale de la théorie du *consensus*. On précisera ensuite son champ d'application, son organisation et sa sanction.

§ I. — *Fondement juridique et évolution générale de la théorie du* consensus.

A toutes les époques de l'histoire du droit romain, mais surtout à l'époque primitive, la théorie romaine du con-

1. Consulter : Nougarède, *Lois du mariage et du divorce dans le droit romain*, 2ᵉ édit., Paris, 1816. — De Savigny, *Traité de droit romain*, trad. de l'allem. par Guenoux, Paris, 1855. — Duchesne, *Examen comparatif des principes qui régissent le mariage*, Paris, 1844. — Ledru, *Comment se forme le mariage en droit romain*, thèse, Paris 1874. — Troplong, *De l'influence du christianisme sur le droit romain*, 3ᵉ édit., Paris, 1868. — Gide, *Condition privée de la femme mariée*, 2ᵉ édit., avec notes d'Esmein, Paris, 1885. — Ortolan, *Explication historique des Institutes*, 12ᵉ édit., par Labbé, Paris, 1883, t. I, nᵒ 105. — Accarias, *Précis de droit romain*, 4ᵉ édit., Paris, 1886, t. I, nᵒ 83. — Fustel de Coulanges, *La cité antique*, 13ᵒ édit., Paris, 1890, p. 94. — Girard, *Manuel de droit romain*, 2ᵉ édit., Paris, 1898. — Lefebvre, *Leçons d'introduction à l'histoire du droit matrimonial français*, Paris, 1899, p. 45 et s.

sentement familial au mariage offre un caractère particulier de rigueur despotique.

Qui a pénétré l'intime constitution de la famille romaine, déterminé la nature de la *patria potestas* et précisé
l'évolution de cette *patria potestas*, ne saurait s'en étonner.

I

Les Romains sont avant tout constructeurs de cités et
fondateurs de familles. Mais c'est dans un même esprit
qu'ils construisent et qu'ils se marient. L'intérêt du
groupe est leur objectif. Le mariage devient une fonction
sociale (1), la famille une sorte d'institution politique et
l'autorité domestique une manière de gouvernement.
Pourquoi être surpris, dès lors, si les lois qui régissent
la famille, sont faites à l'image des lois qui gouvernent
la cité ? Comment s'étonner que les rapports entre les
membres de la famille soient établis sur le modèle des
rapports des citoyens entre eux ? La légalité remplace
l'affection dans les relations de famille. Et de même que
le respect du père se confond avec le respect de la loi, de
même l'amour paternel n'est qu'une forme du patrio-
tisme. Salluste rapporte que le sénateur Fulvius n'hésita
pas à faire mourir son fils coupable d'avoir trempé dans
la conjuration de Catilina (2). Et l'exemple de Brutus,
présidant lui-même à l'exécution de son fils (3), est trop
connu pour que nous insistions. En un mot, dans le code
familial, les données du droit naturel ont souvent cédé
la place aux préoccupations politiques ; la famille est

1. Une ancienne loi de Rome interdisait le célibat : Ciceron'
De leg. III, 2 ; Denys d'Halicarnasse, IX, 22.
2. Salluste, *Catil.*, 39.
3. Tit.-Liv., II, 5.

moins un groupement naturel qu'une petite cité dans une grande. Un savant romaniste a établi, en termes précis, ce caractère particulier de la famille romaine : « La famille romaine, dit-il, même dans l'ordre privé, n'est pas une famille naturelle ; c'est une création du droit civil, du droit de la cité... Le lien de famille, n'est pas le lien du sang, le lien produit par le mariage et par la génération, c'est un lien de droit civil, un lien de puissance » (1).

II

Cette *puissance* se substituant au mariage comme fondement du droit de famille, n'est autre que la volonté souveraine du chef de la famille, du *paterfamilias*, s'imposant à tous les membres de cette famille, à tous ses serviteurs, à certains étrangers enfin, rattachés légalement à elle. Qu'elle s'appelle *manus*, *patria potestas*, *dominica potestas* ou *mancipium*, suivant qu'elle s'exerce sur la femme, les enfants, les esclaves ou les étrangers, elle est le pivot de la famille, le grand trait d'union entre ses divers membres. Est-on soumis à l'une quelconque de ces puissances, on appartient dès lors à la famille, y fût-on étranger par la naissance. Par contre, n'y est-on pas soumis, on est complètement en dehors de la famille, quand bien même on serait fils, fille, frère, ou sœur par le sang du *paterfamilias*. On dirait que ce *paterfamilias* absorbe dans son sort le sort même de la famille, comme un monarque absolu absorbe dans sa personnalité la personnalité même du pays qu'il gouverne. Les textes spécifient ses multiples attributions. Il est le pontife des *sacra pri-*

____

1. Ortolan, *Généralisation du droit romain* (Edit. Labbé, Paris, 1880), p. 565. Voy. aussi Troplong, *De l'influence du christianisme*, *op. cit.*, p. 20.

vata (1). Il est juge (2), et juge irresponsable (3). Il est justicier : lui-même exécute ses sentences, emprisonne et même tue l'enfant rebelle (4) ou la femme coupable (5). Lui seul administre le patrimoine familial (6). Et son autorité dure toute sa vie : elle ne s'éteint pas lorsqu'il n'a plus la vigueur d'esprit et de corps nécessaire au bon gouvernement de la famille.

Il se fait comme une confusion du droit privé et du droit public dans la personne du *pater*. Son autorité, après avoir découlé des croyances religieuses primitives (7), devient une émanation de l'autorité publique. Le *pater* représente l'Etat dans cette corporation religieuse et politique qui s'appelle la famille. Il en exerce les pouvoirs par délégation. On a dit que le gouvernement, à Rome, « avait la gravité d'une association de pères de famille » (8). On peut renverser la proposition et dire avec autant de vérité que le père de famille dirigeait la famille avec la gravité d'un chef de gouvernement. Le nom même de *pater* n'était-il pas, dans la langue poétique, synonyme de *rex*, αναξ, βασιλευς ? Ce mot « contenait en lui, a dit Fustel de Coulanges (9), non pas l'idée de paternité, mais celle de puissance, d'autorité, de dignité

1. V. Fustel de Coulanges, *La cité antique, op. cit.*, p. 94 et 98.
2. Senèque, *De benef.*, III, 11.
3. Tit.-Liv., I, 26.
4. Denys d'Halicarnasse, IV, 26 et 27 ; Aulu-Gelle, V. 19; Ciceron, *Pro domo*, 27.
5. Tacite, *Ann.*, XII, 32.
6. Denys d'Halicarnasse, II, 25 ; Gaius, II, § 157.
7. Fustel de Coulanges, *op. cit.*, p. 93 ; Cuq, *Les institutions juridiques des Romains*, Paris, 1891. p. 63.
8. Giraud, *Essai sur l'histoire du droit franç. au Moyen-âge*, Paris, 1846, t. I, p. 75.
9. *Op. cit.*, p. 98.

majestueuse ». C'est un vrai contre-sens que de traduire le mot *patria potestas* par puissance paternelle. C'est souveraineté familiale qu'il faudrait dire.

On conçoit que les Romains qui se faisaient une si haute idée de la puissance du *pater* (1), devaient être amenés à reconnaître à ce *pater* le droit formel de consentir au mariage de l'enfant en puissance.

Ce droit d'intervention n'était en somme, que la conséquence logique de cette puissance. Le mariage d'un ascendant intéressait la famille entière. Quand le fils se mariait, il faisait entrer, présentement, dans la famille un membre nouveau, sa femme *in manu* (2) ; et on pouvait prévoir que, dans l'avenir, il en ferait entrer d'autres, ses enfants. A l'inverse, quand la fille se mariait, la famille se trouvait diminuée, amoindrie : la femme *in manu* cessait d'appartenir à sa famille naturelle pour prendre place dans celle de son mari. Et lorsque la *manus* cessa d'être une conséquence nécessaire et immédiate du mariage, il fut encore vrai de dire que le mariage de la fille relâchait considérablement les liens qui l'unissaient à sa famille d'origine. Et puis, il n'est permis à personne de disposer de ce qui appartient à autrui. Or, celui qui se marie impose en quelque sorte un droit sur lui-même. La logique voulait que l'enfant *in potestate*, qui était censé appartenir au *pater*, ne pût se marier sans l'autorisation de ce dernier.

Une autre considération explique la nécessité du consentement paternel pour le mariage du fils. Justinien l'a traduite en ces termes : *ne ei invito suus heres adgnas-*

1. « *Qui in domo dominium habet* »: Dig., 1. 195, § 2, *de verborum, significatione* ; L, 16.

2. Gaius, I, 111 et 114.

càtur (1). On sait que les fils et petits-fils avaient le titre d'*heredes sui* par rapport au *pater*. Une théorie fort ancienne les considérait comme co-propriétaires du patrimoine paternel. Quand ils succédaient à leur père, ils ne recueillaient pas un droit nouveau, ils ne faisaient que mettre en exercice un droit qui leur appartenait déjà (2). Cette conception pouvait nuire à l'autorité paternelle qu'on voulait sauvegarder. De bonne heure, s'introduisit cette règle que le *pater* ne pourrait acquérir des héritiers siens sans son propre assentiment. Le mariage du fils ayant pour effet de donner au *pater* de nouveaux *heredes sui*, il était logique, nécessaire même, d'exiger que le *pater* consentit au mariage.

Nous trouvons, il est vrai, dans les Institutes de Justinien, une autre explication du droit de consentir au mariage. Après avoir posé le principe de la nécessité du consentement paternel, Justinien ajoute : *hoc fieri debere et civilis et naturalis ratio suadet*. Cela laisserait entendre, semble-t-il, que le droit naturel n'est pas étranger à la théorie du *consensus*, que ce *consensus* est requis autant dans l'intérêt de l'enfant que dans celui de la famille, que par conséquent à l'idée de la *patria potestas* que nous avons assignée pour fondement à cette théorie, se joint, dans l'esprit des jurisconsultes romains, l'idée de protection de l'enfant. Est-ce bien là ce qu'a voulu dire Justinien ?

Oui assurément, si l'on en croit Théophile, l'interprète autorisé de Justinien, qui, paraphrasant ce texte, le fait

1. Inst., § 7, *de adopt.* I, 11. Ce texte, qui est relatif à l'adoption, peut très bien s'appliquer au mariage.

2. Accarias, *op. cit.*, t. I, nº 76 ; Fustel de Coulanges, *op. cit.*, p. 76 et 89.

découler de ce principe *que ceux qui ont élevé les enfants, c'est-à-dire les parents, jouissent de l'honneur de consentir à leur mariage.* Mais comme le fait très justement remarquer M. Accarias, Justinien — et après lui Théophile, — « dit ce qui devrait être plutôt que ce qui est (1) ». Certes, à cette époque, l'idée nouvelle de protection de l'enfant commençait à s'introduire sous l'influence chrétienne ; mais il n'y avait là encore qu'une ébauche de conception, qu'un soupçon de la vérité entrevue. Ce n'était pas une théorie juridique adoptée franchement. Ce qui le prouve, c'est que Justinien ne tire pas de ce principe des conséquences qui s'imposaient : application de la théorie du *consensus* au mariage du droit des gens et nécessité du *consensus* après l'émancipation de l'enfant pubère. La vérité est qu'après comme avant les Institutes, la théorie romaine fut tirée non du droit naturel, mais du droit civil. Après comme avant Justinien, le fondement essentiel de la théorie a été dans la puissance du *paterfamilias.*

III

Ce qui a varié dans le cours de l'histoire du droit romain, ce n'est pas le fondement de la théorie, c'est cette théorie elle-même. Sa base n'a pas été déplacée. Elle a toujours puisé sa raison d'être dans la *patria potestas*, mais la *patriapotestas* a évolué à travers les siècles. Elle a adouci son antique rigueur au contact de mœurs nouvelles et sous l'inspiration du christianisme (2). *La théorie du consensus devait suivre la même marche.*

Dans le très ancien droit, quand l'enfant était considéré comme un instrument de travail qu'on pouvait garder ou

1. Accarias, *op. cit..* t. I, p. 205.

2. Cf. Drucker, *De la protection de l'enfant*, thèse, Paris, 1894, p. 85 et s.

vendre à son gré (1), le père avait le droit de marier
son fils ou sa fille (2). Pouvait-il user de cette faculté
malgré l'opposition de l'enfant ? Toute barbare qu'elle
puisse paraître, cette prérogative singulière n'est pas en
contradiction avec les principes sur lesquels repose la
famille primitive (3). Le mot *jussum* qui désignait encore,
du temps de Justinien (4), le consentement paternel, ne
prouve-t-il pas que la volonté du père se manifesta
d'abord sous la forme d'un ordre véritable, beaucoup
plus que sous celle d'une simple autorisation ? Quoi qu'il
en soit, l'enfant qui, par crainte de son père, épousait
une personne qu'il n'aurait point épousée sans cela, était
valablement marié. Il était présumé consentant dès lors
qu'il n'avait pas résisté, qu'il avait laissé s'accomplir le
mariage. La fille, d'ailleurs, n'avait le droit de résister à
l'injonction paternelle que si le mari proposé était *indi-
gnus moribus vel turpis* (5).

Bien plus, quelle que soit la durée du mariage, le père
pouvait imposer le divorce (6). La volonté paternelle est
souveraine en ce qui concerne l'entrée dans la famille
ou la sortie de la famille. Si le mariage ne peut *se former*
qu'avec le consentement du chef de la famille, il ne
peut également *se maintenir* qu'avec ce même consentement. Cela fut vrai, au moins, jusqu'à l'époque des
Antonins (7).

1. Gaius, I, 140.
2. Fustel de Coulanges, *op. cit.*, p. 99.
3. Instit., *de nuptiis*, pr., I, 10.
4. Girard, *op. cit.*, p. 149.
5. Dig., l. 12, § 1, *de sponsal.*, XXIII, 1.
6. Cuq., *op. cit.*, p. 64, et Lefebvre, *op. cit.*, p. 47.
7. Voy. Lefebvre, *op. cit.*, p. 61, qui rapporte un texte d'Ulpien
(Dig., l. 1 § 5, *de liberis exhibendis*, XLIII, 30).

La jurisprudence réagit contre ces prérogatives du père attentatoires à la liberté de l'enfant. Les principes individualistes qui inspirèrent le droit classique, firent décider que la volonté seule du père ne serait pas suffisante pour former ou dissoudre l'union matrimoniale (1). La loi Julia accentua ce mouvement d'émancipation. Elle donna à l'enfant un droit d'appel contre le refus du consentement du père (2). On en vint à déterminer les cas dans lesquels l'enfant pourrait se passer de ce consentement (3). En même temps la sanction du défaut du consentement, dans les cas où il restait indispensable, diminuait d'intensité (4).

C'est ainsi que la théorie du *consensus*, suivant une évolution parallèle à celle de la *patria potestas*, s'humanisa dans le droit classique et sous les Empereurs chrétiens. Mais elle conserva de sa rudesse originaire le caractère despotique qui lui est particulier.

§ II. — *Champ d'application de la théorie du* consensus.

Le consentement au mariage est, entre les mains du *pater*, un attribut de puissance : il devait, en bonne logique, suivre le sort de cette puissance. Ainsi l'a prescrit le droit civil. La nécessité du consentement est subordonnée à l'existence de la *patria potestas*. Un texte le dit implicitement : *nuptiæ consistere non possunt nisi consentiant omnes : id est qui coeunt, quorumque in potestate*

1. Dig., l. 2 et 21. *de ritu nupt.*, XXIII, 2.
2. Dig., l. 29, *de ritu nupt.*, XXIII, 2.
3. C., l. 29, *de nuptiis*, V, 4 ; Dig., l. 9, § 1, et l. 10, *de ritu nupt.*, XXIII, 2.
4. Sent. Paul, II, 19, § 2.

sunt (1). Nous n'aurons qu'à faire application de cette règle juridique, pour déterminer les cas dans lesquels le consentement paternel est nécessaire.

I

Les enfants des deux sexes sont, en principe, soumis à la *potestas* : le consentement paternel sera exigé pour le *filius* comme pour la *filia*. Il importe peu que le mariage ait lieu avec ou sans *conventio in manum*. Dans le cas de mariage avec *manus*, le seul usité dans l'ancien droit, le consentement du père intervenait nécessairement en raison même de la constitution de la *manus*. Quand cette *manus matrimonii causa* était constituée par *confarreatio* ou par *coemptio*, il fallait évidemment le consentement du *pater*. Seule l'acquisition de la *manus* par l'*usus* pouvait faire quelques difficultés. Ce mode, en effet, n'exigeait que la cohabitation non-interrompue des époux pendant une année (2) : le consentement paternel n'était pas essentiel. Néanmoins, les époux avaient intérêt à s'assurer de ce consentement, car le père qui conservait la *potestas* sur sa fille, pouvait, tant que l'*usus* ne s'était pas accompli, reprendre celle-ci et la revendiquer (3). Plus tard, il eut même, contre le mari, l'interdit *de liberis exhibendis* (4). Quant au mariage sans *conventio in manum*, la jurisprudence le soumit également à la formalité du *consensus*, celui apparaissant, à cette époque, comme un attribut essentiel de la *patria potestas*.

Cette sujétion, en matière de mariage, de l'enfant à son

1. Dig., l. 2 *de ritu nuptiarum*, XXIII, 2.
2. Gaius, I, 111.
3. Esmein, *Mélanges d'histoire de droit et de critique*, Paris, 1886. p. 13.
4. Dig., l. 1, § 5, *de liber. exhib.* XLIII, 30.

père, reste, en principe, indéfinie comme la puissance dont elle découle. On sait qu'à tout âge, l'enfant romain demeurait sous l'autorité du père. Il ne s'agissait pas de déférence, comme en droit français (1). On exigeait une soumission étroite, effective, aussi dure pour le fils de 50 ans que pour celui de 15 ans. L'âge ne fut jamais par lui-même une cause d'émancipation. Voilà pourquoi l'enfant, quel que soit son âge, doit, pour se marier, obtenir le consentement paternel. Le mariage ne faisait pas davantage recouvrer au fils sa liberté d'action : le consentement du père interviendra pour les secondes noces comme pour les premières. Bien plus, que des époux divorcés veuillent contracter ensemble une nouvelle union, l'intervention du père s'imposera (2).

Alors même que le fils serait revêtu des plus hautes dignités publiques, il ne saurait secouer le joug paternel. Consul ou général, il devra s'incliner devant la volonté paternelle. Le fils qui dispose d'une partie de la puissance publique, ne saurait disposer de sa propre personne, sans l'agrément du chef de famille. La loi s'est montrée dure : le majeur au point de vue des droits politiques reste mineur en ce qui concerne le mariage. Les militaires eux-mêmes, entourés d'ordinaire de la sollicitude légale et comblés de prérogatives et de faveurs, ne jouissent d'aucun privilège en cette matière. Papinien nous le dit expressément : *Filius familias miles matrimonium sine patris voluntate non contrahit* (3).

Pourtant, certaines dignités conférées à l'enfant sont susceptibles d'affranchir cet enfant de la puissance

1. C. civ., art. 152 et 153.
2. Dig., l. 18 *de ritu nupt.*, XXIII, 2.
3. Dig., l. 35 *de ritu nupt.*, XXIII, 2.

paternelle. Gaius nous apprend (1) que, dans l'ancien droit, les fils de famille inaugurés flamines de Jupiter (2), et les filles admises vestales (3), échappaient à la puissance paternelle. Plus tard, Justinien étend ce privilège aux sénateurs investis du titre de patrices (4), aux évêques (5) et aux quelques autres dignitaires. Devons-nous dire que ces privilégiés, affranchis de la *patria potestas*, étaient également affranchis de la nécessité du *consensus* familial ? Oui, sans doute. Mais, en réalité ces exceptions se réduisent à peu de choses. Le flamine de Jupiter, nécessairement marié quand il entre en fonctions, auquel le divorce est interdit, et qui est de plein droit déchu de son sacerdoce à la mort de sa femme, ne peut avoir à demander le *consensus*, puisqu'il ne peut, en fait, se marier. La vestale, elle, fait des vœux de perpétuelle chasteté : son mariage en droit, est impossible. Restent les autres privilégiés, dignitaires d'âge mûr, pour lesquels l'exemption du *consensus* sera rarement un bienfait utile.

II

Si l'enfant en puissance de père, quels que soient son sexe et son âge, quelle que soit sa condition sociale, a besoin du consentement paternel, en sens inverse, l'enfant qui n'est plus en puissance, n'a, en principe, aucun consentement à demander. L'effet ne peut survivre à la

1. Gaius, I, 130.
2. Sur la consécration des flamines, qui se faisait par l'intervention des augures, cons. : Cic. *Phil.*, II, 43, et Tit.-Liv. XXVII, 8.
3. Aulu-Gelle, *Nuits attiques*, I, 12.
4. C., l. 5, *de consul.*, XII, 3.
5. C., l. 66, *de decur.*, X, 31.

cause. L'obligation du consentement ne peut persister après l'expiration de la *patria potestas*.

Est donc libre de se marier à sa guise l'enfant devenu *sui juris* par la mort du père, par l'émancipation ou par tout autre événement mettant fin à la *patria potestas*. Son âge importe peu. Dès qu'il est pubère (1), le jeune romain *sui juris* devient pleinement capable. Il porte le titre de *pater familias*. Son père mort, il n'a aucun conseil à demander à sa mère, ni à personne. Emancipé par son père, il n'a même pas à solliciter le conseil de celui-ci (2). Le droit romain ignore la théorie des actes respectueux. L'enfant passe sans transition de l'asservissement à la liberté la plus étendue. On ne fait pas de différence, au point de vue de la capacité matrimoniale, entre l'homme mûr et l'enfant de 14 ans. Le préteur, puis le législateur créèrent, plus tard, des mesures de protection en faveur de l'enfant pubère *sui juris* — loi *Plœtoria, in integrum restitutio propter œtatem*, curatelle des mineurs de 25 ans ; — on ne songea pas à restreindre la capacité matrimoniale du fils pubère *sui juris* mineur de 25 ans. Le régime de l'indépendance absolue fut toujours appliqué à l'enfant mâle.

La liberté de la fille *sui juris* reçut au contraire d'importantes restrictions. Quelles furent ces restrictions ?

Gaius dit que la femme pubère était soumise dans l'ancien droit à la tutelle perpétuelle de ses agnats (3). Cette tutelle donnait-elle à ceux-ci le droit de consentir au mariage de la fille ? Il est difficile de préciser. Tant

1. L'homme est pubère à 14 ans et la femme à 12, dans le dernier état du droit romain ; *Instit., quib. mod. tut. fin.* I, 22.
2. Dig., l. 25, de *ritu nupt.* XXIII, 2.
3. Gaius, I, 144.

que le mariage avec *conventio in manum* fut la seule forme
usitée, il est probable, sinon certain, que l'intervention
des agnats était requise comme condition essentielle de
la constitution de la *manus*. Mais, dans le cas de mariage
sans *manus*, le consentement des agnats devait être superflu (1). Ce qui tend à le faire supposer, c'est que, d'une
part, l'affranchie pouvait légitimement se marier sans le
consentement de son patron (2) et que, d'autre part, le
lien de tutelle agnatique était regardé comme moins fort
que celui de tutelle légitime des patrons. Quoi qu'il en
soit, la tutelle des agnats disparut sous Claude (3). Les
autres tutelles — testamentaire, légitime et fiduciaire —
auxquelles la femme fut soumise, lui donnèrent une plus
grande liberté, ce qui laisse supposer qu'à l'époque des
jurisconsultes, la femme pubère était, comme l'homme,
dispensée de toute réquisition de consentement. Au
reste, un passage de Paul (4) nous fait connaître que la
pupille pouvait se marier sans le consentement de son
curateur, et il est permis d'étendre cette disposition au
tuteur lui-même. Si donc les textes de l'époque classique
parlent de consentement demandé par la fille (5), il ne
faut voir probablement dans cette demande, qu'un acte
de déférence, non un acte obligatoire (6).

Au droit libéral des jurisconsultes succéda une législation plus restrictive à l'égard de la fille. Déjà commençait à se dessiner cette tendance très nette à défendre

1. Meynial. *Le mariage après les invasions. Nouv. Rev. hist. droit
franç. et étrang.*, 1896, p. 739. — Contra : Accarias, *op. cit.*, p. 165.
2. Dig., 1. 6, § 3 et 4, *de jure patronatus*, XXXVII, 14.
3. Gaius. I, 157 et 171 ; Ulpien, *Reg.*, XI, 8.
4. Dig., 1. 20, *de ritu nuptiarum*, XXIII, 2.
5. Tit.-Liv. 1. IV, n° 9.
6. Un texte d'Ulpien (*Reg.*, XI, 22) qui paraît tout d'abord contredire notre assertion, peut fort bien se concilier avec elle.

par des lois les intérêts de la famille, compromis par les désordres sociaux. On apporte des restrictions à la libre disposition des biens. On entoure le mariage de formalités destinées à éviter les mésalliances. Les intérêts supérieurs de la famille, de la caste, de l'Etat, justifient ces empiétements du droit sur le terrain de la liberté individuelle. C'est aux femmes surtout qu'on s'attaque. « On ne veut pas que les femmes, par caprice, détruisent la savante hiérarchie des classes, nécessaire à l'ordre social et enrichissent, par leur mariage, ceux d'une classe inférieure à la leur, en enlevant du même coup à la leur le lustre de leur fortune » (1).

Est-ce dans cet esprit qu'a été portée la célèbre constitution des empereurs Sévère et Antoninus, qui forme au Code de Justinien la loi 1, *de nuptiis*, V, 4? Cela peut être. Mais que d'obscurités entourent ce texte ! Il paraît supposer établie la règle écrite nulle part, que, pour le mariage de la fille *sui juris*, le consentement de la mère, du tuteur et des proches est nécessaire, et décide qu'en cas de désaccord entre ces personnes, *arbitrium Præsidis provinciæ necessarium est*. Or, une constitution de Gordien, postérieure d'une trentaine d'année, décide qu'en matière de mariage, il n'y a besoin ni de l'*auctoritas* du tuteur, ni de celle des cognats, ni de celle des alliés, mais que la volonté de celui qui contracte est seule nécessaire (2). Pour sauver ces deux textes d'une contradiction absolue, nous voulons supposer que la constitution de Gordien n'est relative qu'aux enfants

1. Meynial, *Le mariage après les invasions. Nouvelle Revue historique*, 1896, p. 141.
2. C. l. 8, *de nuptiis*, V. 4.

mâles pubères qui continuent d'être régis par le droit classique antérieur.

Quoi qu'il en soit, le droit se précisa dans la suite. Toutes les *puellæ sui juris* mineures de 25 ans ne purent se marier sans le consentement de leur père, à défaut de père, sans le consentement de leur mère et de leurs proches, réunis en conseil de famille : en cas de désaccord, le juge tranchait le différent. En vérité, cette règle générale n'est énoncée nulle part. Mais elle résulte implicitement de deux constitutions. L'une, œuvre des empereurs Valentinien, Valens et Gratien, date de 371. Elle est insérée à la fois au Code de Justinien (1) et au Code Théodosien (2), et fait application de la règle aux jeunes veuves émancipées, âgées de moins de 25 ans. L'autre, datée de 468 et portée par Honorius et Théodore II, fait application de la même règle aux *puellæ in sacris positæ* (3). On voit donc que, dans le droit du Bas-Empire, tandis que l'enfant mâle *sui juris* continue à jouir, si jeune soit-il, d'une complète indépendance, la femme *sui juris* ne peut librement contracter mariage qu'à l'âge de 25 ans révolus.

III

La question du consentement paternel ne se posait-elle, à Rome, que relativement aux *justæ nuptiæ* ? Les auteurs

1. C. 1. 18, *de nuptiis*, V. 4.

2. C. Théod., 1. 1, *de nuptiis*, III, 7. La constitution, ici, est rapportée avec une divergence : elle ne vise que les jeunes veuves nobles, c'est à-dire de condition sénatoriale.

3. C., 1. 20, *de nuptiis*, V. 4. Cette constitution contient une disposition pour le moins originale : quand la jeune fille *sui juris* n'a ni père ni mère et qu'elle n'ose, par timidité, *cultu verecundiæ*, se prononcer, devant l'assemblée des parents, entre plusieurs prétendants également honorables, le juge choisira pour elle !

répondent presque tous par l'affirmative. Leur argumentation est simple : la nécessité du *consensus* découle de la *patria potestas* ; or, seule de toutes les unions légales, celle connue sous le nom de *justæ nuptiæ* produit la puissance paternelle ; donc à elle seule doit s'appliquer la théorie du *consensus*. Le syllogisme serait invincible si la mineure était absolument exacte, ce dont nous doutons.

Nous aborderons ce point tout à l'heure. Examinons, pour le moment, les diverses unions légales qui ne soulèvent pas, en notre matière, de sérieuses difficultés.

Le *concubinatus* était né des dispositions rigoureuses de la loi défendant les *justæ nuptiæ* entre certaines personnes, notamment entre affranchis et ingénus (1). Il constituait une union licite (2), mais d'un ordre inférieur. Les enfants qui en naissaient, étaient *legitimi*, mais non *justi*. Aussi croyons-nous que le fils qui prenait une concubine n'avait pas à consulter son père. Quel intérêt ce père aurait-il eu à s'opposer à cette union, puisque les enfants qui en seraient issus ne tomberaient pas *in sua potestate* ? Pourtant M. Pilette (3) qui cherche à assimiler le *concubinatus* du temps d'Auguste au *matrimonium justum*, exige pour les deux formes de mariage, le même consentement paternel. Ne confond-il pas un état de fait avec un état de droit ? Sans doute le père a eu longtemps, en vertu de son autorité souveraine, le droit de faire cesser le concu-

1. Cf. Girard, *op. cit.*, p. 177-179.

2. C'est du moins l'opinion généralement admise. Elle s'appuie sur un texte de Marcien (D., l. 3, § 1, *de concubinis*). Voy. un article de M. Giraud, dans le *Journal des Savants*, mars 1880. Contra : Gide, *Nouvelle revue historique*, 1880, p. 337 et s., p. 409 et s.; Ortolan, *Explication historique des Institutes*, 12ᵉ édit., note de Labbé, p. 695 et s.

3. Pilette, *Revue historique*, 1865.

binat de son fils, comme il avait celui de rompre ses *justæ nuptiæ*; mais il n'y avait pas là un véritable *jussum* obligatoire et précédent le mariage.

Le mariage du droit des gens, qualifié de *matrimonium injustum* ou *sine connubio* était destinée aux latins privés de *connubium* et aux pérégrins (1). Les Romains avaient compris de bonne heure qu'il fallait placer à côté du droit étroit de la cité, un droit plus large, le droit des gens, applicable à tous les êtres humains qui n'avaient pas l'avantage d'être citoyens romains. Le *matrimonium sine connubio* était une création de ce *jus gentium*. Il constituait l'union légale de deux personnes dont l'une au moins, était privée du *connubium* (2), union entre pérégrins et latins, entre latins et romains, entre romains et pérégrins. C'était un mariage véritable. La femme devenait l'égale du mari. Les enfants avaient une filiation certaine. Ils n'étaient pas *vulgò concepti*. Mais la *patria potestas* n'existait pas (3) : l'enfant naissait *sui juris*; il échappait à la fois à la puissance de son père et à celle du *paterfamilias* de celui-ci. De quel droit le père de famille serait-il intervenu dans ce mariage ? Les enfants issus de ce mariage n'étaient pas ses héritiers et lui étaient civilement étrangers. Nous en concluons que le *consensus patris* ne pouvait pas être requis.

Le *contubernium* enfin était l'union d'un esclave avec un autre esclave ou avec une personne libre (4), union moins organisée que tolérée par la loi. Les textes sont

1. Gaïus, I, 29, 66 à 78.
2. Dans le sens large du mot. le *connubium* désignait l'aptitude légale à contracter les *justæ nuptiæ*. Ulpien, *Reg.* V. § 3.
3. Gaïus I, 56, 57 ; Ulpien, *Reg.* X, 3.
4. Paul, *Sent.*, II, 19 § 6.

presque muets sur les effets de ce mode d'union. Ils n'en parlent guère que pour dire : *nulla servilis est cognatio* (1), ou encore : *ad leges serviles cognationes non pertinent* (2). Nous savons que le *contubernium* produisait l'*affinitas servilis*, suffisante pour constituer un empêchement au mariage ; et c'est tout. Il ne pouvait être évidemment question ici du consentement paternel.

Il nous reste à examiner une dernière forme de mariage, que les auteurs passent généralement sous silence. Nous voulons parler du *matrimonium secundum leges peregrinorum*. On confond d'ordinaire cette union avec le *matrimonium injustum sine connubio*. A notre connaissance, seuls, M. Chénon, dans sa remarquable étude sur la *Loi pérégrine à Rome* (3), et M. de Boeck, dans sa thèse sur le *préteur pérégrin* (4), ont établi nettement la distinction entre ses deux unions. Le *matrimonium injustum* appartenait, nous l'avons vu, au *jus gentium* ; il était pratiqué entre latins ou pérégrins auxquels le *connubium* avec les Romains n'avait pas été concédé, d'où son nom de *matrimonium sine connubio*. Le *matrimonium secundum leges peregrinorum* était, lui, une institution du *jus civile* pérégrin (5) ; il s'appliquait aux pérégrins appartenant à la même cité ou à des cités ayant entre elles le *connubium*. Ce mariage du droit civil pérégrin était soumis aux règles spéciales

1. Dig., 1. 1 § 2. *unde cognati*, XXXVIII, 8.

2. Dig. 1. 10, § 5, *de gradibus*, XXXVIII, 10.

3. Emile Chénon, *La loi pérégrine à Rome*, Paris, Leroux, 1891, (Extrait du *Bulletin du comité des travaux historiques et scientifiques*, section des sciences économiques et sociales, année 1890), p. 16.

4. Charles de Boeck, *Le préteur pérégrin* (thèse). Paris, 1882, p. 142.

5. Les Romains reconnaissaient aux *civitates liberæ* l'autonomie législative. C'est ainsi que les Galates avaient un *jus civile*, que Gaius (I. 55) mentionne. Voy. aussi Gaius, I, 92.

en vigueur dans chaque *civitas libera* ; mais ces règles ne sont connues que par les rares allusions que Gaius y fait. Aussi est-il difficile de savoir si le consentement du père était ou non requis. D'un passage de Gaius, il résulte que les pères Galates jouissaient, sur leurs enfants, d'une sorte de *potestas* analogue à la *potestas* romaine (1). Gaius dit ailleurs que l'enfant issu de cette union était *filius justus patris* (2). Cela paraît indiquer qu'il y avait une autorité paternelle pérégrine, organisée à l'image de l'autorité paternelle des Romains (3). Ne pouvons-nous pas en conclure que le *jus civilis* pérégrin devait exiger le consentement paternel pour la validité de l'union qu'il organisait ? Cette conjecture n'est aucunement téméraire.

On le voit, la théorie du *consensus* est étrangère aux modes d'unions légales autres que les *justæ nuptiæ* — et probablement le *matrimonium secundum leges peregrinorum.* — Le consentement familial n'est point requis pour contracter une de ces unions ; il n'est pas davantage nécessaire lorsque l'enfant issu d'une de ces unions, contracte des justes noces (4). Nous restons donc en face de la règle suivante : le consentement du père n'est exigé que pour l'enfant *in potestate*, issu des *justæ nuptiæ*, désireux de contracter lui-même des *justæ nuptiæ.*

IV

Néanmoins, l'enfant *in potestate* peut, dans des cas ex-

1. Gaius, 1, 55 : « *Fere enim nulli alii sunt homines qui talem in filios suos habent potestatem, qualem nos habemus... nec me præ [terit] Galatarum gentem credere, in potestate parentum liberos esse* ».
2. Gaïus, I, 77.
3. *Sic* : Chénon, *op. cit.* p. 19 ; De Boeck, *op. cit.* p. 142.
4. Cela peut avoir lieu, par exemple, si un pérégrin issu du mariage du droit des gens, devient ensuite citoyen romain.

ceptionnels, se marier valablement sans l'intervention du *pater*. Trois hypothèses doivent être distinguées. Elles présentent un caractère commun : il y a de la part du père, impossibilité absolue de consentir. Les jurisconsultes — non la loi, — ont prévu et organisé ces hypothèses ; ils sont venus au secours des enfants nubiles, qu'un obstacle indépendant de leur volonté et de celle de leur père, empêchait de s'unir en justes noces.

Le *paterfamilias* peut être atteint d'*aliénation mentale*. Il n'est pas, pour cela, déchu de la puissance paternelle : *patre furioso liberi nihilominus in patris sui potestate sunt* (1). Bien plus, les enfants conçus et nés *in furore*, ne sont pas soustraits à la puissance du père. Pourtant, leur père est dans l'impossibilité de donner un consentement valable. Il est frappé d'incapacité. La loi des Douze-Tables le met en curatelle, quand il est *furiosus*, fou furieux (2). Le préteur organise, sur le même modèle, la curatelle des simples déments, *mente capti* (3). Fallait-il que la triste infirmité du père empêchât les enfants de contracter mariage ? La rigueur des principes aurait conduit à ce résultat (4). Mais le bon sens romain l'emporta sur la logique des lois. On commença par affranchir la fille. Elle ne risquait pas de donner des héritiers siens au *pater*. On lui reconnut le droit de se marier librement, comme si le père était mort. Pour le fils, la règle *nemini invito suus heres adgnascitur*, s'opposait à une législation aussi libérale. Il fallut longtemps une autorisation impériale pour suppléer, dans chaque espèce, au *consensus patris familias*.

1. Dig., 1. 8. *de his qui sui vel alieni juris sunt*, I, 6.
2. Dig., 1. 1, pr. *de cur. fur.*, XXVII, 10.
3. Inst., § 4, *de curatoribus*, I, 23.
4. Théophile, *Paraph.* I, 10, *de nuptiis*.

L'empereur Marc-Aurèle voulut innover : il porta une constitution qui donnait à l'enfant du *mente captus* le droit de se marier à sa guise, comme s'il était *sui juris*. Quelle était l'exacte portée de cette constitution ? Fallait-il donner à l'expression *mente captus* son sens large ou sa signification étroite ? L'empereur avait-il voulu désigner toute espèce de fous ou seulement le fou *non furiosus*, dont la démence calme ne connaissait pas les intervalles lucides ? Les jurisconsultes discutèrent pendant plusieurs siècles. Du temps de Théophile, on discutait encore. Théophile nous dit, dans sa Paraphrase (I, 12), « qu'il y avait sur ce point de vives controverses entre les jurisconsultes, mais que l'empereur Justinien avait publié une constitution qui avait mis fin à leurs doutes ». Cette constitution de Justinien, portée en 534, trancha définitivement la controverse en faveur de la liberté des enfants : *Non solum dementis, sed etiam furiosi liberi cujuscunque sexus, possunt legitimas contrahere nuptias* (1). Les enfants du fou sont désormais assimilés aux enfants *sui juris*.

Quand le père avait été fait *prisonnier par l'ennemi*, une situation analogue à la précédente, mais non identique, se présentait : le père captif était dans l'impossibilité de consentir au mariage de son enfant. Supposons que le mariage ait eu lieu. La loi devait le déclarer nul pour défaut de consentement, sauf toutefois le cas de mort du père en captivité, car alors l'enfant était réputé devenu *sui juris*, au moment où le père avait perdu la liberté (2). Le père fort du *jus postliminii*, allait-il avoir le droit de faire prononcer, à son retour, la nullité du mariage ? On admit, de bonne heure, la négative en ce qui concerna les filles.

1. C. 1. 25, *de nuptiis*, V. 4. — Instit. *de nuptiis*, pr. I, 10.
2. Instit. § 5, *quib. mod. jus patriæ*, I, 12.

La même règle finit par triompher à l'égard du fils. Try-
phoninus est très explicite (1). Il justifie la règle en
invoquant à la fois l'intérêt de l'enfant et la *publica nuptiarum utilitas*. Une restriction parait avoir été apportée
par Justinien. Le droit pour le fils de se marier librement,
en cas de captivité du père, ne prendra désormais naissance qu'autant que la captivité du père aura duré au
moins trois ans (2).

Enfin le père peut être *absent* de Rome, au moment du
mariage de son fils. Il n'est absent, au sens juridique du
mot, qu'autant qu'une incertitude plane sur son existence
ou sa mort : *ubi sit et an sit ?* Les jurisconsultes durent admettre ici la même solution que dans le cas précédent. Quant à Justinien. il établit le même délai de
trois ans, après lequel l'enfant pourra se marier librement (3). L'empereur voulait éviter que le fils profitât,
pour s'affranchir des liens de puissance, d'un éloignement passager de son père parti avec l'idée de revenir
promptement, bien qu'il n'eut prévenu personne de son
intention.

Il est à peine besoin de faire remarquer que, dans le
cas de folie, de captivité et d'absence du père, le droit de
l'enfant de se marier *sine consensu*, est soumis à une con-

1. « *Medio tempore filius quem habuit in potestate captivus, uxorem
ducere potest, quamvis consentire nuptiis pater ejus non posset.* » Dig.,
l. 12, *de captivis*, XLIX, 15.

2. « *Is cujus pater ab hostibus captus est, si non intra triennium revertatur, uxorem ducere potest.* » Dig., l. 9, § 1 *de ritu nupt.*, XXIII, 2.
Ce texte est mis sous le nom d'Ulpien, mais les mots *si non intra
triennium revertatur* paraissent être une interpolation de Justinien.

3. « *Si triennium effluxerit... non prohibentur liberi ejus utriusque
sexus matrimonium vel nuptias legitimas contrahere.* » Dig. l. 10. *de
ritu nupt.*, XXIII, 2. Là encore, dans ce texte de Paul, il y a une
interpolation certaine de Justinien.

dition essentielle. C'est que le grand-père soit lui-même décédé ou incapable de manifester son consentement. Autrement, le grand-père, *paterfamilias* du petit-fils, devrait nécessairement consentir. D'ailleurs, son consentement serait, dans ce cas, suffisant même à l'égard du fils. Nous avons un texte d'Ulpien écrit à propos du père *furiosus* (1); on doit étendre cette décision, suivant nous, aux cas similaires que nous avons examinés.

§ III. — *Conditions de validité et formes du* consensus.

Nous avons assigné à la théorie du *consensus* un fondement juridique, la *patria potestas*. Cela nous a servi à préciser les cas dans lesquels le consentement était nécessaire. Cela va nous permettre maintenant de déterminer les conditions et formes requises pour la validité du *consensus*. Nous allons voir que ce consentement émane du *paterfamilias*, précède le mariage, est spécial, enfin peut être donné dans une forme quelconque.

I

Le consentement *doit émaner du paterfamilias*. En lui réside la puissance, cause juridique du *consensus*. Il ne s'agit pas, dans la pure théorie romaine, du père au sens moderne du mot, de celui qui engendre, *pater qui genuit*. Il ne s'agit pas davantage de la mère, cet autre *parens* de l'enfant. On veut ignorer les liens du sang, pour ne s'occuper que des liens de puissance. C'est le *pater*, chef

____

1. Dig., 1. 9 pr., *de ritu nupt.*, XXIII, 2.

de la famille, maître souverain de ses enfants, qui est appelé à donner son consentement au mariage.

Voilà pourquoi le fils adoptif n'avait pas besoin, dans le droit classique, du consentement de son père naturel, tandis qu'il devait obtenir celui de l'adoptant, devenu son *paterfamilias* (1). Il faut arriver à Justinien pour voir adoucir la rigueur de cette règle. C'est en effet seulement à partir de ce prince, que l'adoption faite à un *extraneus*, c'est-à-dire à un autre qu'un ascendant, ne dissout pas la puissance paternelle du père naturel (2). Celui-ci conserve, malgré l'adoption, le droit de consentir au mariage.

Voilà pourquoi également la mère est écartée de la théorie du *consensus*. Elle en saurait avoir la *patria potestas*, prérogative masculine ; elle ne saurait être appelée à consentir au mariage de son enfant. Pourtant, nous avons vu que sous la législation du Bas-Empire, on donna à la mère, concurremment avec les proches parents, le droit, à la mort du père, de consentir au mariage de la fille mineure de 25 ans (3).

Voilà pourquoi enfin la petite-fille, la *neptis*, placée sous la puissance de son grand-père, n'eut jamais à demander le consentement de son père, alors même que celui-ci était resté dans la famille : *neptis vero si nubat, voluntas et auctoritas avi sufficiet* (4).

Il est vrai que pour le petit-fils, le *nepos*, la règle contraire est consacrée. *Nepote uxorem ducente, et filius consentire debet* (5). Mais, ici même, la nécessité du consente-

1. Gaius, I, 97.
2. Instit. § 2, *De adoptionibus*, I, 11.
3. V. la Constitution de Valentinien, Valens et Gratien (C. 1. 8, *de nuptiis*, V. 4) et celle d'Honorius et de Théodose II (C. 1. 20, *de nuptiis*, V. 4).
4-5. Dig. 1. 16, § 1, *de ritu nuptiarum*, XXIII, 2. Sur la contradiction

ment du père n'a pas pour base le lien du sang ; elle apparait comme la conséquence de la règle que nul ne peut avoir d'héritiers siens malgré soi. C'est donc bien, en principe, au *paterfamilias*, et au *paterfamilias* seul, qu'appartient le droit de consentir aux justes noces des enfants en puissance.

Attribut de la *patria potestas*, le droit de donner le *consensus* participa longtemps de sa despotique rigueur et de sa toute-puissance primitive. Jusqu'au règne d'Auguste, aucun contrôle ne pesa sur la volonté paternelle. Le refus, même injuste, du père était péremptoire, inattaquable de la part de l'enfant. Celui-ci pouvait toute sa vie se voir placé dans cette alternative : rester célibataire ou vivre en concubinat. Sans doute, le censeur dût avoir le moyen de punir un tel abus de la puissance paternelle, mais il ne pouvait suppléer au consentement du père.

Quand les lois caducaires (1) frappèrent de certaines déchéances les célibataires et attachèrent de précieux avantages à la paternité légitime, fruit des justes noces, on comprit qu'il fallait mettre un terme au pouvoir exorbitant du *paterfamilias*. Ce fut la loi Julia elle-même, dans son chapitre 35, qui introduisit la réforme. Désormais, les enfants purent triompher de la résistance injuste du *pater*. Les ascendants coupables, *per proconsules præsidesque provinciarum, coguntur in matrimonium collocare et dotare* (2). C'était une atteinte grave portée à l'antique *patria potestas*, mais dans l'esprit du législateur romain,

apparente entre ce texte et la loi 3 au même titre, V. Accurse, *Glossa magna, ad hanc legem.*

1. Elles sont au nombre de deux : la loi *Julia de maritandis ordinibus*, de 757, et la loi *Papia Poppœa*, de 762.

2. Dig. 1. 19, *de ritu nuptiarum*, XXIII, 2.

elle se justifiait, sans doute, par cette double considération : ne pas priver injustement une classe de citoyens des avantages matériels attachés aux justes noces ; ne pas contrarier les enfants dans l'exercice du droit naturel de se marier légitimement. Au reste, l'autorité pouvait suppléer au consentement, même dans le cas où le père n'était coupable que d'un fait négatif : lorsqu'il apportait de la négligence à chercher un parti pour l'enfant.

II

Le consentement *doit précéder le mariage. Jussum parentis præcedere debet* (1). Pouvait-il en être autrement ? La volonté de l'enfant est comme inopérante par elle-même. Elle doit se fortifier, s'accroître de celle du *pater-familias*, pour être une volonté efficace. Il ne peut y avoir mariage valable antérieurement à ce consentement.

Voici l'application pratique. En fait, la cohabitation *animo matrimonii* a pu commencer avant que le *pater* soit consulté. Ce *pater* donne ensuite son approbation au mariage. L'approbation va-t-elle rétroagir au jour de la cohabitation, et valider ainsi le mariage dans le passé ? Evidemment non. C'est du jour seulement où le consentement a été donné, que l'union illicite s'est transformée en justes noces. Jusque-là, elle n'était qu'une liaison dépourvue d'effets juridiques. On peut assimiler ce cas à celui où l'un des époux était impubère. Quand il atteint sa puberté, le mariage devient valable, mais sans effet rétroactif (2). Ici également, le consentement

1. Instit., *de nuptiis*, pr., I, 10.
2. Dig. 1. 4, *de ritu nupt.*, XXIII, 2.

paternel, ou, ce qui revient au même, la mort du père, qui rend l'enfant *sui juris*, n'a d'effet que sur l'avenir, non sur le passé.

Les jurisconsultes ont fait plusieurs applications de ce principe. D'un texte de Paul (1), il résulte que l'enfant conçu d'une union contractée *sine consensu*, ne naît pas légitime, alors même que la naissance a eu lieu après le décès du *paterfamilias*. Ulpien (2) est tout aussi explicite : le mari n'a pas qualité pour accuser sa femme d'adultère, si son infidélité a eu lieu, alors qu'elle était sur le pied d'une épouse légitime, mais avant que le consentement paternel soit intervenu.

Concluons donc, avec M. Ortolan (3), que si le mariage contracté sans le consentement du chef de famille pouvait être validé par la suite (4), le consentement donné après coup, n'était pas une véritable ratification ; il n'avait pas d'effet rétroactif.

III

Le consentement doit être *spécial*, c'est-à-dire donné en vue d'un mariage déterminé. Le *paterfamilias* ne peut pas abdiquer sa puissance. Or, il le ferait s'il donnait à l'enfant le pouvoir général de se marier à sa convenance. Aussi Papinien nous dit-il : *generali mandato quærendi mariti filiœfamilias, non fieri nuptias* (5). Le père ne peut donc conférer à sa fille le droit de chercher un mari et de se marier sans plus ample consentement de

1. Dig. l. 11, *de statu hominum*, I, 5.
2. Dig. l. 13, § 6, *ad legem Juliam*, XLVIII, 5.
3. Ortolan, *Explic. hist. des Inst.* t. II, p. 86.
4. Frag. Vat. § 102.
5. Dig. l. 34, *de ritu nupt.*, XXIII, 2.

sa part. Le mariage contracté dans ces conditions, serait nul. Ce qu'il faut, continue notre texte, c'est que le père connaisse la personne que la fille se propose de prendre pour époux : *personam ejus patri demonstrari, qui matrimonio consenserit, ut nuptiæ contrahantur, necesse est.* Et ce que Papinien dit de la fille de famille, on peut l'étendre par un argument *a fortiori* au fils de famille. Plus que dans le cas précédent, il importe ici, en raison des conséquences graves que le mariage du fils peut avoir sur l'avenir de la famille, de ne pas porter atteinte au rigoureux contrôle de l'autorité paternelle.

IV

En quelle forme le consentement doit-il être donné ? On accuse le droit romain d'être formaliste à l'excès. En cette matière, le reproche n'est pas fondé. Le consentement paternel n'a pas de forme propre. Il peut même n'être que tacite. « *Hunc consensum sufficit esse tacitum* », dit Pothier dans ses Pandectes. Et il ajoute : « *qualis est ejus qui scit, nec contradixit* ».

Peut-être cette absence de formalisme, dans le cas présent, vient-elle de la conception toute particulière que les jurisconsultes classiques se faisaient du mariage. On sait que le mariage qui exigeait de nombreuses conditions de capacité de la part des contractants, était un acte sans forme : il ne réclamait ni l'intervention d'un magistrat, ni même la rédaction d'un écrit. Pourquoi se serait-on montré plus difficile pour la preuve du consentement paternel, que pour la preuve du mariage lui-même ?

Quoi qu'il en soit, le principe est certain : un consentement tacite suffit pour la validité des justes noces. Il y aura consentement tacite quand le père connaissant la cohabitation *matrimonii animo* de son enfant avec une autre personne, ne s'y sera pas opposé. Deux rescrits des empereurs Sévère et Antonin (1) ne laissent aucun doute à cet égard. L'un d'eux est particulièrement explicite : *Si pater quondam mariti tui, in cujus fuit potestate, cognitiis nuptiis vestris non contradixit : vereri non debes, ne nepotem suum non agnoscat.*

Mais s'il est démontré que, dans le dernier état du droit, l'abstention volontaire du père vaut consentement, la question ne laisse pas que d'être discutée pour l'ancien droit. Le consentement, au moins à l'égard du fils, ne devait-il pas être formel ?

Un texte de Paul (2), déjà cité, parle du consentement tacite donné par le père au mariage da sa fille. On veut en tirer un argument *a contrario* pour démontrer la nécessité du consentement exprès en ce qui concerne le mariage du fils. On a tort. En effet, Paul a dû n'être consulté que sur la validité du mariage d'une fille et il n'a répondu que sur l'objet de l'hypothèse qui lui était soumise. Telle est l'opinion de M. Accarias (3).

Cet auteur rejette un autre argument a *contrario* tiré de la loi 7, § 1, au Digeste, *de sponsalibus* (4). Dans ce texte, Paul dit que les fiançailles de la fille sont valables si le père ne s'y oppose pas. Donc, pour le fils, conclut-on, le consentement formel du père est requis. M. Accarias s'oppose à ce raisonnement. Pour lui, le texte ne se réfère qu'au cas où le père est captif, fou ou absent,

---

1. C. l. 2 et 3, *de nuptiis*, V., 4.
2. Dig., l. 11, *de statu hominum*, I, 5.
3. Accarias, *op. cit.*, t. I, p. 206, note 3.
4. XXIII, 1.

cas dans lesquels la fille pouvait se marier sans aucun consentement, tandis qu'à l'égard du fils il y avait tout au moins discussion. L'explication donnée n'est pas contredite par le texte, mais elle n'y est pas contenue. Et M. Demangeat, lui, croit voir dans le passage de Paul la preuve péremptoire que, longtemps, le consentement exprès a été requis pour le mariage du fils (1).

En tous cas, à l'époque de Justinien, le consentement pouvait très certainement être tacite, tant à l'égard du fils que de la fille.

§ IV. — Sanction de la nécessité du consensus.

Qu'on suppose l'union continue, animo matrimonii, de deux personnes capables de contracter de justes noces. Toutes les conditions de validité ont été remplies, sauf une : le consentement du père n'a pas été donné, ni tacitement, ni expressément. Quel va être le sort de ce matrimonium ?

Nous répondons sans hésitation : il est nul. Donnons les motifs de notre assertion, nous réfuterons ensuite l'opinion contraire de Cujas et de Godefroy.

I

Faisant abstraction des textes, on pourrait affirmer, sans crainte de se tromper, que ce mariage devait être nul. C'est qu'en effet, on ne conçoit guère, dans le droit romain, une distinction semblable à la distinction mo-

---

1. Demangeat, Cours élémentaire de droit romain, 3e édit., Paris, 1876, t. 1, p. 248.

derne des empêchements prohibitifs et dirimants. La logique implacable des Romains devait se refuser à semblable distinction. La loi avait établi des conditions de validité. Ces conditions avaient-elles été remplies ? Si oui, le mariage était parfait. Si non, le mariage n'avait aucune existence légale. D'ailleurs — ceci est digne de remarque, — les conditions de pure forme qui servent de bases, dans notre droit, aux empêchements prohibitifs, étaient presque nulles à Rome. La mise de la femme à la disposition du mari, telle était l'unique condition de forme. Il devait être naturel, dès lors, que toutes les prescriptions légales, peu nombreuses et fondamentales, entraînassent la nullité du mariage. Spécialement, en ce qui touche le défaut de consentement paternel, on pouvait s'attendre à ce qu'une telle violation de l'autorité du *pater*, fut punie d'une peine rigoureuse telle que la nullité du mariage. L'énergie de la puissance paternelle était telle que le père, jusqu'à Antonin, put dissoudre, nous l'avons vu, le mariage sans *manus* de sa fille, alors même qu'il avait consenti au mariage et malgré l'accord des époux (1). Comment, dès lors, supposer qu'un mariage contracté *sine consensu*, eut pu être un mariage valable ?

Ces déductions sont confirmées par l'examen des textes.

---

1. Cicéron cite des vers d'Ennius, dans lesquels une jeune femme reproche amèrement à son père l'usage barbare qu'il fait de son droit.

> *Si improbum esse Ctesiphontem existimaveras,*
> *Cur me huic locabas nuptiis? Sin est probus,*
> *Cur talem invitum, invitam cogis linquere ?*

« Si tu avais pensé que Ctésiphon n'était pas un honnête homme, pourquoi m'avoir donné à lui en mariage ? Mais s'il est honorable, pourquoi, puisqu'il ne le veut pas lui-même, me forcer à le quitter malgré moi ? »

Les *Institutes* de Justinien sont d'une énergique précision. Après avoir énuméré les conditions de validité des *justæ nuptiæ*, après avoir notamment établi la nécessité du consentement paternel à l'égard des enfants en puissance, elles ajoutent : *Si adversus ea quæ diximus, aliqui coierint, nec vir, nec uxor, nec nuptiæ, nec matrimonium, nec dos intelligitur* (1).

Julien est tout aussi formel : *Nuptiæ inter easdem personas nisi volentibus parentibus renovatæ, justæ non habentur* (2). S'il n'y a pas de justes noces sans la volonté des parents, c'est bien que le consentement est requis à peine de nullité.

Modestin suppose aussi cette nullité quand il dit que sont appelés *vulgò concepti*, « ceux qui ont un père que légalement il ne leur est pas permis d'avoir » (3).

Paul, enfin, n'a-t-il pas écrit : *nuptiæ consistere non possunt, nisi consentiant omnes: id est qui coeunt, quorumque in potestate sunt* (4) ?

De ces textes nous devons légitimement conclure que la personne soumise à la puissance paternelle, n'est pas mariée, tant que le père n'a pas consenti au mariage. Elle n'est pas mariée, c'est-à-dire il y a nullité de droit, inexistence du lien matrimonial : *nuptiæ consistere non possunt*. Notre droit ne prononce qu'une nullité relative, une nullité temporaire susceptible d'être couverte par une ratification, ne pouvant être invoquée que par des personnes déterminées. Le droit romain proclame la nullité absolue, perpétuelle et imprescriptible, indépendante de toute sentence judiciaire.

1. Instit. § 12, *de nuptiis*, I, 10.
2. Dig., l. 18, *de ritu nupt.*, XXIII, 2.
3. Dig., l. 23, *de statu homin*, I, 5.
4. Dig., l. 2, *de ritu nupt.* XXIII, 2.

II

Après les textes si nets, si probants cités tout à l'heure, il semble qu'il ne puisse y avoir place au doute sur la nullité des mariages contractés *sine consensu*. Pourtant deux romanistes distingués, Cujas et Godefroy, ont affirmé que le mariage conclu contre l'assentiment paternel, était *injustum* et illicite, mais point nul : on ne pouvait le dissoudre. Cujas est très précis : « *Nuptiæ contractæ sine voluntate parentum, in quorum potestate sunt.... non dissolvuntur, injustæ sunt, fateor, sed non dissolvuntur* » (1). Godefroy s'exprime à peu près dans les mêmes termes : « *Injustæ nuptiæ fiunt, injusta uxor, injusti liberi... nulla dos, nulla uxor erit; non tamen jure civili romano dissolvitur matrimonium* » (2).

Quels motifs ces deux éminents jurisconsultes invoquaient-ils pour admettre la validité de l'union matrimoniale contractée *sine consensu* ? La base de leur argumentation est un texte de Paul. Ce texte, extrait des Sentences, est ainsi conçu : *Eorum qui in potestate patris sunt, sine voluntate ejus, matrimonia jure non contrahuntur, sed contracta non solvuntur* (3). A première vue, ce passage du jurisconsule romain paraît décisif, péremptoire. Les enfants en puissance ne peuvent se marier sans le consentement de leur père, mais le mariage contracté au mépris de l'autorité paternel ne sera pas dissout. Le défaut de conséntement apparaît comme un empêchement prohibitif, non dirimant.

1. Cujas, *ad legem* 2 et 10, *de ritu nuptiarum.*
2. Godefroy, *ad leg. Filius,* 25, *de ritu nuptiarum.*
3. Paul, *Sent.* II, 19 § 2.

Mais est-ce bien là le sens de ce texte ? Une remarque d'abord s'impose : ce passage des Sentences, ainsi entendu, serait en contradiction avec le texte de Paul, au Digeste : *nuptiæ consistere non possunt...* Or, il est difficile de prêter à un jurisconsulte tel que Paul, deux opinions contradictoires.

Ne vaut-il pas mieux chercher un autre sens au texte des Sentences, et s'arrêter à une explication qui, loin de rendre incompréhensible le texte de Paul, au Digeste, le confirme de tous points ?

Cette explication a été fournie par Pothier. Elle est fort plausible et nous n'hésitons pas à nous y rallier. Voici comment s'exprime le savant jurisconsulte : « Ces termes : « *sed contracta non solvuntur*, ne doivent pas s'entendre « dans le sens qu'ils paraissent d'abord présenter. Pour « connaître le véritable sens de ces termes, il faut les « rapprocher d'un autre texte des Sentences de Paul : « lib. 5, t. 6, § 10, où il est dit : *Bene concordans matri-* « *monium separari a patre D. Pius prohibuit* » (1). Après avoir rappelé que la constitution de l'empereur Antonin (2), dont parle Paul, enleva au père le droit exorbitant de dissoudre à son gré le mariage de sa fille, Pothier continue : « Il est facile, à présent, d'apercevoir « le sens de ces termes: *sed contracta non solvuntur*. « Après que Paul a dit que les enfants de famille ne « peuvent valablement contracter mariage sans le con- « sentement de leur père, en la puissance de qui ils « sont, *eorum qui in potestate patris sunt, sine voluntate*

____

1. Pothier, *Traité du contrat de mariage*, n° 17.

2. Voy. aussi constitution de Dioclétien et Maximien, l. 5, C. *de repudiis*, V. 17.

« *ejus, matrimonia jure non contrahuntur*, il ajoute, *sed*
« *contracta non solvuntur* ; c'est-à-dire, mais lorsque les
« mariages ont été une fois valablement contractés, le
« consentement du père y étant intervenu, le père n'a
« plus le droit de dissoudre, comme il l'avait autrefois ».
Cette explication est d'autant plus plausible que le motif
que Paul donne de cette règle : *contemplatio enim publicæ
utilitatis, privatorum commodis præfertur* (1), est précisément le motif même qui fit abolir par Antonin, le droit
pour le père de répudier son gendre ou sa bru, malgré
sa fille ou malgré son fils. Cette explication de Pothier a
été généralement adoptée (2).

On s'est demandé si la nullité du mariage était
l'unique sanction de la nécessité du consentement paternel. La violation des empêchements de mariage constituait
souvent un délit, dans le droit romain (3). Des peines
pécuniaires infamantes étaient prononcées. Or, en ce qui
concerne la violation de la règle du consentement familial, les textes sont muets. Nous en concluons que la
nullité du mariage a dû être la seule sanction de l'obligation imposée au fils de famille.

De cette rapide exquisse de la législation romaine, une
idée générale se dégage. Les Romains ont fait une sorte
d'œuvre politique en réglementant l'intervention de la
famille dans le mariage. L'obligation du consentement

---

1. Paul, *Sent.* II, 19, § 2, à la suite du texte précité.

2. Sic : Le Merre, *Justification des usages de France sur les mariages
des enfants de famille*, Paris, 1687 ; Ortolan, *op. cit.*, t. I, p. 86 ; Demangeat, *op. cit.*, t. I, p. 251 ; Viollet, *Histoire du droit civil français*, 2ᵉ édit., Paris, 1893, p. 404, note 4.

3. C., l. 4, *de incestis*, V, 5 et Dig., *de his qui notantur infamia*,
III, 2.

repose sur l'intérêt du groupe familial dont le père est le chef, non sur l'intérêt de l'enfant. De là cette rigueur excessive envers l'enfant en puissance, rigueur spéciale au droit romain, comme lui a été spéciale la *patria potestas* elle-même (1).

1. « *Quod jus proprium civium Romanorum est* ». Gaius, I, 108.

CHAPITRE II

LÉGISLATION GERMANIQUE (1)

L'étude de cette seconde source de notre législation matrimoniale offre des difficultés particulières : il y a pauvreté de documents juridiques. Du droit primitif de la Germanie on ne connaît guère que ce que Tacite (2) et Grégoire de Tours en révèlent. Quant au droit des *Leges Barbarorum*, il est plus pénal que civil (3). Puis il contient, au milieu de dispositions tirées du fonds germanique, des prescriptions d'origine romaine ou même celtique (4). Enfin la législation germanique est loin de pré-

1. Consulter : Geffroy, *Rome et les lois barbares*, Paris, 1874. — De Valroger, *Les Barbares et leurs lois*, Paris, 1867. — Gide, *Etude sur la condition privée de la femme mariée*, 2e édit., avec notes d'Esmein, Paris, 1885. — Glasson, *Observations sur la famille et la propriété chez les Germains*, Orléans, 1885. — Fustel de Coulanges, *Recherches sur quelques problèmes d'histoire*, Paris, 1885, et *L'invasion germanique et la fin de l'Empire*, Paris, 1891. — Lehr, *Traité élémentaire de droit civil germanique*, Paris, 1892. — Ed. Meynial, *Etude sur le mariage après les invasions*, *Nouvelle revue historique*, 1896, p. 514 et 737. — Simonnet, *Le* mundium *dans le droit de famille germanique*, thèse, Paris, 1898. — Lefebvre, *Leçons d'introduction à l'histoire du droit matrimonial français*, Paris, 1899, p. 100.

2. Dans son traité *De Situ, moribus et populis Germaniæ*. Sur l'autorité et la valeur historique de ce livre, voyez : Geffroy, *op. cit.*, p. 55 ; Fustel de Coulanges, *L'invasion germanique, op. cit.*, p. 237.

3. Lehr, *op. cit.*, t. I, p. 3.

4. Sur ce dernier point, voy. de Valroger, *op. cit.*

senter le caractère de netteté et de précision qui distingue le droit de Rome. Ici, les institutions sont confuses, imprécises.

Il n'y a pas de théorie d'ensemble sur le consentement familial au mariage. Seules, des dispositions isolées révèlent l'existence de ce consentement. Il faut préciser d'abord la base juridique de l'institution. On recherchera ensuite les dispositions légales qui la règlementent.

§ I. — *Fondement du droit de consentir au mariage.*

En Germanie, comme à Rome, le droit de consentir avait son fondement dans une théorie plus large. Ici, c'est la théorie du *mundium*. Le consentement au mariage est un des modes d'action du *mundium*.

On sait que le *mundium* a été l'institution capitale du droit de famille germanique. De lui découle toute autorité dans la famille, toute puissance sur les personnes, puissance du père, puissance du mari, puissance du tuteur (1).

Mais quand il s'agit de préciser le caractère particulier de ce pouvoir, les difficultés commencent. Etait-ce un droit de puissance, au sens propre du mot, c'est-à-dire un droit autoritaire donné au chef du groupe familial sur tous les membres du groupe, dans l'intérêt de la collectivité? Etait-ce, au contraire, une autorité surtout

---

1. C'est, du moins, l'opinion généralement admise. Voy. Fustel de Coulanges, *Recherches*, *op. cit.*, p. 223. Néanmoins, cette manière de voir est rejetée par certains auteurs qui restreignent la notion du *mundium* à un rapport de père à enfants; voy. Rive, *Vormandschaft, Einleitung*, t. I, p. XI.

tutélaire, accordée au chef de la famille en vue de protéger les membres incapables de se défendre eux-mêmes? Difficile problème que les auteurs ont résolu diversement.

Suivant M. Ernest Lehr (1), « tandis que le *paterfami-* « *lias* absorbait à son profit tous les droits des personnes « *in manu*, la *Vormundschaft* (2), au contraire, a toujours « supposé la personne assistée en possession de droits « individuels, qu'elle se trouve seulement incapable « d'exercer et de défendre à elle seule : sa personnalité « juridique est pleinement reconnue... La *potestas* confé- « rait surtout des prérogatives, un pouvoir, des droits ; la « *Vormundschaft* ayant essentiellement pour objet de « protéger l'incapable, constitue, pour celui qui l'exerce, « bien moins un droit qu'un devoir de famille. »

M. Laferrière (3) donne une haute portée morale à l'institution du *mundium* : « L'homme de guerre estime « avant tout le courage et la force. Mais aussi dans le « sentiment de sa force et de son courage, il puise le « sentiment et l'idée généreuse de défense, de protec- « tion à l'égard des faibles : telle est la noble origine du « *mundium*. » Et cet auteur s'attache à prouver que le *mundium* resta fidèle à la conception primitive : c'est en vertu de cette institution que le roi germain se devait au dernier de ses sujets, le chef de bande à ceux qui avaient accepté son commandement, le mari à sa femme, le père à ses enfants (4).

1. *Op. cit.*, t. II, p. 251.

2. Terme dérivé du mot *mundium*, qui sert encore aujourd'hui à désigner la tutelle, en Allemagne.

3. *Histoire du droit civil de Rome et du droit français*, Paris, 1848, t. III, p. 154.

4. C'est aussi l'idée développée par M. Lefebvre à son cours 1896-1897 (v. not. cours du 19 janvier 1897).

La même théorie a été soutenue par M. Glasson (1). D'après le savant doyen, l'autorité domestique était « avant tout une puissance de protection. Le père était « plutôt un administrateur qu'un chef, un protecteur « qu'un despote » (2).

Malgré ces autorités, un parti très fort dont la doctrine considère le *mundium* comme une puissance autoritaire et arbitraire. L'un des plus autorisés défenseurs de ce système, Fustel de Coulanges, s'appuie sur des textes de Jules César et de Tacite. Il montre que la famille germanique était « un groupe étendu et compacte », soumis à l'autorité du chef de famille « qui avait gardé chez les Germains presque toute la puissance qu'il avait eue dans les premiers temps de Rome et de la Grèce (3) ».

Geffroy avait déjà exprimé la même idée. Pour lui, le père de famille apparaît, au temps de Tacite, « en possession, légalement du moins, de ses vieux droits excessifs » (4).

Tout récemment, M. Simonnet a soutenu cette doctrine dans sa thèse sur *Le mundium dans le droit de famille germanique* (5). Il a mis en relief la conception autoritaire et unitaire du *mundium*. Le droit germanique, selon lui, n'aurait connu à l'origine, que le chef de la famille : celui-ci aurait absorbé le droit de ceux qui étaient soumis à son *mundium*. Même au temps des *Leges Barbarorum*, le mot *munt* ou *mundium* aurait désigné l'ensemble des

---

1. *Observations sur la famille et la propriété chez les Germains*, op. cit., p. 12.
2. Voy. aussi Pardessus, *Loi Salique*, Paris, 1843, 3ᵉ dissert. p. 451, et Paul Gide, *Rev. hist.*, 1866, p. 401.
3. Fustel de Coulanges, *L'invasion germanique*, op. cit., p. 285.
4. Geffroy, op. cit., p. 195.
5. Paris, 1898, p. 143.

puissances paternelle, maritale et tutélaire. La notion du *mundium* aurait été une notion de puissance, de *potestas*, beaucoup plus qu'une notion de tutelle.

Il est difficile de prendre parti dans cette grave controverse. Néanmoins, ayant assigné le *mundium* comme fondement au consentement au mariage des enfants, nous devons, sous peine de rester dans le vague, préciser nos idées sur ce point.

Pour nous, les institutions domestiques des Germains ont dû être, à l'origine, à peu près les mêmes que celles des autres peuples de la race indo-européenne (1). Or, un trait distinctif de cette race, c'est la forte constitution de la famille. Le chef de famille devait avoir en Germanie, comme le *paterfamilias* romain, comme le père indou, les droits les plus étendus sur la personne des membres de la famille et spécialement sur ses enfants. Ce qui le prouve, c'est que la loi des Frisons porte encore la trace du droit reconnu au père d'exposer ses enfants (2). Tacite mentionne celui de vendre l'enfant (3). Donc tout porte à croire que le *mundium* fut d'abord un droit de puissance, analogue au droit de propriété (4).

Mais ce caractère absolu de la puissance paternelle ne paraît pas avoir persisté longtemps chez les Germains. Au pouvoir étroit et exclusif du père de famille se substitue bientôt un pouvoir moins oppresseur que protecteur, plus conforme au génie particulier des peuples germani-

1. Cf. De Valroger, *La Gaule celtique*, Paris, 1879, p. 18 et s.

2. Lex Fris., V, 1.

3. Tacite, *Germaniæ*, 24. César constate chez les Gaulois un droit plus étendu encore, le *jus vitæ necisque* : « *Viri in uxores sicut in liberos, vitæ necisque habent potestatem* ». *De bello gallico*. VI. 19.

4. « *Mundium, id est dominium* », disent les vieilles gloses sur l'édit lombard.

ques. Tandis que l'esprit romain est toujours resté un esprit d'ordre et de discipline, ayant le respect de l'autorité et le goût des hiérarchies (1), l'esprit germain a manifesté, de bonne heure, une tendance vers la liberté individuelle et l'indépendance (2). La personne en état de porter les armes, c'est-à-dire capable de se défendre elle-même, échappait à la contrainte domestique. Là où était la force était aussi l'indépendance (3). A Rome, la puissance du père était de sa nature perpétuelle et resta telle dans toutes les périodes du droit romain. En Germanie, au contraire, elle se transforma vite en une courte tutelle. C'est que, dans la conception romaine la puissance du père avait sa raison d'être dans l'intérêt collectif supérieur à l'intérêt individuel, tandis que, chez les Germains, l'autorité du père avait pour base la nécessité de protéger l'enfant, trop faible pour se défendre. Dans les textes mérovingiens, le *mundium* est souvent appelé *tuitio*.

En outre, la constitution de la famille n'était pas la même chez les deux peuples. A Rome, elle revêtait la forme monarchique. L'autorité était concentrée entre les mains d'un seul. En Germanie, la famille formait une sorte de république. Quiconque pouvait s'armer et défendre la cause commune, avait sa part d'autorité. Le *concilium* composé des personnes valides et aptes à porter les armes, intervenait à côté du père de famille, dans tous

1. « Dans les conventions, comme dans les rapports domestiques, la loi romaine à toute époque s'est défiée de la liberté individuelle. » Paul Gide, *Rev. hist.*, 1866, p. 401.

2. Klimrath, *Travaux sur l'histoire du droit français*, Paris, 1843, t. I, p. 265.

3. Voy. Paul Gide, *Etude sur la condition privée de la femme*, édit. Esmein, Paris, 1885, p. 199.

les événements de la famille (1). Le père germain protégeait, vengeait, il n'opprimait pas.

Ainsi le *mundium*, à l'origine pouvoir despotique et barbare, devint assez vite un pouvoir tutélaire, s'exerçant seulement, sur les membres de la famille hors d'état de porter les armes (2). En bonne logique, sur ceux-là seulement devait, au moment de leur mariage, peser le *mundium* sous forme du consentement familial. C'est en effet, ce que vont nous révéler les textes.

§ II. — *Dispositions légales concernant le consentement au mariage.*

L'autorité familiale n'intervenait que pour le mariage des membres de la famille incapables de porter les armes. Les textes font application de cette règle. Quiconque peut combattre se marie librement : il peut disposer librement de sa personne (3). Quiconque est hors d'état de combattre, n'a pas la disposition de sa personne, et dès lors ne peut se marier sans le consentement de la famille.

Une distinction s'impose entre les enfants mâles et les filles.

I

Le *fils* était affranchi du *mundium* et, par conséquent, de l'obligation de demander le consentement paternel,

1. Tacite, *Germaniæ*, 11, 12 et 13.
2. Cf. Chauvin, *Des droits du père sur la personne de ses enfants légitimes*, thèse, Paris 1893, p. 118.
3. Lex Fris., XI, 1.

dès qu'il était apte à porter les armes. Cette règle du droit primitif que l'aptitude à porter les armes, émancipe l'enfant, est regardée généralement comme certaine (1).

Par la prise d'armes, en effet, le fils était placé dans une situation nouvelle, incompatible avec l'autorité paternelle. Il prenait sa place au conseil de famille. Il devenait l'auxiliaire du père. Il exerçait, à son tour, un pouvoir tutélaire sur les membres incapables de la famille. Il était créé citoyen (2). La remise des armes au jeune Germain se faisait solennellement en présence du peuple assemblé en armes (3). Il ne semble pas qu'il y eut eu, au temps de Tacite, un âge fixe et identique pour tous les enfants. Le peuple devait déterminer l'âge pour chacun d'eux. Cet âge devait coïncider à peu près avec l'âge de la puberté (4).

Plus tard, les solennités de la remise publique des armes furent sans doute supprimées, car les *Leges Barbarorum* mentionnent un âge fixe, à partir duquel l'enfant mâle devient majeur. Cet âge varie avec les divers peuples. Dans la loi lombarde, la majorité a lieu à 12 ans. La loi salique la fixe également à 12 ans, mais avec certaines restrictions (5) et la loi Ripuaire à 15 ans, pour des cas particuliers (6).

1. Paul Gide, *Etude sur la condition privée de la femme*, op. cit., p. 200; Grimm, *Deutsche Recht salterthümer*, 2e édit., p. 462 ; Contrà : Fustel de Coulanges, *Recherches*, op. cit., p. 222.

2. « *Nihil autem, neque publicæ, neque privatæ rei, nisi armati agunt* ». Tacite, *Germaniæ*, 13.

3. Tacite, *Germaniæ*, 23.

4. Esmein, *Le Mariage en droit canonique*, Paris, 1891, t. I, p. 154.

5. Lex salica, XXIV, 5 (édit. Pardessus, Paris, 1843, premier texte, p. 13.)

6. Lex rip., LXXXI.

Quoi qu'il en soit, c'est toujours approximativement la puberté qui détermine l'âge de la majorité matrimoniale de l'enfant, l'âge de son émancipation. Voilà ce qu'il était important de préciser, car cela permet de conclure que l'enfant mâle n'a jamais eu besoin du consentement paternel pour se marier. Du jour où il devenait physiquement capable de se marier, il était affranchi du *mundium*, affranchi par conséquent de toute obligation de solliciter une autorisation pour se marier (1).

Mais si, légalement, le fils pouvait se passer du consentement paternel, en fait, la famille intervenait toujours. L'autorité familiale était fort respectée en Germanie. Les relations de parenté y étaient étroites. La solidarité germanique est restée proverbiale. Dans la famille, comme dans la tribu, nulle résolution importante ne se prenait sans l'intervention du chef, assisté des mâles majeurs. Comment, pour un acte aussi important que le mariage (2), la famille n'aurait-elle pas été consultée? Mais cette consultation était facultative pour l'enfant mâle : c'était un effet des mœurs germaines, et non une règle impérative du droit.

II

Il en était autrement pour la *fille*. A. — Elle restait *toute sa vie*, soumise à la nécessité d'obtenir l'agrément de la famille à son mariage. Comment expliquer cette différence?

1. « *Nach diesen Jahren der Mundikeit scheint es, hatte der Vater bezüglich des Eheschlusses Keine Rechte mehr über den Sohn.* » Joseph Freisen, *Geschichte des canonischen Eherechts*, Tübingen, 1888, p. 310.

2. Le mariage était très en honneur chez les Germains, et revêtait à leurs yeux une importance considérable. Voy. Lehr., *Droit germanique*, t. II, p. 245 et 253.

Par la sujétion perpétuelle dans laquelle se trouvait tenue la femme germaine. Indéfiniment pesait sur elle le *mundium* du père ou du tuteur (1), parce qu'aucun âge ne la rendait propre à porter les armes ; et dans les temps de brutalité et de violence, le droit doit assurer une protection à quiconque n'a pas une épée pour se défendre. Le mariage même n'était pas une émancipation, mais seulement une cause de changement de maître. Le *mundium* persistait. Seul le titulaire changeait. La formalité essentielle du mariage consistait précisément dans ce transfert du *mundium* de la tête du père sur la tête du mari. C'était la *desponsatio*, l'achat par le mari, non de la femme (2), mais du *mundium*. Le consentement du *mundualdus* se manifestait sous la forme d'une vente réelle à l'origine (3), fictive dans la suite (4).

Le *mundualdus* était tantôt le père, tantôt le tuteur. Tant que le père vivait, c'était lui seul qui avait le *mundium*, à l'exclusion de la mère. C'était lui seul, par conséquent, qui devait approuver le mariage de sa fille. A la mort du père, le *mundium* et le droit de consentir au mariage passait au plus proche parent mâle de celui-ci (5).

1. « *Nulli mulieri liberæ sub Regni nostri ditione, lege Longobardorum, viventi liceat in suæ potestatis arbitrio, it est selbmundiæ vivere.* » Edict. Roth., 204.

2. Peut-être à l'époque primitive, la femme elle-même était-elle vendue. Voy. Löning, *Geschichte des deutschen Kirchenrechts*, t. II, p. 579.

3. « *Uxorem ducturus CCC solidos det parentibus ejus.* » Lex Sax. VI. — « *Si quis pro libera muliera aut puella mundium dederit...* » Edict. Roth., 183. Ces mots *mundium dare* signifient payer le prix du *mundium*.

4. Le prix est d'un sou et un denier, d'après la Lex Salica. Il faut sans doute rattacher au même ordre d'idées l'institution du *reipus*, somme versée par le second mari à la famille de la veuve qui se remariait.

5. Lex Sax., 44.

Il n'était pas question de la mère, à laquelle son sexe interdisait non seulement le gouvernement des autres, mais encore son propre gouvernement. C'était donc le plus proche parent mâle qui devenait chef de famille, titulaire du *mundium* et tuteur de la fille. L'Édit de Rotharis indique l'ordre de dévolution du *mundium*. Le fils légitime est d'abord appelé. Entre plusieurs fils, on préfère celui qui est resté dans la maison commune (1). La fille se trouve donc placée sous la tutelle de son frère. Elle s'adresse à lui pour obtenir l'autorisation de se marier. Si elle n'a pas de frère, son oncle deviendra son tuteur (2).

B. — Suivant que le *mundualdus* était le *père* ou le *tuteur*, il jouissait de *prérogatives différentes*, relativement au mariage de sa fille.

Le père eut dans la législation primitive, et notamment chez les Lombards, le droit de marier sa fille à sa fantaisie (3). On ne dut jamais reconnaître ce pouvoir au tuteur. La loi des Wisigoths le dit explicitement (4) et il y tout lieu d'étendre cette disposition aux autres tribus germaniques : l'affection ne pouvait être ici un contrepoids suffisant à ce droit rigoureux. Toutefois, le droit lombard, assimilant au père le frère tuteur privilégié, donna à celui-ci le droit de marier sa sœur malgré elle (5).

Le père vit peu à peu diminuer l'absolutisme de son droit. Une distinction s'introduisit : la fille mineure de 15 ans continua à être mariée sans son consentement, mais dès qu'elle avait atteint l'âge de 15 ans, son con-

1. Edict. Roth., 167, 197.
2. Edict. Roth., 186.
3. Edict. Roth., 196.
4. Lex Wisigoth., III, 3 et 4.
5. Edict. Roth., 196.

sentement personnel était nécessaire (1). Dans la loi des Wisigoths, le père n'a pas plus que le tuteur le pouvoir de marier sa fille par force (2).

D'autre part, le refus du père de *desponsare* sa fille dût sans doute être arbitraire. Il put coudamner sa fille à un célibat perpétuel. C'est à tort que l'on a prétendu (3) que la fille germaine pouvait d'elle-même contracter mariage valable si ses parents négligeaient de la fiancer. Aucun texte n'autorise une telle allégation, qui est en opposition avec les principes généraux sur le *mundium* perpétuel des femmes. Par contre, le refus du tuteur n'eut pas, en lui-même, le caractère d'absolutisme. Il ne devenait péremptoire que si les *proximi parentes* consultés émettaient un avis conforme au sien. Ce que la loi des Wisigoths dit explicitement (4), d'autres *Leges* le laissent entendre, selon nous, en limitant, sur ce point, l'arbitraire du tuteur de la veuve (5). Il est vrai, comme le fait remarquer M. Simonnet (6), que la veuve jouissait, dans le droit germanique, d'un traitement beaucoup plus libéral que la fille, et que par conséquent les dispositions légales invoquées pouvaient n'être que des prérogatives spéciales aux veuves. Pourtant, il nous semble que l'extension de ces dispositions à toutes les femmes est tellement conforme à l'esprit général de la législation germanique,

1. « *Pater filiam suam usque ad XV annos potestatem habet dare cui voluerit, post vero XV annos sine voluntate sua non licet* ». Wasserschleben, *Die Bussordnungen der abendländlischen Kirche, capitula Theod.* (Dacheriana), C, cxviii.

2. Lex Wisigoth., III, 3 et 11.

3. Martin, *Histoire de la femme,* Paris, 1863, t. II, p. 182.

4. Lex Wisigoth., III, 1 et 11.

5. Edict. Roth., 182 ; Lex Sax., 43.

6. *Op. cit.*, p. 74.

qu'elle s'impose. Le *mundium* du tuteur n'était pas absolu comme celui du père. L'approbation de la famille devait être demandée pour toutes les décisions que prenait le tuteur, et il est probable qu'en cas de dissentiment entre le tuteur et l'assemblée des *proximi parentes*, à propos du mariage, la fille autorisée par ses proches, pouvait se marier. Peut-être même le refus injuste du tuteur était-il, dans le droit lombard, une cause suffisante pour faire prononcer sa destitution (1).

C. — Quelle était la *sanction* de l'obligation imposée à la fille, d'obtenir, pour son mariage, le consentement du *mundualdus?* Si la fille se mariait sans ce consentement, son mariage était-il frappé de nullité ?

Sur ce point encore, le droit germanique s'est montré plus libéral que le droit romain. Nous croyons qu'il n'a pas prononcé la nullité du mariage ainsi contracté.

Toutefois le problème est fort délicat. Les textes sont peu précis et semblent contradictoires. La vérité est peut-être qu'aucune théorie juridique n'a été élaborée dans l'ancien droit germanique, sur la validité ou l'invalidité du mariage contracté sans l'intervention de la famille. L'esprit juridique simpliste des Germains ne pouvait imaginer une distinction analogue à notre distinction entre empêchements dirimants et empêchements prohibitifs.

Le législateur germain s'est proposé avant tout, de fixer le montant du *wergeld* dû par le ravisseur à la famille de la fille ravie. Quant à l'existence du lien matrimonial, elle ne devait pas être discutée. N'était-elle pas la conséquence nécessaire de la cohabitation volontaire de la femme avec l'homme assez fort physiquement pour s'être emparé

1. Liutp., 120.

d'elle et l'avoir sortie de sa famille ? Certes cet homme était coupable légalement, comme était coupable tout individu qui faisait sienne la chose d'autrui. Il avait volé, au lieu de l'acheter, le droit de *mundium* sur la fille. Ce droit, il pouvait le restituer en renonçant à la femme et en indemnisant la famille du préjudice causé. Mais voulait-il garder la femme qu'il avait prise, celle-ci d'ailleurs étant consentante ? Il en avait le pouvoir. La femme restait au ravisseur. Le mariage subsistait. Seulement une composition pécuniaire était due à la famille (2).

Cette conception n'est qu'hypothétique. Pourtant les textes semblent la confirmer. Ainsi la loi des Lombards n'exige pas la séparation de l'homme et de la femme unis sans achat préalable du *mundium* (2). Elle les nomme *uxor* et *maritus*. Luitprand donne au mari ravisseur le droit de réclamer une composition due pour adultère avec sa femme (3), ce qui paraît être une reconnaissance formelle du mariage. La loi des Saxons est plus explicite encore : *Si autem sine voluntate parentum puella tamen consentiente ducta fuerit, bis CCC solidos parentibus ejus componat. 3. Si vero nec parentes nec puella consenserunt, id est si vi rapta est, parientibus ejus CCC solidos, puellæ CCXL componat, eamque parentibus restituat* (4). Une opposition bien manifeste existe entre les deux dispositions. Il n'y a de séparation nécessaire des époux que dans le

1. Sic, Simonnet, *op. cit.*, p. 112. Nous avons emprunté à cet ouvrage une partie des arguments de textes qui suivent.

2. Edict. Roth., 187. La séparation est exigée dans les autres cas de mariage défendu, Edict. Roth., 185.

3. Liutp., 139.

4. L. Angl. et Werin, 47.

cas où la femme est *vi rapta*. Dans le cas où il n'y a eu qu'absence du consentement familial, une réparation pécuniaire seulement est due. Enfin plusieurs autres *Leges*, notamment la loi des Thuringiens et celle des Wisigoths (1), établissent des peines pécuniaires contre la femme qui se marie *sine voluntate patris*. Mais ces lois ne prononcent pas la nullité du mariage. Et le droit Lombard qui prive la femme de sa fortune, si elle n'a pas demandé le consentement de son père ou de son frère (2), reste muet sur l'invalidité du lien matrimonial. Ne sommes-nous pas en droit de conclure à la validité du mariage fait *sine voluntate patris* ?

Il est vrai qu'un passage de la loi des Alamans semble contredire expressément cette manière de voir : *Si quis filiam alterius non desponsatam acceperit sibi uxorem, si pater ejus eam requirit, reddat eam et cum quadraginta solidis eam componat* (3). Et ces mots *reddat eam*, déjà si précis en eux-mêmes, tirent encore une énergie nouvelle de leur rapprochement avec un passage de Grégoire de Tours : *Quia sine consilio parentum eam conjugio copulasti, non erit uxor tua* (4). S'il n'y a pas d'épouse, c'est qu'il n'y a pas de mariage, et toute notre théorie tombe.

En réalité, ces textes sont-ils aussi probants qu'ils le paraissent à première vue ? D'une part, les termes *reddat eam* peuvent exprimer un désir de la loi, non un ordre impératif (5). Ce qui peut le faire supposer, c'est

1. Lex Wisigoth, III, 2 et 8.
2. Liutprand, 119.
3. Lex Alam., Hlot., 54.
4. Greg. Tur., H. F., IX, 33.
5. C'est ce qui a lieu certainement dans les deux dispositions suivantes de la loi des Alamans : *reddat eam... si autem reddere noluerit, apud CCCC solidis componat eam* (LI, 1.) — et : *reddat eam, ... si autem reddere noluerit, solvat eam cum CCCC solidis* (LII, 1).

l'expression d'*accipere uxorem*, dont se sert le législateur. Cette locution signifie ordinairement prendre pour épouse légitime et évoque l'idée de mariage valable.

Toutefois, peut-être vaut-il mieux croire que ces textes marquent une étape nouvelle du droit matrimonial. Ils ne contiennent pas l'expression de la pure doctrine germanique. Dans l'ancien droit des Germains, la reconnaissance des états de fait devait conduire à la validité des mariages conclus *sine voluntate patris*. Cette conception primitive aurait été conservée dans les lois lombarde et saxonne. Au contraire la loi des Alamans marquerait un droit nouveau. Elle serait le recul de l'esprit simpliste au profit de l'esprit d'analyse, la première victoire du concept juridique sur les faits de violence.

La notion du rapt commençait à se faire jour sous l'influence du droit romain. On se demandait comment la fille avait pu passer sous le *mundium* du ravisseur, s'il n'y avait pas eu *desponsatio* : le *mundium* du père, dès lors, devait subsister et, avec lui, tous les droits qui le garantissaient, y compris le droit de revendication. Mieux instruits de ses droits le père disait : *non est uxor tua* ; et la loi de conclure : *reddat eam*.

Quoiqu'il en soit de la doctrine dernière du droit germanique sur ce point spécial, ce droit apparaît, dans l'ensemble de sa législation matrimoniale, comme plus conforme à cette *ratio naturalis* que Justinien, gêné par l'étroitesse des conceptions du *jus civile*, n'entrevoyait qu'à peine. Entre les Germains du temps de Tacite et les Romains il n'y a pas eu seulement une différence tenant au degré inégal du développement social de ces peuples, il y a eu une différence plus profonde résultant du caractère, du génie propre des deux nations.

Loin de nous la pensée d'exalter sans mesure les Germains à l'instar de certains auteurs allemands (1). Mais nous croyons que les Barbares d'Outre-Rhin ont été parfois injustement rabaissés (2). Chez eux, il y avait comme le sentiment confus de la spontanéité humaine dans son libre développement (3). Un principe nouveau était introduit dans la civilisation européenne, celui de la liberté individuelle. C'est ce principe que l'Eglise allait reprendre et féconder, en plaçant à côté de lui son complément indispensable, le principe de l'égalité des sexes.

1. Voy. not. Meiners, *Geschichte des Weiblichen Geschlechts*, t. I., p. 198 et s.

2. Voy. Guizot, *Histoire de la civilisation en Europe*, Paris, 1872. p. 59, et *Histoire de la civilisation eu France*, Paris, 1869. t. I, p. 199 et s.

3. Cf. Chauvin, *op. cit.*, p. 123.

CHAPITRE III

LÉGISLATION CANONIQUE (1)

Les lois romaines et germaniques ont eu leur part,
d'influence dans la formation du droit matrimonial
français : la législation canonique a été ce droit lui-
même pendant six siècles. Du xe au xvie siècle, la loi de
l'Eglise fut en matière de mariage, la loi civile du

1. Pour la bibliographie générale du droit canonique, nous renvoyons à l'*Histoire des sources du droit canonique*, de Tardif, Paris,
1887 ; nous nous contentons d'indiquer ici les ouvrages les plus fréquemment cités dans ce chapitre : Petrus Lombardus, *Magister
Sententiarum* (Patrologie latine de Migne, Paris, 1854-55, t. 191 et
192). — Sforza Pallavicini, *Histoire du Concile de Trente*, trad. et
pub. par l'abbé Migne. 3 vol., Montrouge, 1844-1845. — Theiner,
Acta genuina ss. œcumenici concilii Tridentini, Leipzig, 1874. — Labbeus et Cossortius, *Sacrosancta Concilia*, Paris, 1671-72. — Gerbais,
*Traité du pouvoir de l'Eglise et des princes sur les empêchements de ma-
riage*, Paris, 1696. — Gibert, *De Doctrina canonum* ou *Historica
disquisitio*, Paris, 1709. — Conférences ecclésiastiques de Paris
sur le mariage, rédigées sous la direction de Mgr de Noailles,
Paris, 1714. — Abbé Fleury, *Institution au droit ecclésiastique*, édit.
Boucher d'Argis, 1771. — Friedberg, *Das Recht der Eheschliessung*,
Leipzig, 1865. — Joseph Freisen, *Gedischte des canonischen Eherechts*,
Tubingen, 1888. — Walter, *Manuel de droit ecclésiastique*, trad. par
de Roquemont, Paris, 1840. — Durand de Maillane, *Institutes de
droit canonique*, 10 vol., Lyon, 1770. — D'Espinay, *Influence du droit
canonique sur la législation française*, Recueil de l'Académie de
législ. de Toulouse, 1856, livrais. supplém. — Abbé Beau, *Influence du droit canonique*, thèse, Bordeaux, 1877. — Horoy, *Traité
du mariage en droit canonique*, Paris, 1886 ; Abbé Vantroys, *Du*

royaume ; le *Corpus juris canonici* était le code matrimonial des Français. Et aujourd'hui que la législation
du mariage est sécularisée, il est remarquable qu'en
dépit de certaines différences essentielles, ses dispositions « ne font guère que reproduire sécularisées et
modifiées légèrement, les règles auxquelles le droit
canonique était arrivé » (1).

C'est que nul droit n'a mieux pénétré la nature du
mariage, ni poussé plus avant l'étude de ses conditions
de validité.

Son avènement a été le point de départ d'une révolution lente, mais profonde dans les principes qui gouvernent le mariage. L'Eglise a fait du mariage entre chrétiens sa chose propre, Jésus-Christ l'ayant mis au
nombre des sacrements. Mais en même temps elle a
reconnu le caractère de véritable mariage à l'union librement consommée de l'homme païen et de la femme
païenne en vue de fonder une famille (2). Et par là,
elle a fait œuvre juridique autant que morale. Le fondement du droit n'est-il pas le respect de la liberté
des personnes? Le respect de la liberté individuelle,
l'Eglise l'a introduit dans le mariage. Elle a proclamé
d'abord l'égalité de l'homme et de la femme. Elle a.

---

consentement des parents au mariage des enfants, thèse, Paris, 1889. —
Abbé Paoli, *Etude sur les origines et la nature du mariage civil*,
thèse de droit canonique, Paris, 1890. — Allègre, *Impedimentorum
matrimonii synopsis*, Paris, 1889. — Esmein, *Le mariage en droit canonique*, 2 vol., Paris, 1891. — Tilloy, *Traité théorique et pratique du
droit canonique*, 2 vol., Paris, 1895.

1. Esmein, *Le mariage en droit canonique, op. cit.*, t. I, p. 48.

2. Les canonistes appellent ce mariage entre non chrétiens *legitimum, verum ;* mais ils le distinguent du mariage-sacrement réservé
aux chrétiens et appelé *matrimonium ratum*. V. Décret. Greg., lib.
IV, t. XIX, c. 7.

montré ensuite que le mariage n'est pas une invention
des lois civiles, mais une institution de la loi naturelle
et divine (1). Et logique avec elle-même, elle a tiré les
conséquences de ce principe nouveau. Elle a affirmé la
nécessité et la suffisance de la volonté libre des époux
pour la formation du lien matrimonial. Dès lors, le droit
moderne du mariage était né (2). Des considérations
politiques, puis sociales, ont fait établir, dans la suite,
des entraves à la liberté de se marier, mais le principe
canonique est resté.

Nous suivrons la théorie du droit canon sur le consentement familial au mariage, dans sa lente évolution. Il
serait faux de croire que l'Eglise soit parvenue de
suite à préciser sa doctrine et à imposer son droit à l'Europe occidentale. La législation canonique a mis dix
siècles à s'élaborer. Ce n'est que vers le Xe siècle qu'elle
forme un corps de droit homogène. Et encore des obscurités se manifestent dans sa doctrine. Ses interprètes
les plus autorisés essaient de concilier les canons entre
eux : ils ne parviennent à se mettre d'accord que peu de
temps avant que l'Eglise, sous l'empire d'une nécessité
impérieuse, confirme solennellement sa doctrine dans
les décrets du Concile de Trente.

Ce que nous préciserons dans ce chapitre, ce ne sera
pas la conception juridique de l'ancien droit sur le con-

1. Voy. Encycl. *Arcanum,* de Léon XIII.

2. « L'esprit moderne doit au droit canonique son émancipation. » Giraud, *Essai sur l'histoire du droit français,* Paris, 1846, t. I,
p. 337. — « Il faut le dire, dût cette parole déplaire, le droit canonique a été la première émancipation de l'esprit humain ; car,
émanciper l'homme, ce n'est pas le soustraire à toute règle, à toute
loi, c'est le faire passer du joug de la force à celui de la morale. »
Villemain, *Cours de littérature,* xviiie siècle, t. II, p. 30.

sentement des ascendants au mariage des enfants, ce sera uniquement la pure doctrine canonique sur cette délicate matière, réservant pour le chapitre suivant l'étude de la lutte de notre ancien droit civil avec la législation canonique, depuis le Concile de Trente jusqu'à la Révolution.

Notre tâche présente n'est pas aisée. Le droit de l'Eglise n'est pas contenu dans un recueil unique de lois. Le *Corpus juris canonici* ne présente pas toute la précision d'un code moderne : c'est un vaste recueil de décisions de conciles et de decrétales de papes ; il faut interpréter ces textes, puis les concilier. D'autre part, l'Eglise n'a pas exercé du premier coup et sans contestation son pouvoir exclusif sur le mariage. Elle a dû subir longtemps les législations païennes. Ensuite elle s'est heurtée au pouvoir royal et aux principes de la Féodalité. Et si elle a triomphé, ce n'est qu'après des concessions, des atermoiements apparents de doctrine, qui compliquent singulièrement la tâche du jurisconsulte.

Pour mettre de la clarté dans cet exposé, il est nécessaire de distinguer deux périodes dans l'histoire du droit canonique sur notre matière.

La première période commence avec l'ère chrétienne et se termine vers le milieu du XIIe siècle. C'est la période des tâtonnements, des obscurités. Il n'y a pas encore une science canonique. Mais les matériaux s'amassent. Un travail fécond se poursuit. L'Eglise a ses dogmes et sa morale. Elle n'a pas encore sa discipline définitive. Pourtant on entrevoit sa doctrine sur le mariage des enfants de famille, comme on devine la présence du corps sous le drap qui l'enveloppe. C'est la *période des origines*.

Les ouvrages de Gratien et de Lombard, au milieu du

XII siècle ouvrent une ère nouvelle. Le droit canonique se constitue à l'état de *science propre* ; et ce caractère ira s'affermissant jusqu'à la seconde moitié du XVI siècle, jusqu'au Concile de Trente. Cette période est vraiment l'âge d'or, l'âge classique du droit canonique. La théorie du consentement familial au mariage, jusque-là confuse, comporte dès lors une exposition systématique et détaillée.

Section I. — Les origines.

Si l'élaboration de la doctrine canonique sur le mariage des enfants de famille s'est faite lentement, c'est que les principes canoniques ont eu à lutter d'abord contre l'*influence romaine*, puis contre la *tradition germanique*, avant de pouvoir se développer librement dans le sein de la *société chrétienne du Moyen-Age*. Cela nous amène à distinguer trois phases dans la période des origines.

I

Persécutée avant d'être dominante, l'Eglise, pendant trois siècles, s'est tenue à l'écart du *monde romain*. Sa voix était trop faible pour sortir des catacombes. D'ailleurs, elle songeait à se rendre maîtresse des consciences, sans penser à dominer les empires. On sait que la conquête des âmes fut rapide (1), et que l'action de l'Eglise

1. Moins de deux cents ans après la mort de Jésus-Christ, Ter-

s'étendit vite aux choses spirituelles. Une des premières victoires remportées fut sur le mariage.

De bonne heure, les chrétiens se firent remarquer par leurs mœurs pures qui contrastaient avec les mœurs dissolues du monde païen (1). Saint Paul avait dit : « *Sacramentum hoc magnum est, ego autem dico in Christo et in Ecclesia* » (2). Et le christianisme, dès les premiers temps, s'est mis à légiférer sur le mariage. M. Viollet le constate en termes précis :. « Avant son triomphe sous Constantin, l'Eglise légiférait déjà en matière de mariage. Assurément sa législation n'avait aucune valeur officielle, mais elle obligeait tous ceux qui s'honoraient du nom de chrétien » (3). Les premiers monuments de la loi religieuse — Epitres, Évangiles, Actes des apôtres, — sont remplis de prescriptions relatives au mariage. Mais ces prescriptions touchent aux dogmes fondamentaux ou à la morale, non aux conditions de validité du lien matrimonial. Il n'est pas question d'une réglementation sur le consentement de la famille au mariage. Les chrétiens se conforment aux lois de l'Empire.

Il en fut ainsi même après le IVe siècle, lorsque Constantin, pacificateur des Gaules et maître de l'Italie et de l'Afrique, eut fait cesser la persécution contre les chré-

tullien écrivait : « Nous ne sommes que d'hier et cependant nous faisons la plus grande partie de vos villes, de vos châteaux, de vos municipes, de vos assemblées. » *Apolog.*, C, xxxvii.

1. Voy. Derrey, *Des empêchements prohibitifs de mariage*, thèse, Paris, 1894, p. 88.

2. Saint Paul, *Epist. ad Ephes.*, V, 32.

3. Viollet, *Précis de l'histoire du droit français*, 2° édit., Paris, 1893, p. 396. Le même auteur a dit ailleurs : « Dès l'origine, le mariage est tombé dans le domaine de l'Eglise : il a été par excellence, entre chrétiens, matière de conscience, soumise aux décisions et à la juridiction de l'Eglise. »

tiens et eut embrassé leur religion. En 313, par le célèbre Edit de Milan, le christianisme fut déclarée religion tolérée. Mais les empereurs ne cédèrent pas à l'Eglise la législation en matière de mariage.

Celle-ci, d'ailleurs, pouvait-elle et voulait-elle la revendiquer ? La révolution chrétienne a été une révolution pacifique. Elle s'est attaquée aux consciences et non aux lois. Son but n'a pas été de bouleverser la société, mais de la régénérer peu à peu (1). M. Giraud affirme que « les chrétiens étaient divisés en deux partis : l'un dont le zèle exclusif allait jusqu'à la violence; l'autre politique et conservateur. » (2) C'est certainement ce dernier parti qui l'emporta. L'Eglise, intransigeante en matière de foi (3) fut indulgente et patiente en ce qui concerna les mœurs et les coutumes romaines (4). Elle se renferma provisoirement dans la direction spirituelle de l'humanité, laissant à l'Etat l'autorité civile et législative. Elle recommanda aux chrétiens le respect des lois romaines (5). Et si Saint Augustin, au Ve siècle, commençait à dégager les premiers éléments du droit matrimonial chrétien, ce droit n'exerçait encore aucune influence directe sur la législation civile. Il s'imposait à la conscience des chrétiens, mais il n'était pas revêtu de la sanction légale (6). Il y avait comme deux puissances parallèles au sein de l'Empire : la puissance impériale et la puissance ecclésiastique.

1. « *Non veni solvere, sed adimplere* », d'après Saint Mathieu, V, 17.

2. Giraud, *Essai sur l'histoire du droit français*, Paris, 1846, p. 295.

3. Dès 325, Arius fut frappé d'anathème an Concile de Nicée.

4. Par exemple, pour le concubinat.

5. Voy. Coutelier, *Patres apostolici*, édit. 1724, t. I, p. 356.

6. Il ne concernait encore que le for intérieur et non le for extérieur. V. Tardif, *Sources, op. cit.*, p. 2.

Les lois romaines ne furent pas sensiblement modifiées par les empereurs chrétiens. Le mariage continua
à être valable *ex solo affectu* abstraction faite de toute
forme extérieure. La *patria potestas* fut maintenue et régla,
beaucoup plus que la *ratio naturalis*, l'intervention de la
famille à propos du mariage. Pourtant la révolution religieuse qui venait de s'opérer dans les âmes et aussi dans
les mœurs, ne pouvait rester sans influence sur les lois.
On vit peu à peu les idées chrétiennes pénétrer la législa-
lation officielle (1). Les dispositions des lois caducaires
contre les célibataires furent abrogées par Constantin (2).
Les secondes noces furent entravées : on priva le père
qui se remariait, de l'usufruit sur les biens des enfants
du premier lit. La notion chrétienne de protection de
l'enfant ne fut peut-être pas étrangère aux constitutions
portées en 371 et en 468 à l'égard des femmes *sui juris*
mineures de 25 ans. Justinien introduisit l'empêchement
de mariage résultant de la parenté spirituelle (3) et sup-
prima l'empêchement résultant de l'inégalité des conditions sociales (4).

Ainsi la législation du Bas-Empire s'imprégnait, par
quelques côtés, des idées chrétiennes. Mais son esprit
général restait ce qu'il avait été. Le droit demeurait
païen. Si les fils de famille virent leur indépendance
augmenter par la création du pécule quasi-castrense (5)

1. Voy. Trolong, *De l'influence du christianisme sur le droit civil des
Romains,* 3ᵉ édit., Paris, 1868, p. 111 et s.
2. C. Théod., 1 1, *de infirmandis, pœn. cœlib.*
3. C. 1. 26, *de nuptiis,* V, 4.
4. C. 1. 29, *de nuptiis,* V, 4.
5. Constantin, par une constitution de 321, assimila au pécule
castrense les biens acquis par les fils de famille dans les offices du
palais du prince. C. 1. 1, *de cast. omn. palat.,* XII, 31.

et par l'extension de leurs droits successifs (1), ils n'en restèrent pas moins assujettis à la *patria potestas*, qui continuait à exercer son contrôle rigoureux en matière de mariage. L'Eglise accepta ou subit cet état législatif : « *Nec in terris filii sine consensu parentum rite et jure nubent* » constate Tertullien (2), ce qui ne veut pas dire que le mariage *sine consensu parentum* est nul en tant que sacrement, mais seulement qu'il est injuste au regard des lois civiles. Quelle que grande qu'ait été l'autorité de l'Eglise sur le pouvoir impérial, celui-ci était trop fortement lié par la tradition romaine, dix fois séculaire, pour que les principes chrétiens pussent changer en quelques siècles une portion notable de la législation.

II

Le monde romain commençait à peine à subir l'influence chrétienne, lorsqu'il fut envahi par les peuples du Nord. L'Eglise se trouva, dès lors, en face des *Germains*, aux mœurs rudes et sauvages. Elle s'attacha à leur conversion, adoucit leurs mœurs. Bientôt on vit les barbares embrasser avec enthousiasme et en masse la religion chrétienne.

L'Eglise prit rapidement sur les monarques convertis l'influence qu'elle avait exercée sur les empereurs du

---

1. C. Théod., l. 1, 2, 3 et 6, *de maternis bonis ;* et l. unic., *de bonis quæ filiisfam. ex matrim.* Ces tempéraments apportés à la puissance du père ont fait dire à Godefroy : « *Christianiu disciplina paulatim patriæ potestatis duritiem emolliente.* » Sur la l. 6, C. Théod., *de maternis bonis.*

2. L. 2, *ad uxorem.*

Bas-Empire. L'esprit chrétien pénétra même plus profondément les peuplades germaniques. Tandis que le christianisme avait été sous les empereurs une sorte d'institution de l'Etat, une religion surtout officielle, il prit le caractère de religion populaire chez les Germains. Son ascendant devait être plus fort sur le barbare simple et rude, que sur le romain civilisé et sceptique (1). Aussi l'idée chrétienne pénétra-t-elle ici plus avant et plus vite dans les mœurs, la vie privée et les institutions publiques.

Mais si, en fait, l'action de l'Eglise fut plus considérable en Germanie qu'à Rome, en droit, elle resta la même. L'Eglise ne chercha pas à absorber le pouvoir royal, ni à faire abroger les lois existantes. Son autorité fut toute spirituelle. Elle n'en fut que plus puissante. La législation resta au pouvoir séculier, mais elle s'imprégna, dans une large mesure, des principes chrétiens. La *Lex Wisigothorum* a été rédigée sous l'influence directe de l'Eglise. Et l'on voit dans le droit des capitulaires des preuves de l'action ecclésiastique.

Toutefois, la législation du mariage continue à appartenir au pouvoir séculier. Les rois légifèrent fréquemment sur le mariage, dans leurs capitulaires (2). Il est vrai que c'est presque toujours pour adopter les dispositions de l'Eglise et leur donner une sanction civile ou pénale. Mais c'est aussi parfois pour s'en écarter sensiblement et suivre les traditions romaines ou germaniques.

Il n'apparait pas qu'à cette époque — du IVe au Xe

1. Voy. Esmein, *Cours d'histoire du droit français*, Paris, 1892, p. 155.

2. Voy. not. les Capitulaires de Verberie et de Compiègne (Boretius, *Capitularia*, I, p. 37 et s.).

siècle, — l'Eglise ait pris en mains la législation ni la juridiction officielles, en matière matrimoniale. Elle est plus occupée à définir ces dogmes qu'à régler sa discipline. S'il y a un droit canonique, il est à l'état embryonnaire ; il est en voie de formation ; il n'est pas formé. Sans doute, l'Eglise a déjà fait reconnaître que le mariage est un sacrement de la Loi nouvelle. Charlemagne professe cette doctrine. Il défère avec respect au jugement préalable de l'Eglise les causes où la validité du lien nuptial est en jeu. Mais il n'y a là qu'une juridiction de fait. La théorie canonique sur le consentement familial au mariage n'est pas encore élaborée.

Les règles germaniques continuent à être appliquées. Le consentement du père est requis pour le mariage de la fille, non pour le mariage du fils, affranchi dès sa puberté de l'autorité familiale. Cette nécessité du consentement pour la fille est mentionnée dans un capitulaire attribué à Charlemagne où il est dit : *Non fit conjugium nisi ab his qui super ipsam fœminam domininationem habere videntur, et a quibus custoditur, uxor petatur et a propinquioribus sponsetur* (1). Mais ce texte est suspect et pourrait bien être l'œuvre d'un faussaire. Le canon 21 du deuxième Concile de Tours, de 567, est plus digne de créance. Il apprend que les rois Childebert, Clotaire et Caribert on décidé *ut nullus ullam puellam absque parentum voluntate accipere præsumat.* Mais est-ce bien là une véritable nullité ?

En admettant — ce qui n'est pas démontré, — que la législation des capitulaires ait prononcé la nullité du mariage de la fille pour défaut de consentement des parents, l'Eglise a-t-elle accepté ce droit ? Un fait certain, c'est que

1. Collection de Benoit Lévite, liv. III, ch. 463.

l'autorité ecclésiastique fit introduire la règle suivante :
la fille fiancée contre son gré, peut, même si elle est âgée
de moins de 15 ans (1), se refuser à l'exécution de la
promesse paternelle (2). C'était la conséquence du principe chrétien : *puella sui corporis potestatem habet* (3). Mais
l'Eglise se tint-elle pour satisfaite après cette première
victoire ? Accepta-t-elle, en retour la prétendue théorie
des capitulaires sur la nullité du mariage de la fille *invito patre* ? La question est délicate, en raison du peu de
précision des textes.

Respectueuse des lois existantes, l'Eglise dut, en fait,
exiger la preuve du consentement paternel. Mais ce consentement ayant fait défaut, le mariage ne devait pas être
nul de ce chef.

M. Duguit (4) soutient que l'Eglise prononçait dans ce
cas la nullité du mariage (5). Il croit en voir la preuve
dans un rescrit adressé aux Bulgares par le pape Nicolas Ier, en 866 (6). Il fait remarquer que le consentement
des parents est mis sur la même ligne que le consentement des parties. C'est exact. Mais sur la même ligne
sont placées également des formalités qui, de l'avis de
tous, ne sont pas exigées à peine de nullité. En outre, le
pape dit expressément que la réunion de toutes ces formalités n'est pas requise à peine de péché et encore moins

---

1. V. *supra*, p. 57.

2. « *Illa autem despensata, si non vult habitare cum eo viro, cui est
desponsata, reddatur ei pecunia quam pro ipsa dedit, et tertia pars adda-
tur.* » *Pœnitentiale Theodori*, II, 12, § 34.

3. *Pœn. Theod.*, II, 12 § 35.

4. *Nouv. revue historique*, 1886, p. 593.

5. C'est aussi le système défendu par Gibert dans son traité *De
doctrina canonum, op. cit.* (Bibl. nat., Invent. E, 4564).

6. *Resp. ad Bulg.*, c. 2.

de nullité. La question reste donc entière de savoir quelles conditions entraînaient par leur absence l'invalidité du mariage.

On invoque aussi pour soutenir le système de la nullité la disposition suivante du troisième Concile de Tolède : *Hæc conditio et de virginibus habeatur, ne citra voluntatem parentum vel suam maritos cogantur accipere* (1). Ce texte signifie, dit-on, que les filles ne peuvent se marier valablement sans le consentement de leurs parents. Mais si cette interprétation était la vraie, on ne comprendrait plus le passage qui précède immédiatement le texte cité et qui dispose que la veuve peut se marier *propria voluntate*. Nous croyons que le concile n'avait pas le dessein de statuer sur une question de nullité de mariage (2).

Nous préférons l'opinion de M. Schulte (3). Suivant cet auteur, l'Eglise ne prononçait pas la nullité du mariage, mais se bornait à infliger des peines à l'époux qui se mariait sans le consentement de ses parents. C'est en effet ce qui semble résulter de nombreuses décisions de conciles; on prononce des peines spirituelles, voire même l'excommunication, mais le lien matrimonial n'est pas rompu. Le canon 22 du quatrième Concile d'Orléans, tenu en 541, s'exprime ainsi: *Ut nullus per imperium potestatis filiam competere audeat alienam, ne conjugium quod contra parentum voluntatem impie copulatur... In his qui perpetraverint, excommunicationis severitas pro modo piaculi imponatur* (4). La même sanction se retrouve dans le canon 6 du troisième Concile de Paris, de 557: *Quod si fecerit simi-*

1. Conc. Tolet., III, can. 10.

2. *Sic* abbé Vantroys, *op. cit.*, p. 159.

3. Schulte, *Handbuch des Katholischen Eherechts*, Giessen, 1855, p. 321.

4. D'après Labbeus et Cossortius, *Concilia,* t. V, p. 385.

*liter ab Ecclesiæ communione semotus, anathematis damna-
tione plectatur* (1). Et quand le pape Célestin vient dire : *Si
parentes non interfuerint et consentum non adhibuerint
secundum leges nullum fit matrimonium*, il veut dire simplement que suivant les lois de l'Empire la nullité du mariage
est prononcée. Mais il ne dit pas que l'Eglise prononce
cette nullité.

Enfin, à cette époque, le mariage était reconnu par
tous comme un sacrement. Or le sacrement, canal de
la grâce divine, devait être ouvert aussi largement que
possible à tous les fidèles. Si l'Eglise avait eu l'intention
de mettre un obstacle à la réception de ce sacrement,
elle l'aurait fait en termes formels.

En somme, les textes canoniques de cette époque
disent une chose : l'enfant qui se marie sans le consentement de ses parents fait un acte blâmable, condam-
nable, illicite. Ils ne disent pas si cet acte est nul ou non.
Peut-être faut-il expliquer ce silence par une considération historique : les *canones* ne contenaient pas, à cette
époque, une législation nette et précise sur le point que
nous étudions ; les traditions romaine ou germanique
étaient trop enracinées dans les esprits, pour que l'Eglise
songeât à renverser tout l'édifice du droit païen.

III

Dans la *société si profondément chrétienne du Moyen-
Age*, les deux puissances ecclésiastique et séculière
devaient se rapprocher de plus en plus en matière matrimoniale. L'Eglise, après avoir étendu son règne spirituel

1. Labbeus et Cossortius, *Concilia*, t. V, p. 816.

sur le mariage, devait arriver au pouvoir temporel.
L'union conjugale avait été élevée, dès l'origine, au rang
de sacrement. Si elle n'était pas alors tombée dans le
domaine exclusif de l'Eglise, c'est que la législation était
restée païenne plus longtemps que la population. Mais
du jour où la religion nouvelle eut extirpé de la société
tous les éléments païens, du jour où les nations de l'Europe occidentale furent devenues chrétiennes, pas seulement de nom, mais de fait, l'autorité religieuse exerça
sans opposition la législation et la juridiction en matière
de mariage.

Ce résultat est acquis en France au Xe siècle (1).

Bien avant cette époque, l'Eglise jouissait déjà d'un
certain pouvoir de juridiction sur les causes matrimoniales. Dans les temps de désordre qui ont marqué le
Moyen-Age, l'Eglise était comme la seule force ordonnée.
Au milieu de l'ignorance générale, elle représentait la
science. Au règne de la violence et de la force, elle tendait à substituer le règne de la justice et du droit. Clercs
et laïcs s'accoutumèrent, de bonne heure, à porter leurs
différends devant l'évêque. Cette pratique se généralisant
donna naissance à des tribunaux régulièrement consti-
tués, les officialités (2).

1. Voy. Salvioli, *La giurisdizione patrimoniale*, Modena, 1884,
p. 141 ; Esmein, *Le mariage en droit canonique, op. cit.*, t. I, p. 25.

2. Il ne faut pas confondre cette juridiction avec la Cour de justice tenue par l'évêque ou par l'abbé. On sait que, dès les premiers
temps du Moyen-Age, les institutions féodales avaient pénétré dans
l'Eglise. Les évêques et abbés étaient devenus seigneurs féodaux,
aussi souverains sur leurs territoires que les seigneurs laïques, et
plus respectés qu'eux (V. Glasson, *Les rapports du pouvoir civil et
du pouvoir temporel au Moyen-Age*, Paris, 1890, p. 9). Comme comte
ou baron, l'évêque ou l'abbé tenait donc une Cour de justice. Mais
ce ne fut pas là l'origine de la juridiction de l'Eglise en matière de

Compétents *ratione personæ* à l'égard des clercs (1), et *ratione materiæ* pour les causes relatives aux sacrements, ces tribunaux connurent naturellement du mariage. Au reste, loin de s'opposer à cet état de choses, le pouvoir royal, l'encouragea. Les capitulaires ayant adopté depuis longtemps certaines règles du droit matrimonial chrétien (2), les rois invitèrent les évêques à surveiller l'application de ces règles. La juridiction ecclésiastique s'exerça d'abord concuremment avec la juridiction séculière, puis à l'exclusion de celle-ci. L'official remplaça le juge civil dans toutes les actions qui touchaient de près ou de loin aux sacrements.

En même temps, le pouvoir législatif de l'Eglise se faisait reconnaître. La royauté, quoique sincèrement attachée à l'Eglise, n'avait pourtant pas immédiatement abandonné à l'Eglise la législation matrimoniale. Elle avait usé longtemps d'un moyen terme relativement au mariage : les décisions des conciles étaient insérées dans les capitulaires et acquéraient force de lois. L'autorité ecclésiastique et la puissance royale se trouvaient ainsi à peu près satisfaites l'une et l'autre. Cependant un jour vint où, sous l'influence d'un double courant qui faisait accroître l'autorité de l'Eglise pendant que diminuait la puissance du roi, la législation sur le mariage cessa, en fait, d'être exercée par la royauté. Cela arriva au commencement de Xe siècle.

mariage. Dans cette Cour de justice, on appliquait le droit coutumier ou féodal, et non le droit canonique. Les officialités, au contraire, étaient des tribunaux ecclésiastiques appliquant le droit canonique.

1. Cinquième Concile de Paris, de 614, can. iv.

2. Celles relatives aux empêchements de mariage entre proches parents, à l'indissolubilité du lien matrimonial, etc...

Dès lors, nul ne conteste plus à l'Eglise le droit de régler les conditions de validité et de forme du sacrement de mariage. Ce sont les théologiens et les canonistes qui analysent les principes du droit matrimonial. Ils cherchent à construire des théories d'ensemble. Un premier essai est tenté par Burchard, évêque de Worms, qui écrit, entre 1012 et 1022, son *Liber decretorum* (1). Vers la fin du XIe siècle paraissent la *Panormia* d'Yves de Chartres et deux autres recueils, le *Decretum* et la *Tripartita*, attribués au même auteur (2). Mais on ne trouve dans aucun de ces ouvrages, l'exposé méthodique et définitif de la théorie canonique, Il n'y a que des matériaux qui devront être mis en œuvre, des éléments qui demandent à être coordonnés. Il n'y a pas encore une législation canonique proprement dite. L'autorité ecclésiastique semble n'avoir pas usé pendant cette période de son droit de légiférer sur le mariage des enfants de famille.

Certes, le droit canon est de plus en plus en honneur. Il tend à prendre le pas sur le droit romain. A l'Université de Paris, depuis 1220, sur le désir formel du roi et l'ordre du pape Honorius III (3), on n'enseigne plus officiellement le droit romain mais, seulement le droit canon. Cependant il faut attendre quelques années encore, avant de voir apparaître, dans sa forme précise et définitive, la théorie canonique sur le consentement familial au mariage.

---

1. Edité à Paris, en 1853, dans la Patrologie latine de Migne, t. CXL, p. 536 et s.

2. Tardif, *Sources*, *op. cit.*, p. 170.

3. Voy. Esmein, *Nouv. revue historique*, 1886, p. 430.

Section II. — La théorie canonique.

Au milieu du XIIe siècle parurent deux ouvrages qui firent entrer la doctrine canonique dans une phase nouvelle, les *Libri Sententiarum* de Pierre Lombard (1) et surtout la *Concordia discordantium canonum* de Gratien (2). Dès lors, la législation canonique débarrassée de ses langes, existe à l'état de science propre (3). L'élan est donné. Les papes sentent le besoin de compléter l'œuvre des canonistes. Ils légifèrent abondamment pendant les XIIIe XIVe et XVe siècles. Le *Corpus juris canonici* (4) acquiert sa consistance définitive au début du XVIe siècle (5).

C'est, en premier lieu, dans les textes du *Corpus*, en second lieu dans les décrets du Concile de Trente, que nous chercherons le système juridique de l'Eglise sur l'intervention de la famille à propos du mariage.

1. Voy. Esmein, *Mariage en droit canonique*, op. cit. t. I, p. 56 et *Cours d'histoire du droit français*, 3e édit. Paris, 1898, p. 794.

2. Gratien, moine camaldule de Bologne, composa son livre entre 1139 et 1144, d'après Schulte (*Geschichte der Quellen und Litteratur des canonischen rechts*, § 13, c. I, p. 48). Sur le caractère et la valeur de cet ouvrage ; voy. Esmein, *Cours d'histoire du droit franç.*, p. 793.

3. Le terme du *jus canonicum* opposé à celui du *jus civile*, n'est guère employé dans un sens précis qu'à partir de 1180 ; voy. Tardif, *Sources*, op. cit., p. 3.

4. Il comprend, outre la *Concordia* ou décret de Gratien, les *Décrétales* de Grégoire IX, le *Liber Sextus*, les *Clémentines*, les *Extravagantes* de Jean XXII et les *Extravagantes communes*.

5. Par l'édition publiée à Paris de 1499 à 1502, par le licencié Chappuis.

§ 1. — *Les textes du* Corpus.

Ce que les monuments canoniques de la période des origines laissaient supposer, les *textes du Corpus* le disent d'une façon explicite : il y a un empêchement au mariage résultant du défaut de consentement des parents ; mais cet empêchement n'est que prohibitif ; il est impuissant à faire annuler un mariage contracté en dépit de cet empêchement.

Cette doctrine résulte manifestement pour nous, de l'examen de certains textes du *Corpus,* rapprochés des écrits des canonistes.

I.

Il y a dans le Décret de Gratien, un texte particulièrement décisif : *Sufficiat solus secundum leges consensus eorum, de quorum quarumque conjunctionibus agitur* (1).

Ce canon est tiré du rescrit adressé par le pape Nicolas Ier aux Bulgares. Après avoir décrit minutieusement toutes les formalités que la tradition impose aux futurs, depuis la conclusion des fiançailles jusqu'à la bénédiction nuptiale, Nicolas Ier ajoute : le seul consentement des futurs suffit, c'est-à-dire ce consentement est la condition essentielle, mais suffisante de l'union matrimoniale. Voilà qui résume la doctrine canonique antérieure au Concile de Trente.

Le mariage est un sacrement. Il lui faut un ministre, une matière et une forme. Mais ici les parties elles-mêmes sont les ministres. La matière est l'engagement récipro-

1. Decret. Grat. can. I, causa XXVII, quest. 2 (édit. Friedberg du *Corpus*).

que d'accomplir les obligations du mariage ; la forme réside dans l'expression même de cet engagement réciproque (1). Tout gravite autour du mutuel et libre consentement des époux. Quand il existe, il y a mariage ; quand il fait défaut, il n'y a point mariage. Les cérémonies et formalités qui précèdent, accompagnent ou suivent l'échange du consentement, n'ont d'importance qu'en ce qu'elles révèlent ce consentement. La bénédiction nuptiale elle-même, n'est pas essentielle — nous sommes en Occident (2) et avant le Concile de Trente (3), — à la perfection de l'union matrimoniale (4). La *copula carnalis*, d'une si grande importance canonique, peut faire défaut sans rendre le mariage nul (5). C'est bien grâce à elle que le mariage acquiert une de ses qualités, l'indissolubilité absolue (6). Mais le mariage existe, il y a sacrement, avant même que la femme soit devenue *una caro cum viro* (7). Le droit canonique s'est inspiré du célèbre axiome romain : *nuptias consensus non concubitus facit*, qu'il a traduit en termes presque identiques : *matrimonium quidem non facit coitus, sed voluntas* (8), ou encore : *non defloratio virginitatis facit*

1. « *Ipsi conjuges per mutuum consensum se conjugunt, et sunt etiam res quæ conjunguntur in matrimonio, et consequenter consensus ipsorum, est materia ; ut autem verbis exprimitur, est forma* », Saint Thomas d'Aquin.

2. Le droit canonique oriental diffère sur plusieurs points importants du droit canonique occidental, notamment en ce qui concerne le consentement familial au mariage ; voy. Esmein, *op. cit.*, t. I, p. 160.

3. On verra plus loin que le Concile de Trente rendit obligatoire la présence du curé de l'une des parties.

4. Decret., c. i, C. XXX, qu. 5.

5. Decret., c. xvi, C. XXVII, qu. 2.

6. Voy. Gury, *Compendium theologiæ moralis*, t. II, nᵒ 759.

7. Néanmoins la doctrine contraire est enseignée par Hincmar (t. II, p. 652).

8. Decret., c. i, C. XXVII, qu. 2.

conjugium sed pactio conjugalis (1). Et bien que Gratien paraisse, avec sa distinction entre le *matrimonium initiatum*, c'est-à-dire consenti, et le *matrimonium ratium*, c'est-à-dire consommé, faire dépendre la perfection du mariage de la *copula carnalis* (2), la pure doctrine canonique a été que le consentement actuel et libre des parties suffisait pour former le sacrement de mariage (3).

Or, si telle est la doctrine de l'Eglise au XII⁰ siècle, ne doit-on pas en conclure que, dès cette époque, le consentement de la famille n'était pas un élément essentiel de validité du mariage, et que l'absence de cette formalité n'entrainait pas la nullité du lien matrimonial ?

Il est vrai que l'interprétation que nous avons donnée du canon *Sufficiat* n'est pas admise par tous les auteurs.

Au XVII⁰ siècle, un avocat au Parlement, Le Merre, a soutenu que ce texte voulait dire seulement que le mariage consenti est valide bien qu'il n'ait pas été consommé. Il ne signifierait pas que le consentement des époux est à lui seul suffisant pour faire le mariage. Son raisonnement mérite d'être cité : il est le type de la subtile argumentation de nos anciens légistes. « Le Pape ne « dit pas : *Sufficiat solus eorum consensus de quorum cun-* « *junctionibus agitur*. Il dit : *Sufficiat solus eorum consen-* « *sus, de quorum cunjunctionibus agitur*. La particule « exclusive dans la première proposition signifierait « qu'il n'y a point d'autres personnes dont le consente- « ment soit nécessaire pour la validité du mariage : mais

1. Decret., c. v, C. XXVII, qu. 2.

2. Decret., *dictum* sur c. xxxiv, C. XXVII, qu. 2.

3. « *Ex his evidenter insinuatur quod ex tempore quo intercedit consensus voluntarius ac maritalis, qui solus conjugium facit, veri sunt conjuges sponsus et sponsa.* » Pierre Lombard, *Sentent.*, lib. iv, dist. XXVII, 5.

« dans la dernière, ce mot, *solus*, signifié seulement que
« de la part de ceux qui contractent, il ne faut que leur
« consentement afin que le mariage subsiste » (1).

A cette interprétation, dont une virgule, — mise peut-
être imprudemment par un pape plus théologien que
grammairien, ou encore par un copiste, — fait tous les
frais, nous répondrons en produisant un autre passage
de cette même lettre de Nicolas aux Bulgares. Le pape
termine la longue énumération des formalités nuptiales,
parmi lesquelles figure le consentement de la famille,
par ces mots : *Hæc sunt præter alia, quæ ad memoriam
non occurunt, pacta conjugiorum solemnia. Peccatum autem
esse si hæc cuncta in nuptiali fœdere non interveniant, non
dicimus* (2). Nous en concluons que ces formalités ne
sont pas toutes de l'essence du mariage. Si le consentement familial n'est pas intervenu, il n'y aura pas forcément péché. C'est dire que la validité du mariage ne peut
dépendre de ce consentement. Si le pape avait voulu en
faire une condition dirimante, il aurait pris soin de le
dire et n'aurait pas placé l'obligation du consentement
familial sur la même ligne que certaines formalités qui,
de l'avis de tous, ne sont pas prescrites à peine d'annulabilité du mariage (3).

Un autre texte du Décret de Gratien est bien instructif:
*Si quis divinis tactis scripturis juraverit mulieri, legitimam se
eam uxorem habiturum vel si in oratorio tale sacramentum
dederit : sit illa legitima uxor, quamvis nulla dos, nulla scrip-
tura alia interposita sit* (4). Le consentement a été à lui

1. Le Merre, *Justification des usages de France sur les mariages des
enfants de famille*, Paris, 1867, p. 153.
2. Decret., c. iii, § 1, C. XXX, qu. 5.
3. Voy. les explications déjà données sur ce point, *suprà*, p. 75.
4. Decret., c. ix, C. XXX, qu. 5.

seul efficace pour former le mariage : qu'est-il besoin, dès lors, du consentement paternel ? Le mariage secret, clandestin peut être défendu en raison de la difficulté de la preuve ; mais il n'est pas nul. Le canon vient de le dire : *sit illu legitima uxor*.

II

Notre opinion est celle qui a triomphé dans les *Libri Sententiarum* de Pierre Lombard. D'après ce théologien, seul est de l'essence du sacrement de mariage, *ad substantiam sacramenti*, le consentement actuel et libre des époux, *consensus de præsenti*. Dans ce sacrement, comme dans les autres, il y a des éléments qui ne sont point exigés pour la validité du sacrement, mais seulement pour lui conférer toute la décence et la dignité convenables, *ad decorem et solemnitatem sacramenti*. Et parmi ces éléments figure, ajoute Pierre Lombard, le consentement des parents (1). N'est-ce pas dire avec toute la netteté désirable que le défaut du consentement des parents, s'il constitue un empêchement prohibitif, est incapable de constituer un empêchement dirimant ? Il charge d'un péché la conscience de l'enfant ; mais il ne rend pas invalide le mariage.

Si Pierre Lombard a été le premier qui ait enseigné nettement ce système, nous ne croyons pas pour cela qu'il ait innové. Nous croyons qu'il reproduit la doctrine canoni-

1. « *In hujus enim sacramenti celebratione. sicut in aliis. quædam sunt pertinentia ad substantiam sacramenti. ut consensus de præsenti qui solus sufficit ad contrahendum matrimonium ; quædam vero pertinentia ad decorem et solemnitatem sacramenti ut parentum traditio. sacerdotum benedictio et hujus modi ; sive quibus legitime fit conjugium. quantum ad virtutem non quantum ad honestatem sacramenti.* » *Sentent.*, lib. IV, dist. XXVIII, 2.

que traditionnelle, mais en la précisant, en la dégageant définitivement des éléments germaniques ou romains qui l'obscurcissaient.

En tout cas, cette doctrine, à partir du XIIe siècle, est acceptée généralement par les canonistes. Elle est adoptée par Saint Thomas d'Aquin dans sa *Somme théologique*. Elle reçoit la sanction législative dans les *Décrétales* de Grégoire IX, où l'on trouve le principe clairement exprimé (1).

Elle est enfin confirmée par le pape Innocent III, en 1212, dans la decrétale *Per tuas litteras*. On consultait le pape sur le point de droit suivant: un *consensus de præsenti* était intervenu entre une homme et une femme sous cette condition expresse que le père et l'oncle de la femme consentiraient au mariage : le mariage était-il valable ? Le pape répond oui, parce que l'opposition du père et de l'oncle ne s'est produite que postérieurement à la *copula carnalis*. Le pape reconnaît donc formellement la validité d'un mariage conclu sans l'assentiment du père. Pour lui l'agrément de la famille n'est point un élément substantiel du contrat matrimonial, mais un élément conditionnel dont les époux sont libres de faire dépendre la validité du contrat : le consentement du père et celui de l'oncle sont placés sur la même ligne.

Il y a donc bien là confirmation de la doctrine de Pierre Lombard et preuve évidente que plusieurs siècles avant le Concile de Trente, la loi canonique n'approuvait pas les mariages faits *sine consensu parentum* (2), sans toute-

---

1. « *Matrimonium autem solo consensu contrahitur* », c. XIV, X, *de sponsal.*, IV. 1.

2. « *Honeste faciant filii, si paternæ voluntati minime reluctentur.* » Decret., can. *ubi unic.*, C. XXX, qu. 2.

fois considérer le consentement paternel comme une condition essentielle de la validité du mariage (1).

III

Comment *expliquer* cette doctrine de l'Eglise, si contraire aux traditions romaines et germaniques ?

Pierre Lombard ne fournit aucune démonstration de sa théorie. Il ne cherche pas à l'asseoir sur des bases rationnelles ou juridiques. Ils se contente d'affirmer le droit de

---

1. *Sic* Viollet, *Histoire du droit civil français*, 2e édit., Paris, 1893, p. 406, et Durand de Maillane, *Institutes, op. cit.*, t. IV, p. 369. — Quant aux textes du *Corpus* qui semblent contredire cette opinion (Decret., c. i, iii et v, C. XXX, qu. 5), il n'est pas impossible de les concilier avec elle ; voy. sur ce point Vantroys, *op. cit.*, p. 161. Le canon *Aliter* (Decret., c. i, C. XXX, qu. 5), tiré d'une épître du pape Evariste, mérite une mention spéciale, parce qu'il est déclaré concluant par un de nos adversaires, Pothier (*Traité du contrat de mariage*, n° 323). Voici le texte complet : « *Aliter legitimum non fit coujugium, nisi ab his, qui super ipsam fœminam dominationem habere videntur, et a quibus custoditur, uxor petatur, et a parentibus et propinquioribus sponsetur, et legibus dotetur, et suo tempore sacerdotaliter, ut mos est, cum precibus et oblationibus a sacerdote benedicatur, et a paranymphis, ut consuetudo docet, custodita et sociata, a proximis congruo tempore petita legibus detur, ac solemniter accipiatur, et biduo, vel triduo orationibus vacent, et castitatem custodiant. § I. Ita peracta legitima scitote esse connubia : aliter vero præsumpta, non conjugia, vel adulteria, vel contubernia, vel stupra, aut fornicationes potius, quam legitima conjugia, esse non dubitate, nisi voluntas propria suffragaverit, et vota succurrerint legitima.* » L'interprétation de Pothier doit être rejetée pour deux raisons. D'abord, parmi les formalités que le pape prescrit, à peine de nullité, il y en a dont l'omission ne pourrait, de l'avis de tous, entraîner l'annulation du mariage : pourquoi le consentement des parents ne serait-il pas de celles-là ? Ensuite, le texte se contredit : après avoir énoncé que les formalités sont prescrites à peine de nullité, il ajoute : « à moins que la volonté des époux ne se soit manifestée et qu'il y ait eu un échange de vœux légitimes », ce qui présente, en dernière analyse, le consentement des parties comme suffisant et souverain.

l'Eglise. Essayons de suppléer à son silence et de rechercher la raison d'être de la doctrine ecclésiastique.

Les *considérations théologiques* ont dû être les plus
fortes. Le mariage est avant tout une chose spirituelle,
puisqu'il est un sacrement; de plus il représente, d'après les
théologiens, l'union de Jésus-Christ avec son Eglise. Or,
l'enfant jouissait, dès sa puberté, d'une grande liberté
dans les choses spirituelles. Ainsi le voulait l'ancien droit
canonique. L'enfant pubère avait été affranchi très vite de
l'autorité paternelle en ce qui concernait le serment et l'entrée dans les ordres (1). Par analogie, cette règle fut étendue au mariage. En outre, le mariage est désigné parfois,
dans les textes canoniques, par le mot de *servitus*, chaque
époux mettant son corps à la disposition de l'autre. Or,
l'Eglise reconnaissait à l'enfant pubère le droit de se donner en servitude sans le consentement de son père (3).
De plus, le mariage étant un sacrement, c'est-à-dire un
bienfait divin, nul ne doit mettre obstacle à sa réception,
pas plus le père de l'enfant que le maître de l'esclave. La
validité de sa réception ne peut pas être subordonnée à la volonté d'un tiers. Enfin l'horreur que la fornication et le
concubinage ont toujours inspirée à l'Eglise, n'a pas dû
être étrangère à la règle canonique : on pouvait craindre
que les jeunes gens auxquels on refusait la permission
de se marier, ne fussent poussés au libertinage.

Cett règle s'expliquait également par une *considération
d'ordre juridique.* Depuis longtemps, le consentement paternel intervenait, en fait, lors des fiançailles (*sponsalia, des-*

1. Decret., c. ii, C. XX, qu. 2.
2. Voy. sur ce point et les suivants, Esmein, *Mariage, op. cit.,*
t. I, p. 159.
3. Saint Thomas d'Aquin, *Summa theol.,* Supplém., qu. 45,
art. 5.

ponsatio), et non lors de la réalisation des promesses de mariage. On suivait toujours les traditions romaines et germaniques sur ce point. Or le droit canonique, en se précisant, ne considéra plus les fiançailles comme une formalité essentielle. Les *verba de præsenti* suffirent à former le mariage. Elles prirent une valeur propre, indépendante des *verba de futuro*. Mais les règles ne changèrent point. Les *verba de præsenti* continuèrent à être valables, indépendamment du consentement paternel. Le mariage se trouva ainsi n'avoir plus besoin du consentement familial pour être valablement contracté.

Au reste, les *progrès de la civilisation* tendaient à affaiblir la puissance paternelle et à augmenter la liberté des enfants. Dans les pays du midi de la France, la *patria potestas* était toujours en vigueur, mais elle avait beau-coup perdu, sous l'action du christianisme (1), de son antique rigueur à l'égard de l'enfant mâle. Dans les pays du nord de la Loire, la tradition germanique avait tenu longtemps la femme sous le joug étroit de la famille ; mais avec l'adoucissement des mœurs, le *mundium* per-pétuel avait disparu (2). Ainsi au nord et au midi, l'ac-tion civilisatrice poussait à un même résultat, soustraire, en notre matière, l'enfant à l'autorité familiale.

Quelles que soient les causes de ce mouvement éman-

---

1. Saint Augustin apostrophe en ces termes la religion chré-tienne : « *Tu parentibus filios libera quadam servitute subjungis parentes filiis pia dominatione præponis!* » *De moribus Ecclesiæ*, lib. I.

2. « Au pays coutumier de France, les pères n'ont point leurs enfants en leur puissance comme avaient les citoyens romains..... La puissance paternelle n'y est reçue, mais seulement la révérence paternelle. » Jean Bacquet, *Traité des droits de justice*, chap. 21, nᵒˢ 57 et 58 (*OEuvres de Bacquet*, édit. Ferrière, Lyon, 1744, t. I, p. 206).

cipateur, un point reste acquis : dès la fin du XII⁰ siècle, la législation canonique — et partant, la législation française, — ne considérait pas le défaut de consentement des parents comme un vice susceptible d'entraîner la nullité du mariage, mais comme un empêchement purement prohibant.

IV

Il nous reste à rechercher brièvement les *effets pratiques* de cet empêchement prohibant. Une double sanction paraît avoir existé.

Il y avait d'abord une sanction *préventive*. Les futurs qui sollicitaient la bénédiction nuptiale, devaient apporter au prêtre le consentement de leurs parents. Au reste, un consentement tacite, résultant de l'absence volontaire d'opposition des parents, était sans doute suffisant. Si un refus formel de consentir se produisait, le prêtre refusait de bénir le mariage. La cause était, alors, sur la demande de l'enfant, portée devant le pape (1). Celui-ci décidait si on devait, ou non, passer outre à la bénédiction nuptiale. Pouvait-il, si le refus de consentir était basé sur un motif sérieux, prononcer un *interdictum ecclesiæ* ? La question est douteuse. L'*interdictum ecclesiæ* était la défense faite à telle personne d'épouser telle autre personne ; il créait une incapacité relative et temporaire (2) et était prononcé pour cause grave. Rien ne s'opposait en droit, à ce qu'il fût porté dans notre hypothèse, mais nous n'en

1. L'évêque, qui a le pouvoir de dispenser des empêchements prohibants de droit ordinaire, ne peut lever l'empêchement dont il s'agit. V. Tilloy, *op. cit* , p. 79.

2. Constituait-il un empêchement dirimant ? Bernard de Pavie

trouvons pas de trace dans les textes. En réalité, le mariage étant à cette époque un contrat essentiellement consensuel, les futurs époux ne pouvaient être retenus que par les scrupules de leur conscience et la crainte de déchéances pécuniaires.

En effet, s'ils passaient outre, certaines peines les frappaient : il y avait une sanction *répressive* à l'empêchement prohibant qui nous occupe.

En premier lieu, l'enfant coupable encourait des peines ecclésiastiques ; l'excommunication pouvait même être prononcée (1). Pour rentrer dans le giron de l'Eglise, l'enfant devait racheter sa faute par une pénitence préalable. Le péché et toutes ses conséquences, telle était la sanction quant au *forum internum* (2).

En ce qui concernait le *forum externum*, le droit coutumier s'était chargé d'établir une sanction répressive. Cette sanction variait avec les coutumes. L'auteur anonyme (3) du Grand Coutumier de Normandie dit qu'il y avait là une juste cause d'exhérédation (4). La Coutume

le soutient dans sa *Summa*, mais l'opinion contraire a prévalu. Hostiensis dit que la peine consistait le plus souvent en une pénitence imposée aux époux et dans l'interdiction temporaire de la *copula carnalis* ; voy. Derrey, *op. cit.*, p. 106 et 107.

1. 4ᵉ Concile d'Orléans, can. 22, et 3ᵉ Concile de Paris, can. 6.

2. Et cette sanction n'était point vaine à cette époque de vie religieuse si intense.

3. On a cité, mais sans apporter de preuves, les noms de Pierre de Fontaines et de Philippe de Beaumanoir ; voy. Tardif, *Coutumiers de Normandie*, Rouen-Paris, 1896, t. II, p. CC.

4. « *Si vero pater vel avus contractui matrimonii non consenserint, sed ipsum matrimonium reprobaverint post decessum mariti nullam dotem relicta reportabit, nisi de saisina mariti sui quam habebat quando eam duxit in uxorum vel de eo feodo quod postea ad ipsum devenit recta linea descendendo.* » Grand Cout. de Normandie, capit. CI, *de dote negata*, 3 (édit. Tardif, *op. cit.*, t. I, p. 252).

de Labourt (Basses-Pyrénées) exige le consentement des parents pour les fils mineurs de 28 ans et les filles mineures de 20 ans, à peine d'exhérédation (1). La Coutume de Soules (Landes) contient la même disposition (2). Nous trouvons dans la Coutume de Bordeaux, un règlement analogue, mais concernant seulement la fille mineure de 30 ans: si elle se marie sans le consentement du père, celui-ci n'est plus tenu de la doter (3). Enfin la Coutume de Limoges énonce une règle à peu près semblable (4).

Telles sont les peines tant spirituelles que pécuniaires, qui garantissaient l'efficacité de l'empêchement prohibant posé par le droit canon antérieur au Concile au Trente (5).

§ II. — *Les* Decreta Tridentina.

Si on recherche la *doctrine du Concile de Trente* sur ce point, on voit qu'elle n'est pas différente de la doctrine traditionnelle de l'Eglise. L'absence de l'approbation paternelle resta, après comme avant le concile, un empêchement simplement prohibant. Rappelons les faits qui ont provoqué le concile, et faisons connaître l'histoire du concile, les discussions qu'ont soulevées dans son sein le mariage des enfants de famille et enfin la doctrine définitive du concile sur notre matière.

1. Coutume de Labourt (rédigée en 1514), tit. XII, art. 10.
2. Cout. de Soules (rédigée en 1520), tit. XXVII, art. 26.
3. Cout. de Bordeaux (rédigée en 1520), tit. IV, art. 43.
4. Cout. de Limoges (rédigée en 1551), art. 53 : « *Nemo debet cum filia alterius sponsalia vel matrimonia contrahere sine voluntate et licencia patris ipsius filiæ...* »
5. Cf. Duguit, *Etude historique sur le rapt de séduction, Nouvelle revue historique*, 1886, p. 602.

1

Au début du XVIe siècle, la législation canonique était encore ce qu'elle avait été dans le droit des Decretales. Un fait, entre beaucoup d'autres, le prouve. En 1548, à la diète d'Augsbourg, Charles-Quint s'exprime ainsi : « La puissance paternelle n'ayant point d'effet sur l'union que contractent les époux, il ne faut point écouter ceux qui veulent l'annulation des mariages contractés par les enfants de famille, sans le consentement de leurs parents » (1).

Toutefois, la théorie du droit ecclésiastique n'était plus acceptée sans contestation. Dès la première moitié du XVIe siècle, un courant hostile à la règle canonique se dessine nettement. Ce ne sont pas seulement les adversaires de l'Eglise qui réclament un changement de législation ; le désir d'une réforme pénétre dans les rangs de l'épiscopat.

C'est ainsi qu'un concile tenu à Cologne, en 1536, recommande aux curés de ne procéder au mariage des enfants de famille, qu'après s'être assurés du consentement des parents. Et il fait suivre cette recommandation d'un vœu significatif : *Optandum ut canon Evaristi pontificis* (2) *concilio generali renovetur, tollanturque illa clandestina matrimonia, quæ invitis parentibus ac propinquis veneris potius quam Dei causa contrahuntur* (3). Ce texte prouve deux choses. Il prouve d'abord que l'Eglise, en 1536, admettait la validité des mariages contractés sans le consentement des parents, puisqu'on souhaite qu'un concile

---

1. Pallavicini, *op. cit.*, t. III, p. 429.
2. C'est le canon *Aliter* déjà cité.
3. Labbeus et Cossortius, *Concilia*, t. XIV, p. 543.

général modifie cette règle. Il prouve, en second lieu, que parmi les évêques la théorie de l'extension de l'autorité familiale en matière de mariage, comptait des partisans.

Quelles ont été les *causes* de ce mouvement nouveau d'opinion en faveur de l'intervention obligatoire de la famille dans le mariage ?

On peut distinguer trois causes principales.

C'est au XVI⁰ siècle que se produisit la *Renaissance* des idées romaines dans le monde des sciences, des arts et de la littérature. Ce mouvement intellectuel s'étendit jusque dans le domaine du droit. La législation romaine délaissée, au Moyen-Age, pour le droit canonique, prend sa revanche. Il se fonde une école de jurisconsultes qui appliquent au droit romain la méthode historique. Le point de départ de cette école fut l'Université de Bourges, fondée en 1466. Le mouvement romaniste s'étendit rapidement, propagé par l'enseignement de professeurs célèbres (1). La *patria potestas* fut étudiée au point de vue philosophique et critique. Elle reprit son ancienne faveur dans les pays du midi. Les coutumes elles-mêmes dontla rédaction commençait réglementèrent d'une façon plus étroite la mainbournie.

Une deuxième cause — la principale, selon nous, — du mouvement de réaction contre la législation ecclésiastique, a été l'apparition du *protestantisme*. Jusqu'au XVI⁰ siècle, la théorie canonique avait été adoptée presque sans examen par les populations très chrétiennes de l'Europe occidentale. Du jour où la Réforme commença, la doctrine canonique eut à subir un terrible assaut. Les

1. Duaren, Donneau, Hotman et surtout Cujas (1522-1590).

écoles protestantes mirent en discussion les principes fondamentaux de la religion chrétienne. Le mariage fut particulièrement attaqué. Luther, dont l'objectif religieux était l'abolition des ordres monastiques et du célibat des prêtres, proclama, en 1530, le mariage « chose extérieure et mondaine, comme les vêtements, les aliments la maison, la cour et soumise à l'autorité séculière » (1). Il refusa de l'inscrire au nombre des sacrements. Calvin à son tour, attaqua la théorie du mariage-sacrement, dans son *Institutio christianæ religionis,* parue en 1536. Il conclut en disant que les lois canoniques en cette matière sont « en partie méchantes contre Dieu, en partie injustes contre les hommes » (2). Ces attaques sapaient par la base la théorie canonique. En effet, si le mariage n'était pas un sacrement, le principal argument du droit canonique disparaissait et il n'y avait plus guère de motifs pour écarter la règle romaine.

Enfin le *développement du pouvoir absolu* de la royauté suscitait aussi des embarras graves à l'Eglise. Victorieuse de la Féodalité, la royauté ambitionne d'abattre la puissance ecclésiastique qui se dresse devant elle (3). Déjà la juridiction des officialités a cédé la place aux tribunaux séculiers, et le pouvoir législatif de l'Eglise en matière de mariage commence à être discuté. La royauté encourage cette tendance. Elle est paticulièrement hostile à la législation canonique sur les mariages clandestins. Ces mariages, chaque jour plus nombreux, à mesure que la foi diminue, apparaissent au pouvoir séculier comme un péril pour la société.

1. Ce texte est cité par Friedberg, *op. cit.,* p. 159.
2. *Institutio christianæ religionis,* lib. IV, cap. XIX, nº 37 (édit. de Genève, 1562, p. 932).
3. Voy. Walter, *Manuel de droit ecclesiastique, op. cit.,* p. 50.

Leurs inconvénients sociaux se manifestent avec intensité. Ils suscitent des difficultés pratiques inextricables (1). Les mésalliances qui en résultent amènent des troubles profonds dans la constitution aristocratique de la société.

II

L'Eglise comprit qu'elle ne pouvait rester plus longtemps étrangère à ce mouvement général de réprobation des mariages clandestins. Attaquée dans ses dogmes et sa discipline, elle résolut de se défendre.

Le pape Paul III (1534-1549), par une bulle du 22 mai 1542, convoqua à Trente un concile général œcuménique, avec mission de rétablir dans leur intégralité les dogmes de la foi catholique, et d'opérer la réforme de la discipline ecclésiastique (2).

Le concile s'ouvrit le 1er novembre de la même année,

1. Calvin s'étend complaisamment, dans ses *Propos de table*, sur les inconvénients pratiques des mariages clandestins : « Ils venaient à moi ou à un autre confesseur, au confessionnal, et disaient : cher seigneur, j'ai une femme que j'ai épousée clandestinement ; que faire à son égard ? Aidez-moi, cher seigneur ; levez mes doutes. Cette Greta que j'ai épousée la première, est bien ma vraie femme. Mais cette Barbara, avec qui je me suis mariée ensuite, n'est-elle pas ma femme et ne dois-je pas coucher avec elle ? Je ne puis prendre celle-là, quoique je le voudrais bien ; mais je ne le puis, car j'ai une autre femme et elle a un autre mari, et personne ne sait qu'elle est ma femme, si ce n'est Dieu dans le ciel. Oh ! je suis damné ; je ne sais que faire. » cité par Esmein, *Mariage, op. cit.*, t. II, p. 129.

2. Sur les préliminaires du Concile, voy. Emile Chénon, *La Cour de Rome et la reforme catholique*, dans l'*Histoire générale* de MM. Lavisse et Rambaud, Paris, 1895, t. V, p. 2.

Frank Bernard

à Trente, où il tint sept sessions générales. En 1547, il fut transféré à Bologne, puis reporté à Trente, en 1550. Il cessa de se réunir en 1552, reprit ses assises le jour de Pâques 1561 et fut déclaré clos définitivement le 4 décembre 1563.

Nous n'avons pas à examiner la doctrine du concile sur le mariage en général, ni même sur le mariage clandestin proprement dit, c'est-à-dire conclu en dehors du prêtre. Qu'il nous suffise de rappeler que le mariage fut déclaré un sacrement institué par le Christ et conférant la grâce (1), et que le mariage exigea pour sa validité la présence du *proprius parochus* des conjoints (2).

Ce qu'il nous importe de déterminer nettement c'est la doctrine du concile sur le mariage des enfants de famille. Le concile va-t-il maintenir la règle canonique faisant du défaut de consentement des parents un empêchement purement prohibitif ? Va-t-il, au contraire, faire pour le consentement des parents, ce qu'il a fait pour la présence du curé, va-t-il considérer ce consentement comme un élément essentiel de la capacité des parties, en l'absence duquel le mariage sera invalide ? Les princes et les évêques attendaient avec anxiété la décision du concile.

1. Conc. Trident., sess. XXIV, *de sacram. matrim.*, c. 1.
2. Faisons remarquer, en passant, qu'il ne s'agit pas là d'une règle de forme, comme beaucoup d'auteurs, peu canonistes, l'enseignent, mais d'une règle de capacité ; le mariage est resté, après comme avant le Concile de Trente, un contrat non solennel (Emile Chénon, *La Cour de Rome, op. cit.*, p. 16) ; mais une condition nouvelle de capacité a été établie par le concile. — On avait dit jusqu'alors :

> *Boire, manger, coucher ensemble*
> *Est bien mariage ce me semble*

Depuis le Concile de Trente on ajouta :

> *Mais il faut que l'Eglise y passe.*

Le roi de France attachait une importance spéciale à la solution de ce grand problème en raison des mésalliances fréquentes qui troublaient, nous l'avons dit, l'ordre social dans son royaume. Il prit soin de rédiger une pétition qu'il fit présenter, le 24 juillet 1564, aux prélats du concile, par laquelle il demandait que le concile prononçât la nullité tout à la fois des mariages clandestins et des mariages contractés par les fils de famille sans le consentement des parents : « *Ut antiquissima nuptiarum solemnia hoc tempore restituantur, palamque et publice in ecclesia matrimonia celebrentur; filiorum autem et filiarumfamilias matrimonia sine parentum consensu nullo modo justa et legitima sint* » (1).

III

La question fut discutée par le concile dans sa vingt-quatrième session, consacrée au mariage.

Le 20 juillet 1563, un premier projet de décret est élaboré. Il dispose que sont nuls les mariages contractés sans le consentement des parents, par les fils avant leur dix-huitième année, par les filles avant leur seizième année (2). Du Faure de Pibrac et du Ferrier qui représentaient le roi de France à la troisième réunion du concile, essayent de faire aboutir ce projet. La plupart des évêques français l'appuyent. Le cardinal de Lorraine en est le plus chaud défenseur (3). Mais l'opposition est vive.

1. Theiner, *Acta genuina*, t. II, p. 316.

2. « *Insuper eodem sancta synodus ea quoque matrimonia quæ filiifamilias ante decimum octavum, filiæ vero ante decimum sextum suæ ætatis, annum completum sine parentum consensu de cætero contraxerint, præsenti decreto irritat et annulat.* » Theiner, *op. cit.*, t. II, p. 314.

3. Pallavicini nous a conservé les arguments que fit valoir le

La majorité des prélats se montra hostile à l'annulation. Le cardinal Madrucci dit « qu'il ne voyait pas les raisons que pouvait avoir l'Eglise de changer une coutume établie depuis tant de siècles, pour introduire une pareille nouveauté » (1). Castagna, archevêque de Rossano, fit remarquer « qu'un fils sorti de son pays, ne pouvait pas avoir aisément le consentement de son père et que si on refusait de le marier, avant qu'il l'eut obtenu, on l'exposerait à un danger manifeste de vivre dans l'impureté » (2).

Constantin Bonelli, évêque de Citta-di-Castello, attaqua aussi le projet de décret comme opposé à la loi divine, « puisqu'on lit dans l'Ecriture : *relinquet homo patrem suum et matrem, et adhærebit uxoris suæ* ; et que selon la doctrine

cardinal de Lorraine : « Sur les mariages des enfants de famille contractés sans la volonté de leurs parents, le cardinal de Lorraine ajouta qu'il fallait également les déclarer nuls, comme le décret le prescrivait ; que la raison et la lumière naturelle nous apprennent que le devoir d'un père est de donner une épouse à son fils ; que les paroles prêtées si souvent au personnage du père dans les comédies antiques, ne sont que l'expression du sentiment universel, parce qu'il est naturel ; que, d'ailleurs, nous avons dans l'Ecriture sainte, des exemples qui prouvent constamment que les filles ont été mariées par leurs pères ; que s'il arrivait que les pères refusâssent leur consentement et voulussent que leurs filles entrâssent dans un cloître, ou épousâssent un homme qu'elles n'aimeraient point, c'était à l'évêque à y pourvoir. Enfin, il proposa le changement du mot *parentum* et dit qu'il fallait mettre plutôt *patrum*, parce que cette autorité de marier ses enfants n'est que dans le père ; ce qui est conforme au droit naturel et civil et aux lois des empereurs chrétiens Théodose, Valentinien, Justinien, qui ont défendu les mariages auxquels les pères s'opposent ; et d'ailleurs les évêques, ni les conseils n'ont point été contraires à ces lois. On pouvait donc décider ainsi et il était convenable de le faire. » Pallavicini, *op. cit.*, t. III, p. 419.

1. Pallavicini, *op. cit.*, t. III, p. 420.
2. Pallavicini, *op. cit.*, t. III, p. 421.

de Saint Paul : *melius est nubere quam uri* ; au lieu que le décret obligeait un fils, jusqu'à un certain âge, de ne point se séparer de son père, ni de sa mère pour prendre une épouse, et qu'il donnait aux parents le droit de le laisser brûler du feu de la concupiscence, pendant tout ce temps » (1).

Sébastien Vanzio, évêque d'Orvieto, fut le plus précis. Il dit « qu'il y avait deux choses à considérer : la puissance paternelle et le respect filial. Dans les premiers temps, la puissance paternelle avait suffi pour rendre nuls ces mariages, parce qu'elle ôtait aux enfants la disposition de leurs biens et de leurs corps ; mais cela n'avait plus lieu sous la loi évangéliqee, parce que la puissance du père ne s'étend pas aux choses spirituelles, par exemple, les sacrements ; on en peut dire autant du maître par rapport à son esclave ; ainsi il est libre aux enfants et aux esclaves de contracter mariage malgré leurs parents et leurs maîtres... D'un autre côté, la dé-férence que la nature impose aux enfants pour leur père, rend sans doute répréhensibles à quelque égard les ma-riages où n'intervient pas le consentement de ce dernier, mais ne les annule pas pour cela ; ce qui est évidemment vrai pour le fils émancipé qui doit toujours à son père le respect filial et qui néanmoins peut se marier sans sa permission (2) ». Et il termine en s'appropriant les pa-roles de Charles-Quint insérées dans le Decret d'Augs-bourg de 1548 : « Nous ne voulons en rien diminuer le respect que les enfants doivent à leur père, mais nous ne voulons pas que les pères mésusent de leur autorité

---

1. Pallavicini, *op. cit.*, t. III, p. 425.
2. Pallavicini, *op. cit.*, t. III, p 438.

pour empêcher ou rompre les mariages. Mais parce que nous jugeons conforme à la bienséance que les enfants ne contractent point d'union sans l'avis et l'assentiment de leurs parents, c'est au pasteur à les avertir souvent de ce devoir » (1).

Les défenseurs du projet de décret proposent alors des tempéraments. Les uns consentent qu'on en appelle à l'évêque du refus injuste des parents (2). Les autres donnent à l'évêque, *pater spiritualis*, le droit de consentir au mariage des mineurs (3). D'autres enfin demandent que des peines sévères, comme l'exhérédation, soient seulement prononcées contre les enfants qui se marient sans l'aveu de leur père (4). Malgré ces temporisations, le concile rejette le projet.

Une seconde proposition de décret est présentée aux prélats le 7 août 1563. Elle porte, comme la précédente, la nullité des mariages contractés *sine consensu parentum*. L'âge de la minorité matrimoniale est même élevé à 18 ans pour les filles et 20 ans pour les fils : jusqu'à cet âge, le consentement paternel est une condition essentielle de validité du mariage. Mais on peut en appeler à l'évêque du refus du père (5). Ce nouveau projet devait être défendu devant le concile par Gentien Hervet. Mais le Père Lainez, jésuite, fit observer que le concile paraîtrait faire une concession aux doctrines des réformés (6).

1. Pallavicini, *op. cit.*, t. III, p. 429.
2. Theiner, *op. cit.*, t. II, p. 326.
3. Theiner, *op. cit.*, t. II, p. 333.
4. Theiner, *op. cit.*, t. II, p. 355.
5. Theiner, *op. cit.*, t. II, p. 335 ; Pallavicini, *op. cit.*, t. III, p. 418.
6. Conférences ecclésiastiques de Paris, *op. cit*, t. II, p. 407.

En même temps, eut lieu la défection du cardinal de Lorraine. Jusque-là partisan du projet le cardinal s'en déclara l'adversaire et entraîna avec lui la plupart des évêques français. Le projet fut repoussé, avant même que Gentien Hervet ait pu prononcer son discours (1).

C'est à ce moment sans doute que les ambassadeurs français se retirèrent à Venise après avoir protesté contre les tendances du concile, qu'ils déclaraient attentatoires aux libertés de l'Eglise gallicane, de sorte que toutes les décisions de la vingt-quatrième session furent prises en l'absence des représentants du roi de France.

Cependant, un troisième projet fut élaboré touchant les mariages clandestins et les mariages faits *sine consensu parentum*. Il fut soumis au concile le 5 septembre 1863. La nullité des uns et des autres était prononcée. Les parents catholiques seuls étaient appelés à donner leur consentement : on pouvait recourir à l'évêque du refus paternel. La majorité était descendue à 16 ans pour la fille et à 18 ans pour le fils (2). Ce projet eut le même sort que les précédents ; il ne put aboutir.

IV

On ne tenta plus, dès lors, de faire revenir le concile sur sa décision (3). Dans le projet final du *decretum de reformatione matrimonii*, divisé en dix chapitres et présenté au concile le 13 octobre, on ne parle que de l'annulation

---

1. Ce discours a été conservé et imprimé sous ce titre : *Gentiani Herveti Aurelii oratio ad concilium*, Paris, 1556 (Bibl. nat., Invent. D 10898).

2. Theiner, *op. cit.*, II, p. 389.

3. Pallavicini, *op. cit.*, t. III, p. 458.

des mariages clandestins ; il n'est plus question de la nullité des mariages contractés *sine consensu patris*.

C'est ce quatrième projet qui fut définitivement adopté par le concile, dans la séance du 11 novembre 1563.

Afin de dissiper toute équivoque, les Pères voulurent déclarer la véritable doctrine de l'Eglise sur les mariages conclus sans le consentement paternel et ils affirmèrent que l'Eglise détestait ces mariages, mais qu'ils étaient néanmoins valables : *Eos santa synodus anathemate damnat, qui... falso affirmant matrimonia a filiisfamiliæ sine consensu parentum contracta, irrita esse, et parentes ea rata vel irrita facere posse ; nihilominus sancta Dei Ecclesia ex justissimis causis, illa semper detestata est atque prohibuit* (1).

Il est difficile d'être plus net, plus catégorique. L'Eglise déteste ces mariages ; elle les prohibe, et l'enfant qui contrevient à ces prohibitions, commet une faute, un péché. Mais le mariage n'en subsiste pas moins. Il y a empêchement prohibitif, il n'y a pas empêchement dirimant (2).

On a dit que le concile avait voulu simplement décider, contre les derniers hérétiques, que le défaut de consentement des parents n'était pas, de droit naturel, un empêchement dirimant. Son intention n'aurait point été de déclarer que cet empêchement n'était pas dirimant dans le droit de l'Eglise (3). Cette erreur a été relevée et réfutée maintes fois. Nous ne voulons pas insister.

1. Conc. Trid., sess. XXIV, *de reform. matrim.* (Schulte et Richter, *op. cit.*, p. 216). Le pape Pie IV confirma, le 26 janvier 1654, les décrets du Concile de Trente.

2. Sur le sens et aussi sur l'impropriété relative des termes de prohibitif et dirimant, v. Horoy, *Traité du mariage en droit canonique*, Paris, 1886, p. 204.

3. *Conférences ecclésiastiques, op. cit.*, t. II, liv. VI, conf. 2, § 3.

Ainsi donc, le Concile de Trente, qui change la discipline de l'Eglise, en ce qui concerne la présence du prêtre, qui fait de la présence du prêtre un élément substantiel du mariage, laisse intacte la règle traditionnelle de l'Eglise sur le mariage contracté *sine consensu parentum* : ce mariage n'est pas nul ; il charge seulement d'un péché la conscience de l'enfant (1).

1. La papauté a toujours maintenu énergiquement cette doctrine. Comme documents récents, on peut citer la lettre de Pie IX à Victor-Emmanuel, du 19 septembre 1852, et l'Encyclique de Léon XIII, du 10 février 1880.

CHAPITRE IV

LÉGISLATION DES ORDONNANCES ROYALES ET THÉORIE CIVILISTE (1)

Le pouvoir royal, vers le milieu du XVIe siècle, eut voulu déclarer nuls les mariages conclus sans l'assentiment des parents ; d'autre part, le roi savait — car personne ne le niait à cette époque, — que l'Eglise avait seule qualité pour trancher une question relative au lien matrimonial. Aussi, quand le Concile de Trente se fut réuni, le roi de France, Henri II, demanda-t-il expressément et avec insistance à l'Assemblée conciliaire de réglementer ce point particulier de doctrine, espérant que la nullité de ces mariages serait prononcée. On sait que les débats du concile traînèrent en longueur ; les séances

1. Consulter : Pothier, *Traité du contrat de mariage* (*OEuvres*, édit. Bugnet, Paris, 1846, t. VI). — *Recueil chronologique concernant les mariages clandestins*, Paris, 1660. — *Optatus Gallus de cavendo schismate*, Paris, 1629. — Launoy, *Regia in matrimonium potestas*, Paris, 1674. — Le Merre, *Justification des usages de France sur les mariages des enfants de famille*, Paris, 1687. — Le Ridant, *Code matrimonial*, Paris, 1766, et *Examen de deux questions importantes sur le mariage*, 1753. — *Essai de dissertation sur le mariage contrat et le mariage sacrement*, Paris, 1760. — M. V.; *Traité particulier de l'autorité des parents sur les enfants de famille*, Lausanne, 1777. — Beauchet, *Etude historique sur les formes de la célébration du mariage dans l'ancien droit français*, 1883. — Duguit, *Etude historique sur le rapt de séduction, Nouvelle revue historique*, 1886, p. 587.

furent suspendues à plusieurs reprises ; notamment de
1552 à 1561, aucune assemblée ne fut tenue. En outre, les
Pères du concile ne paraissaient guère disposés à accueillir
favorablement le projet du roi de France. Celui-ci commençait à perdre patience. Un affaire de cour, le mariage du
duc de Montmorency, décida Henri II à ne pas attendre
plus longtemps la décision du concile, et à prendre lui-
même des mesures pour prohiber les mariages conclus
en dehors des parents. Il porta l'Edit de 1556. Ce fut le
point de départ de la législation des ordonnances royales
sur le mariage des enfants de famille.

Y a-t-il bien proprement une législation des ordonnances royales ? Certes, longue est la liste des ordonnances, édits et déclarations de nos rois, réglementant le
mariage des enfants de famille. Mais si on regarde de plus
près, on s'aperçoit que tout est ambiguité, voire même
incohérence, dans ces textes législatifs. Ce sont des lois,
et pourtant, ils n'en ont pas l'allure ; on se croirait en
présence de simples édits du préteur, destinés, non à
dire le droit, mais à le compléter, à le corriger, *adjuvandi,
vel supplendi, vel corrigendi juris gratia.* Le législateur est
comme timide, hésitant ; sa marche est mal assurée ; il
avance, puis revient sur ses pas. On sent qu'il se meut à
regret sur un terrain où il ne voudrait pas être. Et ce caractère singulier et contradictoire de la législation matrimoniale des ordonnances a persisté jusqu'à la Révolution. Il explique ces paroles d'un auteur de la fin du
XVIIIe siècle : « Il serait besoin qu'on fît une ordonnance
où toutes les lois en vigueur sur le mariage des enfants
de famille, où toutes les peines et les restrictions établies
par les Ordonnances précédentes, par les Canons et par

la Jurisprudence des Arrêts fussent rassemblés avec méthode et sans équivoque » (1).

D'où venait cette équivoque des ordonnances royales sur le point qui nous occupe ? Il est facile de s'en rendre compte.

La législation canonique est restée en droit, après comme avant le Concile de Trente, la législation matrimoniale du royaume de France. En fait, les rois voulurent modifier cette législation sur les points qui leur parurent défectueux, notamment en ce qui toucha l'intervention de la famille dans le mariage.

Alors s'engagea entre le pouvoir royal et l'autorité ecclésiastique une lutte point franche, mais déguisée. Le roi de France était resté le roi très-chrétien, soumis aux canons de l'Eglise, docile à l'enseignement dogmatique des conciles ; pour lui le mariage était avant tout un sacrement, régi comme tel par la puissance spirituelle. Mais le roi de France était le monarque d'un pays dont la constitution sociale reposait sur la forte constitution de la famille et la hiérarchie des classes. Il sentait la nécessité de fortifier l'autorité familiale et d'éviter les mésalliances. La législation canonique lui apparaissait empreinte d'un libéralisme dangereux et il voulait la corriger tout en la respectant, se détacher d'elle tout en proclamant son attachement à elle. De là, les théories subtiles et ambiguës du rapt de séduction, du mariage valable mais ne produisant pas d'effets civils, du mariage contrat civil distinct du mariage sacrement et lui servant de base. La législation de notre ancien droit sur le mariage des enfants de famille a été proprement une législation d'expédients.

1. M. V , *Traité particulier de l'autorité des parents, op. cit.*, p. 177.

Deux phases doivent être distinguées avec soin dans le développement de la législation de notre ancien droit à partir du XVIe siècle.

La *première phase commence avec l'Edit de 1556 et finit à l'Ordonnance de 1629.* Le pouvoir royal prohibe le mariage contracté sans le consentement des parents ; il le prive en partie de ses effets civils, mais il ne le déclare pas nul.

Dans la *seconde phase qui s'ouvre par l'Ordonnance de 1629 et se poursuit jusqu'à la Révolution,* on en vient à prononcer, en fait, la nullité du mariage, en imaginant la théorie du rapt de séduction.

La distinction entre ces deux périodes peut paraître subtile : elle est rigoureusement exacte. En effet, si, en droit pur, la théorie du consentement familial au mariage était encore, en 1789, ce qu'elle avait été au XVIe siècle, en ce sens qu'aucun texte ne prononçait la nullité du mariage non revêtu de ce consentement, nous verrons qu'en fait, à partir de l'Ordonnance de 1629, on arriva, par un détour plus ingénieux que juridique, à rendre ce mariage nul comme entaché de rapt.

PREMIÈRE PHASE

Edit de 1556 et autres actes législatifs antérieurs à 1629.

§ 1. — *Edit de 1556.*

Nous avons dit qu'une affaire de cour avait été la cause occasionnelle de l'Edit de 1556. Insistons un peu sur ce point. Il importe de préciser les circonstances qui ont vu naître le premier acte législatif de la puissance séculière sur les mariages des enfants de famille.

Ces circonstances ont été plusieurs fois minutieusement décrites (1). On rappellera seulement ici les événements principaux.

Une promesse de mariage avait été faite par le duc de Montmorency à la fille du comte de Piennes sans le consentement du connétable Anne de Montmorency, son père. Celui-ci, très en faveur à la Cour, se plaignit au roi. Henri II accueillit avec empressement les plaintes du connétable. Il était personnellement intéressé à ce que le mariage projeté n'eut pas lieu, car il avait la volonté bien arrêtée de marier François de Montmorency avec sa fille naturelle, Diane de France. On interrogea Jeanne de Piennes et François de Montmorency ; et on rétablit les faits : François avait dit à Jeanne : « Je vous prends à femme », et Jeanne avait répondu : « Je vous prends à mari ». On se trouvait en présence non d'un projet de mariage, mais d'un véritable mariage : il y avait eu *consensus de præsenti*, et nous avons vu que dans la doctrine canonique de cette époque, les *sponsalia per verba de præsenti* étaient un vrai mariage, quand il n'y avait pas d'empêchements dirimants, et l'absence du consentement paternel n'avait pas ce caractère (2). Aussi l'affaire en serait restée là, si François de Montmorency, revenant sur ces déclarations, n'avait affirmé ensuite que, dans sa pensée, il ne s'était engagé que pour l'avenir et non pour le présent, qu'il

---

1. Voy. not. de la Ferrière, *Jeanne de Piennes*, dans le *Correspondant* du 10 août 1885.

2. Outre les explications contenues dans le chapitre précédent, voy. Beauchet, *Etude historique sur les formes de la célébration du mariage dans l'ancien droit français*, Paris, 1883.

avait eu l'intention de se fiancer, non de se marier. Dès lors, il n'y avait eu que des *sponsalia per verba de futuro*. Elles étaient valables bien que le père n'ait point donné son agrément. Le pape seul pouvait lever l'empêchement qui s'opposait à la célébration de tout mariage ultérieur entre l'un des fiancés et une personne qui n'aurait pas été l'autre des fiancés. C'est au pape que le connétable s'adresse. François docile, à la volonté de son père et à celle du roi, part pour Rome pendant que Jeanne est conduite au couvent des Filles-Dieu. Le pape qui était alors Paul IV. cédant peut-être aux sollicitations du duc de Guise, jaloux du nouveau crédit que la maison de Montmorency allait acquérir par l'union de François avec la fille d'Henri II, le pape tarde à accorder cette dispense. Le connétable s'adresse alors à la chancellerie royale : Bertrand, le garde des Sceaux en fonctions, était le protégé de sa famille. On fait bon accueil à sa requête. Le roi lui-même, irrité des lenteurs du Concile de Trente et du mauvais vouloir du pape, rend alors un édit déclarant illicites les mariages contractés par les enfants de famille sans l'assentiment des parents (1). Les mariages étaient déclarés illicites, mais non pas nuls, comme nous allons le voir. Aussi quand on maria, le 4 mai 1556, François de Montmorency avec Diane de France, on n'invoqua point l'Edit de 1556 pour légitimer cette union. On eut recours à un expédient. François déclara que la promesse

1. « Anne de Montmorency, connétable de France, appréhendant que François, son fils aîné, n'épousât la fille du comte de Piennes, avec laquelle il avait déjà de grands engagements et à laquelle il avait donné plusieurs promesses, obtint du roi, auprès duquel il était très en faveur, cet édit. » Antoine d'Espeisses, *Œuvres*, édit. du Rousseaud de la Combe, Lyon, 1750, t. I, tit. XIII, sect. II, p. 301.

faite à Jeanne de Piennes n'avait été qu'un propos de jeunesse sans importance, incapable de faire naître un état de droit (1). Ainsi l'Edit de 1556 dont le mariage du duc de Montmorency avait été l'occasion, ne servit pas à légitimer le mariage.

Ce mariage, cause incidente de l'Edit, n'a pas été sa cause unique. Il a eu une cause plus générale, l'utilité sociale, ou mieux, le désir qu'avait le roi d'accroître l'autorité paternelle, d'entraver les mariages clandestins et de mettre un frein aux mésalliances.

Cela paraît résulter d'abord des considérations qui figurent en tête de l'Edit de 1556 (2). Puis dans le cours de l'Edit, le législateur appelle ces mariages des « transgressions de la loy et commandement de Dieu, et offense contre le droit de l'honnesteté publique, inséparable d'avec l'utilité. » Chose remarquable, ce sont presque les termes mêmes dont Calvin et les protestants s'étaient servis pour caractériser le mariage des enfants, conclu dans l'autorisation des enfants. Cela ne justifie-t-il pas une remarque déjà faite que la Réforme commençait

1. François de Montmorency se condamna lui-même plus tard, en sollicitant du pape Pie IV, l'absolution de sa faute.

2. « Comme sur la plainte à nous faite des mariages qui journellement, par une volonté charnelle, indiscrette et désordonnée, se contractoient en notre royaume par les enfants de famille, au deçu et contre le vouloir et consentement de leurs père et mère, n'ayans aucunement devant les yeux la crainte de Dieu, l'honneur, révérence et obéissance qu'ils doivent en tout et partout à leursdits parents, lesquels reçoivent très grand regret, ennuy et déplaisir desdits mariages, nous eussions (long-temps a) conclu et arresté sur ce faire une bonne loy et ordonnance, par le moyen de laquelle ceux qui, pour la crainte de Dieu, l'honneur et révérence paternelle et maternelle, ne seroient retirés de mal faire, fussent par la sévérité de la peine temporelle, révoqués et arrêtés, » d'après le *Code matrimonial* de Le Ridant, *op. cit.*, p. 1.

à agir sur le droit matrimonial pour le soustraire à l'autorité ecclésiastique ?

Faut-il aller plus loin et dire avec M. Duguit, que dans son Edit de 1556, le roi de France affirme énergiquement son droit de faire des lois sur le mariage et de créer des empêchements non reconnus par la discipline ecclésiastique » (1) ? Nous ne le croyons pas. Pour le savant professeur, « l'Edit de Henri II contenait une double innovation : les représentants du pouvoir temporel contestaient à l'Eglise les droits qu'elle avait jusqu'alors victorieusement revendiqués et qu'elle exerçait depuis dix siècles ; ils affirmaient que l'Etat avait aussi le droit de légiférer sur le mariage et de créer de empêchements » (2). C'est peut-être anticiper un peu sur les événements. Nous croyons que les prétentions du roi de France ont été plus modestes ; il n'a pas voulu s'insurger ouvertement contre la doctrine de l'Eglise, briser avec le droit canonique, en un mot séculariser le mariage. Il n'a même pas voulu, à vrai dire, créer un empêchement nouveau. Son seul objectif semble avoir été de suppléer au droit canonique impuissant sur cette matière. La loi de l'Eglise réprouvait ces mariages, nous le savons. Elle frappait de peines les contrevenants. Mais sa reprobation restait souvent stérile, car elle ne pouvait frapper le délinquant que dans sa conscience, dans le *forum internum* et, avec l'affaiblissement des idées religieuses, la crainte des censures ecclésiastiques devenait impuissante à faire respecter l'autorité paternelle. Ce qu'a voulu faire le pouvoir séculier, c'est ajouter aux peines

1. Duguit, *Etude historique sur le rapt de séduction, Nouv. rev. hist. de droit*, 1886, p. 606.

2. Duguit, *op. cit.*, p. 587.

Frank Bernard   8

spirituelles des peines temporelles. Il a voulu atteindre
les enfants dans leurs intérets matériels et pécuniaires et
renchérir sur les dispositions de certaines coutumes.
Etait-ce se mettre en contradiction avec la loi canonique ? Nous ne le pensons pas. C'était plutôt donner, en
quelque sorte, la sanction civile à cette règle du droit
canonique : *sine consensu parentum legitime non fit conjugium quantum ad honestatem sacramenti* (1). Si l'Eglise pouvait protester, c'était uniquement sur la rigueur, peut-
être excessive, de la sanction, mais non sur la légitimité
de cette sanction.

Avant de déterminer la sanction, faisons connaître les
dispositions de l'édit. Elles sont simples. Les fils
mineurs de 30 ans et les filles mineures de 25, devront
obtenir pour se marier le consentement de leurs père et
mère. Quant aux enfants qui ont atteint l'âge de 25 ou
de 30 ans, suivant le sexe, ils devront seulement « se
« mettre en devoir de requérir l'avis et le conseil de
« leurs dits père et mère. » Cette décision s'applique à
tous les mariages à faire et même aux mariages déjà
faits, mais non consommés : la loi avait un effet rétroactif, qui ne s'explique que trop en raison des circonstances au milieu desquelles elle a été rendue.

Quel était l'effet du défaut de consentement ? C'est la
question vraiment importante qu'il faut préciser.

Donnons la parole à l'édit. Le législateur explique
qu'il a eu pour but « de faire une bonne loi et ordonnance, par le moyen de laquelle ceux qui, pour la
crainte de Dieu, l'honneur et révérence paternelle et
maternelle ne seraient retirés de mal faire, *fussent par
la sévérité de la peine temporelle révoqués et arrêtés.* » Son

1. *Sentent.*, lib. IV, dist. XXVIII, 2.

but est bien indiqué : frapper d'une peine temporelle
ceux que les peines spirituelles ne suffisent pas à maintenir dans le devoir. Quelle est cette peine temporelle ?
Elle est complexe. « Statuons... que les enfants de
famille... puissent... être par leurs dits père et mère...
exhérédés et exclus de leurs successions, sans espérance de pouvoir quereller l'exhérédation qui ainsi aura
été faite. » Donc, comme première peine, il y a *juste
cause d'exhérédation.* Une deuxième peine est la *révocation facultative pour les père et mère, des donations* précédemment faites à leur enfant : « Puissent aussi lesdits
pères et mères, pour les causes que dessus, révoquer
toutes et chacune les donations et avantages qu'ils
auront faits à leurs enfants. » Une troisième déchéance
est encourue par l'enfant coupable, mais seulement si
les parents ont usé de leur droit d'exhérédation. Il sera
*privé des effets civils et avantages résultant du contrat
de mariage :* « Voulons aussi que lesdits enfants...
soient déclarés audit cas d'exhérédation et les décla-
rons incapables de tous avantages, projets et émolu-
mens qu'ils pourraient prétendre par le moyen des
conventions apposées ès contrats de mariages, ou par
le bénéfice des coutumes et lois de nostre royaume. »
On pourrait croire que la sévérité de l'édit s'arrêtera
là. Il n'en est rien. Il ajoute une quatrième peine et
celle-là n'est plus laissée à l'appréciation paternelle :
« ordonnons que lesdits enfants... soient sujets *à telles
peines qui seront avisées, selon l'exigence du cas,* par nos
juges.., dont nous chargeons leurs honneurs et consciences. » Cette peine laissée à l'arbitraire du juge, pourra
frapper non seulement l'enfant, mais aussi ceux qui
auront traité tels mariages avec eux et donné con-

seil et aide pour la consommation d'iceux », ce qui vise notamment le notaire qui a passé l'acte de mariage, et le prêtre qui a béni l'union.

On le voit, il n'est pas question de l'invalidité du mariage : le lien matrimonial subsiste. Des peines sont seulement prononcées contre les époux. Et encore, qu'on le remarque, ces peines ne sont pas encourues de plein droit ; elles sont laissées, quant à leur existence même ; à l'appréciation souveraine, soit des parents, soit du juge ; l'enfant coupable pouvait donc échapper à toute peine et à toute déchéance. Telle est la sanction de l'édit.

Certains auteurs ont soutenu qu'une sanction plus rigoureuse était contenue dans l'édit et que cette sanction n'était autre que la nullité même du mariage. Dumoulin et Coras, conseiller au Parlement de Toulouse, se sont faits les défenseurs de cette théorie (1). Nous la rejetons avec la grande majorité des auteurs (2). Si l'édit parle « des enfants qui ainsi seront illicitement conjoints par mariages », cela signifie seulement que le mariage fait dans de telles conditions, constitue une sorte de délit. Cela ne veut pas dire que le mariage est invalide : l'esprit et le texte de l'édit s'opposent formellement à cette interprétation. Au reste, deux contemporains de l'édit, Lecomte, professeur à l'Université de Bourges (3), et Pas-

1. Voici le raisonnement de Coras : les rédacteurs ont voulu introduire une innovation ; or, ils n'auraient rien fait s'ils n'avaient pas sanctionné l'édit par la nullité ; la paix des familles, les bonnes mœurs exigent d'ailleurs qu'il en soit ainsi. V. Coras, *Mariage des enfants de famille*, Toulouse, 1557.

2. Voy. not. Duguit. *op. cit.*, p. 607.

3. Voy. Commentaire de Lecomte sur l'Edit de 1556, dans *Edits et ordonnances de Néron*, Paris, 1720, t. I, p. 356.

quier (1), ne considéraient pas l'acte législatif de 1556 comme établissant une nullité de mariage.

§ 2. — *Ordonnance d'Orléans de 1560.*

L'Edit d'Henri II fut suivi, à court intervalle, d'un deuxième acte législatif émané du pouvoir séculier, sur le mariage des enfants de famille. Ce fut l'ordonnance rendue par Charles IX en janvier 1560, à la suite des Etats tenus à Orléans. Dans l'art. 111, il est enjoint de procéder extraordinairement, comme pour crime de rapt, contre ceux qui auraient obtenu subrepticement des lettres du roi, afin d'épouser ou de faire épouser des filles contre le gré de leurs parents (2). Ici encore, des peines étaient édictées contre le contrevenant mais la nullité du mariage n'était pas prononcée (3).

Bien que ne se mettant pas en contradiction formelle avec la doctrine canonique, l'Edit de 1556 et l'Ordonnance d'Orléans n'en constituaient pas moins des actes agressifs de la puissance séculière à l'égard du pouvoir ecclésiastique, qui avait jusqu'alors légiféré souverainement en

1. Dans ses *Lettres,* Lyon, 1607, liv. III, lettre 1 ; voy. aussi d'Espeisses, *op. cit.*, t. I, p. 301.

2. Ordon. d'Orléans, art. 111 : « Parce qu'aucuns abusans de la faveur de nos prédécesseurs par importunité, ou plustost subrepticement, ont obtenu quelquefois des lettres de cachet et closes ou patentes, en vertu desquelles ils ont fait sequestrer des filles, et icelles espousé ou fait espouser, contre le gré et vouloir des pères et mères, parents, tuteurs, ou curateurs, chose digne de punition exemplaire : enjoignons à tous juges procéder extraordinairement et comme en crime de rapt, contre les impétrans et ceux qui s'ayderont de telles lettres, sans avoir aucun égard à icelles. »

3. Voy. d'Espeisses, *op. cit.*, t. I, p. 302.

matière matrimoniale. L'accord était rompu entre l'Eglise et l'Etat. Un conflit était né. Le roi espérait que le Concile de Trente ferait cesser ce conflit en proclamant la nullité de ces mariages. Celui-ci l'aggrava, au contraire, en déclarant solennellement, en 1563, que les mariages conclus sans l'intervention des parents étaient de vrais mariages, aux yeux de l'Eglise.

En droit, la solution n'était pas changée. Il n'y avait pas encore opposition de doctrine entre la législation civile et la loi canonique. Toutes deux étaient d'accord pour reconnaître la validité du lien matrimonial. Mais, en fait, le conflit s'aggravait. On sentait qu'entre les deux pouvoirs la lutte directe s'engagerait bientôt. On savait que l'Eglise ne pouvait revenir sur sa doctrine. On pressentait en même temps que l'évolution de la nouvelle théorie séculière conduirait un jour à la nullité pure et simple du mariage fait sans le consentement paternel.

§ 3. — *Réception en France du Concile de Trente.*

Pour le moment, le pouvoir royal s'opposait à la réception en France des décrets du Concile de Trente. Nous n'avons pas à entrer dans le détail des motifs qui poussèrent le pouvoir civil à empêcher cette réception, ni à décrire les phases de la lutte que cette opposition entraîna entre l'autorité royale et l'autorité religieuse. Nos anciens auteurs ont longuement traité ces points, sans parvenir d'ailleurs à s'accorder (1). Nous ne chercherons pas à

1. Voyez un article de M. Albert Desjardins, *Le pouvoir civil au Concile de Trente* (*Revue critique*, 1869, p. 1 et s.).

mettre l'harmonie entre eux. Il est un point cependant que nous ne pouvons passer sous silence, c'est celui de savoir si oui ou non, le concile a été promulgué en France, c'est-à-dire si l'Eglise de France a reçu la doctrine contenue dans les canons et les décrets du concile. La question présente, en notre matière, un intérêt très réel. En effet, si le décret *Tametsi* exposant la doctrine de l'Eglise sur les mariages des enfants de famille, était reçu en France, le conflit entre le pouvoir royal et l'autorité ecclésiastique, était rendu plus aigu, le décret accentuant la séparation entre le système canonique et la théorie civile. Au contraire, si le décret *Tametsi* n'était pas reçu en France, le conflit, sans être écarté, était au moins ajourné.

Pour résoudre la question, des distinctions sont nécessaires. On sait que le texte du concile se divisait en canons et en décrets. Dans les canons était exposée la partie dogmatique, et dans les décrets la partie disciplinaire de la doctrine de l'Eglise. Or, en ce qui concerne le dogme, le Concile de Trente a été, de l'avis de tous, accepté en France : le clergé d'abord (1), puis les juristes (2), l'Université (3) et le roi (4) se sont inclinés devant les canons conciliaires. On posait en principe qu'on

1. Dix conciles provinciaux tenus de 1564 à 1624 et douze assemblées du clergé, réunies de 1579 à 1615, en France, ont formellement admis la doctrine du concile ; voy. Pallavicini, *op. cit.*, t. I, p. 472.

2. Voy. Réponse de Bossuet à la lettre de Leibnitz, du 26 mars 1693, *Œuvres posthumes*, t. I, p. 417.

3. La Sorbonne, consultée par le clergé de France le 18 janvier 1586, répond que l'adhésion aux dogmes du Concile de Trente doit être une des conditions essentielles de l'abjuration des hérétiques.

4. Henri III répond au nonce du pape Grégoire XIII, qui le presse de faire publier le concile, qu'il ne faut pas de publication pour ce qui est de la foi, que c'est chose gardée dans tout le royaume ; voy. d'Argentré, *Collectio judiciorum*, t. I, p. 446.

ne pouvait, sans hérésie contredire la foi du concile. Mais en ce qui regarde la discipline, la chose n'a pas été aussi simple. Malgré le vœu de la nation et les instances du clergé, le pouvoir royal s'est toujours refusé à recevoir le concile sur ce point. On disait que les prérogatives de la couronne et la souveraineté royale étaient atteintes par les décrets de Trente.

Catherine de Médicis, régente du royaume pendant la minorité de Charles IX, eut des alternatives d'hésitation et d'empressement à recevoir le concile dans son intégralité. Aprés de longues discussions au sein du Conseil fameux tenu pendant huit jours à Fontainebleau par la reine assistée de Michel de l'Hospital, du cardinal de Lorraine et du président de Thou (1), on demanda à Dumoulin de donner son avis motivé.

C'est alors que ce jurisconsulte écrivit son *Conseil sur le fait du Concile de Trente* (2). Il y mit « sa subtile logique son ardeur passionnée, compromettante pour lui-mème et pour les causes qu'il soutenait » (3). Il releva douze causes de nullité du concile, signala de nombreuses hérésies commises dans les canons, et conclut à la nullité complète et radicale du concile (4). C'était se dispenser d'examiner en elle-même la valeur des décrets du concile (5). Dumoulin avait manqué son but, en le dépas-

1. Voyez Albert Desjardins, *Le pouvoir civil au Concile de Trente,* op. cit., p. 452.
2. Dumoulin, *OEuvres complètes*, Paris, 1681, t. V, p. 351 et s.
3. Albert Desjardins, *op. cit.*, p. 453.
4. Voyez la réfutation de sa thèse dans Pallavicini, *op. cit.*, t. III, p. 771 et s.
2. Néanmoins, il donne son opinion sur le décret *Tametsi :* « Il fait une grande difformation en approuvant les mariages des fils et filles de famille, faits clandestinement, sans le consentement et contre l'autorité de leurs pères et mères, contre les bonnes et

sant. Son ressentiment contre l'Eglise avait obscurci sa vision nette des choses : le conseiller de la reine de Navarre Jeanne d'Albret, calviniste d'abord, était devenu luthérien ; son livre est une œuvre de polémique, plutôt qu'une étude juridique.

La royauté et le parlement se refusèrent à la suivre dans la voie de rebellion contre l'orthodoxie, qu'il avait ouverte ; mais la publication du concile n'eut pas lieu.

C'était moins le roi qui s'y opposait que les magistrats et les juristes. Ceux-ci s'obstinaient à défendre la royauté contre des dangers plus imaginaires que réels. L'hostilité envers l'Eglise n'était pas, d'ailleurs, le principal motif de leur conduite. Ils voyaient surtout, dans le fait d'accéder à la demande de réception formulée par le pape, une humiliante soumission du roi de France envers le pontife romain. Pasquier le laisse entendre : « En un trait de plume, dit-il, le pape acquerroit plus d'autorité qu'il n'auroit pu faire dès et depuis la fondation de notre christianisme » (1). Le pouvoir royal ajourna ainsi, pendant plus d'un demi-siècle, sa décision. Le Parlement, auquel la suppression par le concile des appels comme d'abus, enlevait toute influence dans les jugements et les matières ecclésiastiques, encourageait la résistance du roi. En 1614, la question de la réception fut portée devant les Etats-Généraux. François Miron, président du tiers, s'opposa à la promulgation officielle, par cette déclaration à double sens : « La vraie publication des conciles gît en l'observance et exécu-

anciennes lois civiles et contre la police et contre l'opinion des anciens docteurs, et ainsi le veulent les anciens canons récités, que ledit prétendu concile devait ensuivre et non corriger. » Dumoulin, *op. cit.*, t. V, p. 357.

1. Pasquier, *OEuvres*, Amsterdam, 1723, t. I, p. 294.

« tion d'iceux· » (1); et le tiers, à une grande majorité embrassa l'opinion exprimée par son président.

Las d'attendre la promulgation royale, le clergé de France résolut de procéder lui-même à la publication effective des décrets du concile. Ce qui n'était qu'un vœu dans l'Assemblée du clergé de 1614 (2), devint une promulgation solennelle, dans l'Assemblée de 1815 : « D'un commun et unanime consentement, les cardinaux archevêques et évêques, prélats et autres ecclésiastiques, délibérant sur la publication du Concile de Trente ont unanimement reconnu et déclaré, reconnaissent et déclarent qu'ils sont obligés par leur devoir et conscience à recevoir comme de fait ils ont reçu et reçoivent ledit concile, promettant de l'observer autant qu'ils peuvent par leurs fonctions et autorité spirituelle et pastorale. » Enfin, une nouvelle Assemblée du clergé, tenue dix ans plus tard, en 1625, confirme pleinement cette publication : « Tous ensemble ont résolu... de procurer que le Concile de Trente soit publié au plus tôt par l'autorité royale, comme il est déjà reçu depuis dix ans par la spirituelle. »

Ainsi la promulgation du concile, refusée par le pouvoir civil, fut accomplie par les soins de l'autorité ecclésiastique, ce qui sauva la France d'un schisme.

---

1. *Recueil des cahiers généraux des trois ordres des Etats-Généraux*, Paris, 1789, t. IV, p. 58.

2. Assemblée de 1614 : « ...le saint concile étant reçu en ce qui regarde la foi dont la conservation est plus chère au clergé que la vie ; pour ce qui regarde sa police, il prétend et désire que ladite publication s'en fasse et que ledit concile soit reçu en ce royaume et les constitutions d'icelui gardées et observées, sauf les droits du roi. »

§ 4. — *Ordonnance de Blois de 1579.*

Cependant, le conflit entre les deux puissances relativement aux mariages des enfants de famille, devenait plus aigu. A l'Edit de 1556 et à l'Ordonnance d'Orléans succéda bientôt un troisième acte législatif, l'Ordonnance de Blois de 1579. C'était la réponse du pouvoir séculier au Concile de Trente.

Les Etats-Généraux réunis à Blois, en 1576, avaient demandé qu'on fit passer dans une ordonnance, certaines des dispositions disciplinaires du Concile de Trente, qui n'avaient point été reçues comme telles par le pouvoir civil. En outre, le tiers, dans ses cahiers, s'était préoccupé du mariage des enfants de famille. Il ne réclamait pas la nullité du mariage, afin de ne point se mettre en contradiction avec le concile, mais il aurait voulu « qu'il fut interdit aux curés de passer outre à la célébration des mariages, s'il ne leur apparaît du consentement des père, mère et curateur... sous peine d'être punis comme fauteurs de crime de rapt. »

Henri III, dans l'ordonnance qui suivit les Etats de Blois, s'inspira de ces doléances. Les art. 40 *in fine* à 43 s'occupent du mariage des enfants de famille et du défaut d'autorisation des parents.

Le texte fondamental est l'art. 40 *in fine*, ainsi conçu : « Enjoignons aux curés, vicaires et autres, de s'enquérir soigneusement de la qualité de ceux qui se voudront marier. Et s'ils sont enfants de famille ou estant en la puissance d'autrui, nous leur défendons très étroitement de passer outre à la célébration desdits mariages s'il ne leur apparaît pas du consentement des pères, mères, tuteurs ou curateurs, sur peine d'être punis comme fauteurs du crime de rapt » (1). Et l'art. 42 édicte la même peine contre le ravisseur et ses complices.

Si on oppose cette disposition à celle qui la précède immédiatement dans le même article, on est frappé de la différence des termes employés. L'ordonnance dit que les mariages clandestins proprement dits, c'est-à-dire les mariages conclus hors la présence du prêtre, « *ne pourront valablement être contractés.* » En ce qui concerne au contraire, les mariages faits sans l'approbation paternelle, elle édicte seulement une *peine*. Nous voyons là une différence essentielle dans la sanction de ces deux catégories de mariages. Les premiers sont nuls ; les seconds sont seulement illicites.

Pour nous, l'Ordonnance de Blois n'a pas changé le droit des actes de 1556 et de 1560. Après comme avant cette ordonnance, le mariage fait sans l'approbation familiale est resté valide.

A l'appui de cette opinion, outre la preuve résultant de la différence très nette d'expressions signalée entre le début de l'art. 40 et sa disposition finale, on peut invoquer cette considération que le pouvoir royal, pas plus que le tiers, ne voulait se mettre en opposition manifeste avec les décisions conciliaires. Les cahiers du tiers en font foi et le législateur prend en quelque sorte la peine de le dire en terminant la première partie de l'art. 40 par ces mots : « le tout sur les peines portées par les conciles. » Au reste, le silence de l'art. 40 *in fine*, sur la question de l'invalidité du

1. D'après Le Ridant, *op. cit.*, p. 16.

mariage suffirait à lui seul à faire écarter la nullité. N'était-ce pas en effet un principe admis dans notre ancien droit, comme il est admis dans notre droit moderne, qu'une nullité de mariage ne se présume pas et ne peut résulter que d'une disposition expresse et précise ? On pourrait répondre, il est vrai, que du moment que le législateur assimilait le défaut d'autorisation au rapt, il était superflu de parler de nullité, le rapt étant par lui-même une cause de nullité du mariage, d'après la loi canonique. Mais qu'on y prenne garde. Il ne s'agit pas ici du rapt canonique. Ce dernier cesse d'être un empêchement, dès que la fille ravie est sortie de la puissance du ravisseur, et il implique toujours un acte de violence de la part du ravisseur. Le rapt de l'ordonnance de 1579, au contraire, est perpétuel ; il subsiste alors même que le mariage a été approuvé postérieurement par la famille (1) ; il ne nécessite pas d'ailleurs un abus de la force brutale. C'est donc que le rapt civil n'est pas de même nature que le rapt canonique, et l'on n'a pas le droit d'étendre des règles de l'un à l'autre. Enfin, un argument très fort en faveur de la validité du mariage résulte de l'art. 41 de l'ordonnance. Cet article s'exprime ainsi : « Nous voulons que les ordonnances, ci-devant faites contre les enfants contractant mariage sans le consentement de leurs pères, mères, tuteurs et curateurs, soient gardées ; *mémement celle qui permet en ce cas les exhérédations.* » Cela n'indique-t-il pas clairement que le législateur de 1579 a entendu se référer pour la question de validité du lien matrimonial, aux actes royaux précédents qui, eux, repoussaient la nullité (2) ?

1. Art. 42 de l'Ordonnance de 1579.
2. « L'article 41 de la même Ordonnance de Blois veut que les

L'Ordonnance de Blois n'a donc pas établi un empêchement dirimant, ce qui était hors de sa compétence. Elle a laissé subsister l'empêchement prohibitif déjà établi. Elle s'est contentée d'augmenter les peines contre l'enfant coupable. La peine civile est restée telle qu'elle avait été fixée par l'Edit de 1556. Quant à la peine criminelle, elle s'est transformée en une peine terrible qui n'est autre que la *peine de mort*. « Voulons, dit l'article 42, que ceux qui se trouvent avoir suborné fils ou filles mineurs de 25 ans, sous prétexte de mariage ou autre couleur sans le gré sien, vouloir et consentement exprès des pères, mères et de tuteurs, *soient punis de mort sans espérance de grâce et de pardon.* » M. Viollet a une expression sévère mais juste pour caractériser cette disposition. Il l'appelle une « loi indigne d'un peuple civilisé (1) ». De fait la férocité du législateur dépasse toute mesure, quand on songe que la peine devait être appliquée « nonobstant tous consentements que lesdits mineurs pourraient alléguer par après, avoir donné audit rapt, lors d'iceluy ou auparavant », et qu'on interdisait d'une façon absolue toute grâce ou remise de peine. Quant aux complices, c'est-à-dire quant à « ceux qui, auront participé au rapt et qui auront presté conseil confort et ayde en aucune manière que ce soit », ils seront punis de la peine du rapt ; ce ne sera plus la mort, mais ce sera l'exil perpétuel et la confiscation des biens (2).

ordonnances ci-devant faites contre les enfants contractant mariage sans le consentement de leurs pères, mères, tuteurs et curateurs, soient gardées, même celle qui permet l'exhérédation ; ce semble être toute la peine et la plus sévère de toutes celles que l'ordonnance a voulu prononcer. » Antoine d'Espeisses, *op. cit.*, t. I, au titre XIII du Mariage, sect. II, p. 302.

1. Viollet, *Précis de l'histoire du droit français, op. cit.*, p. 345.
2. V. Duret, sur le commentaire de l'art. 42.

Ainsi le prêtre se verra condamné à cette double peine pour avoir servi de témoin, peut-être involontaire, à cette union répréhensible devant la conscience, mais valide aux yeux de l'Eglise et aux yeux de l'Etat. L'exagération des pénalités est souvent une garantie que les pénalités ne seront pas exécutées. La peine de l'art. 42 ne dut pas souvent être appliquée. L'art. 43 enfin, édicte « une punition exemplaire » contre le tuteur qui aura consenti au mariage du mineur, sans avoir demandé l'avis et obtenu le consentement des plus proches parents de celui-ci.

La sévérité cruelle que déploie l'ordonnance contre l'auteur ou les complices du prétendu rapt, ne saurait infirmer en rien notre thèse de la validité du mariage. Bien plus, nous voyons l'explication naturelle de cette sévérité dans le désir du pouvoir civil d'assurer l'efficacité à la prohibition des mariages faits sans consentement des parents. La nullité du mariage ne pouvant être prononcée, il fallait demander au droit criminel une sanction assez forte pour assurer le respect de la prohibition.

Il paraît d'ailleurs que les prêtres et les juges ne mirent pas beaucoup d'empressement à appliquer l'Ordonnance de Blois, puisque le roi, dans un Edit donné à Melun en février 1580, dut renouveler aux curés la défense qui leur avait été faite dans l'Edit de Blois, et aux juges l'ordre d'appliquer « inviolablement les peines contenues en icelui édit » (1).

---

1. V. le texte de l'Edit de Melun dans le *Code matrimonial* de Le Ridant, p. 23.

DEUXIÈME PHASE

Ordonnances de Louis XIII et de ses successeurs. Théorie du rapt de séduction.

Tant que le Concile de Trente n'avait pas été promulgué solennellement en France par l'autorité ecclésiastique, le conflit entre la législation de l'Eglise et celle de l'Etat relativement au mariage des enfants de famille, existait plutôt dans la forme qu'au fond. Le pouvoir civil, en effet, ne prononçait pas la nullité des mariages contractés au mépris de ses dispositions. Le défaut d'autorisation donnait lieu à des peines très sévères : il ne constituait pas un empêchement dirimant. En 1615 eut lieu, nous l'avons vu, la publication ecclésiastique des décrets conciliaires. Les légistes s'en montrèrent indisposés. Sûrs désormais que l'Eglise persistait dans la doctrine disciplinaire du Concile de Trente, ils comprirent qu'il était inutile d'user plus longtemps de ménagements ; ils poussèrent le pouvoir royal à déclarer la nullité radicale des mariages faits sans le consentement des parents.

Louis XIII ne se laissa pas persuader. Il ne proclama pas l'invalidité de ces mariages. Mais il augmenta les peines qui frappaient l'enfant coupable. Il en vint, pour justifier l'emploi des mesures rigoureuses qu'il édictait, à prononcer couramment les mots de *rapt* et de *subornation* à l'occasion du mariage conclu sans le consentement paternel.

Ces mots n'étaient pas employés dans leur sens étroit et technique. Mais ils furent repris et précisés par les juristes et les parlements qui s'en servirent pour construire leur célèbre théorie du rapt de séduction, qu'ils placèrent sous le couvert de la législation royale, alors que celle-ci n'en avait été que la lointaine inspiratrice.

C'est ainsi que fut admise aux XVII° et XVIII° siècles l'annulabilité des mariages non autorisés par les parents. On força le texte des ordonnances, pour lui faire dire ce qu'il ne disait pas. On arriva à donner une apparence légale à une théorie édifiée, en réalité, par la doctrine et la jurisprudence.

Nous allons étudier ici l'évolution de cette théorie. Nous examinerons d'abord les textes législatifs qui en contiennent le germe. Nous montrerons ensuite comment les civilistes ont su tirer des ordonnances royales le principe et les applications de leur théorie.

§ 1. — Examen des textes législatifs.

I

Le premier acte législatif contenant le germe de la théorie du rapt de séduction a été l'Ordonnance de 1629. Cette ordonnance célèbre appelée souvent Code Michau, du nom de son inspirateur, Michel de Marillac, ne comprend pas moins de 461 articles. Deux seulement sont relatifs au mariage, les articles 39 et 169 (1).

Les dispositions qu'ils renferment avaient fait l'objet de vœux précédemment formulés par les Etats-Généraux de 1614 et dans les Assemblées des notables de 1617 et de 1626.

L'article 39 de l'ordonnance parle des mariages clandestins proprement dits, et s'en réfère purement et sim-

______

1. V. le texte de ces articles dans Le Ridant, op. cit., p. 25.

plement à l'Ordonnance de Blois « qui sera exactement observée ; et y ajoutant, continue l'article, voulons que tous mariages contractés contre la teneur de ladite ordonnance soient déclarés *non validement contractés* ». Voilà qui est net : on prononce la nullité des mariages clandestins proprement dits (1).

Quant à l'article 169, il vise les mariages entachés de rapt et ceux contractés sans le consentement des parents. Après un bref exposé des motifs (2), l'article déclare : « ... avons renouvelé les ordonnances pour la punition du crime de rapt ; et ajoutant à icelles, voulons que tous ceux lesquels commettront rapt et enlèvement de veuves, fils et filles, étant sous la puissance des pères, mères, tuteurs et parens, ou *entreprendront de les suborner pour se marier, et qui auront aidé et favorisé tels mariages, sans l'avis et consentement de leurs parens, tuteurs et autres qui les auront en charge* ; seront punis comme infracteurs des lois et pertubateurs du repos public... ». A première lecture, ce texte paraît ne s'occuper que du rapt proprement dit. En réalité, il vise également le fait d'épouser un

1. Plusieurs auteurs (V. not. Vantroys, *op. cit.*, p. 267), se basant sur l'expression *y ajoutant*, soutiennent que l'article 39 a prononcé la nullité de tous les mariages visés par l'ordonnance de Blois et spécialement la nullité des mariages contractés en minorité sans le consentement de la famille. C'est, croyons-nous, attacher une importance excessive à ces mots *y ajoutant* : le pouvoir royal ne voulait certainement pas se mettre en opposition absolue avec les décrets canoniques et il l'aurait fait en édictant la nullité de ces mariages. L'art. 39 ne se rapporte qu'aux mariages clandestins proprement dits, dont le Concile de Trente avait prononcé la nullité.

2. « Désirant conserver l'autorité des pères sur leurs enfants, l'honneur et la liberté des mariages et la révérence due à un si grand sacrement, et empêcher qu'à l'avenir plusieurs familles de qualité ne soient alliées avec personnes indignes et de mœurs dissemblable ». art. 169, 1er partie.

fils ou une fille sans l'avoir obtenu de ses parents. Nous en trouvons la preuve d'abord dans les considérations qui figurent en tête de l'article, ensuite dans cette disposition que le rapt ne sera puni que s'il a été commis « *sans l'aveu et consentement des parents, tuteurs et autres qui auront les mineurs en charge* » ; c'est bien dire que le rapt dont il s'agit n'est pas l'enlèvement, crime que les parents seraient impuissants à justifier par leur approbation, mais bien le simple mariage contracté sans leur consentement.

Remarquons qu'il n'est pas question de la nullité des mariages dont s'occupe l'art. 169 : une différence très nette d'expressions existe entre l'art. 169, première partie et l'art. 39. On se contente ici de renouveler les peines portées par les ordonnances précédentes, et d'établir deux innovations, l'assimilation des veuves aux filles et l'égalité de traitement entre le ravisseur et ses complices. Sans doute, dans la deuxième partie de l'art. 169, le législateur ajoute : « Voulons, suivant les saints décrets et constitutions canoniques, tels mariages faits, avec ceux qui auront ravi et enlevé lesdites veuves, fils et filles, *être déclarés nuls et de nul effet et valeur, comme non valablement ni légitimement contractés* ». Mais cette nullité ne touche pas les deux catégories de mariages visées dans la première partie de l'article ; elle n'est relative qu'aux mariages entachés de rapt de violence. Deux motifs nous portent à le croire. Ce sont d'abord les mots « *suivant les saints décrets et constitutions canoniques* », qui constitueraient un non sens dans l'opinion contraire ; c'est ensuite l'expression « *mariages faits avec ceux qui auront ravi et enlevé lesdites veuves...* », qui ne paraît désigner que les mariages entachés de rapt proprement dit.

Ceci étant admis, il reste à montrer en quoi l'Ordonnance de 1629 différait essentiellement des actes législatifs précédents ; il reste à justifier l'importance spéciale que nous avons assignée à celte ordonnance. Cette importance réside, suivant nous, moins dans les innovations introduites, que dans *cet ensemble de dispositions intentionellement ambiguës et obscures*, laissant supposer, sans oser le dire positivement, qu'il y a une sorte de rapt dans le fait de séduire une personne au point de la décider à se marier contrairement aux vœu et désir de ses parents. La force de l'Ordonnance de 1629 était dans son obscurité même : elle ouvrait la voie, par ses sous-entendus, au système des gallicans et des civilistes ; elle contenait en germe toute la théorie du rapt de séduction.

L'année même de l'ordonnance, un libelle anonyme parut sous le titre *Optatus Gallus* (1). Son auteur montrait qu'un schisme était imminent entre l'Eglise et la France. Il prouvait que le défaut de consentement des parents ne rendait pas nul le mariage sacrement et que dès lors, en laissant supposer cette nullité, le pouvoir royal se séparait de l'Eglise orthodoxe. Cette thèse était exposée en termes violents. Elle faillit brouiller irrémédiablement le pouvoir séculier et la puissance spirituelle. Plusieurs évêques crurent nécessaire de protester. Mgr Habert, évêque de Vabres, fit remarquer notamment que l'Ordonnance de 1629 ne touchait, dans aucune de ses dispositions, à la substance du sacrement, mais seulement aux effets civils. Il s'inspirait d'une déclaration faite par Louis XIII lui-même. L'Assemblée du clergé de 1629 avait demandé au roi l'explication des mots « non valablement contractés » ; et le chancelier avait répondu, au

____

1. *Optatus Gallus de cavendo schismate*, Paris, 1629.

nom du roi, que ces termes n'avaient rapport qu'aux effets civils dont les juges laïcs pouvaient seulement connaître.

Après la disgrâce de Michel de Marillac, l'ordonnance tout entière tomba en discrédit. A vrai dire, elle ne fut jamais appliquée, car la plupart des Parlements, pour des motifs étrangers à notre matière, s'étaient refusés à l'enregistrer.

II

Cependant, le pouvoir royal était trop satisfait de la rigoureuse réglementation du mariage des enfants de famille, pour ne pas essayer de la sauver des ruines du Code Michau. Les Parlements et les juristes (1) réclamaient d'ailleurs une ordonnance nouvelle sur le rapt et les mariages clandestins.

Un fait retentissant amena sa publication en 1639. De Cinq-Mars, grand écuyer de France, était sur le point d'épouser clandestinement Marion de l'Orme. Sa mère, la maréchale d'Effiat, porta plainte au Parlement contre son fils encore mineur. Il y eut une information et une prise de corps de Marion de l'Orme. En même temps, l'avocat général Bignon fut chargé de rédiger un projet d'ordonnance, qui devint la *Déclaration de Saint-Germain-en-Laye*, rendue le 26 novembre 1639.

Après un long préambule rappelant les ordonnances précédentes et contenant l'exposé des motifs (2), l'ordonnance ajoute aux dispositions déjà en vigueur certaines mesures plus rigoureuses. Le droit de légitime est perdu, doréna-

1. Particulièrement Bignon et Talon, avocats généraux au Parlement de Paris.

2. Voy. le texte dans Le Ridant, *Code matrimonial*, p. 37.

vant, comme les autres droits, et toutes les peines sont encourues par les enfants *ipso facto* : il n'y a plus besoin,
comme auparavant, d'une demande expresse et d'une sentence du juge (1). L'article 3 confirme la nullité des mariages entachés de rapt. Il s'exprime ainsi : « Déclarant,
conformément aux saints décrets et constitutions canoniques, les *mariages faits avec ceux qui ont ravi et enlevé
des veuves, fils et filles*, de quelque âge et condition qu'ils
soient, non valablement contractés ». Quant à la nullité
des mariages contractés sans le consentement des parents,
on n'y fait aucune allusion. Le législateur continue à se
conformer extérieurement à la doctrine du Concile de
Trente. C'est même à peine s'il laisse ici entendre qu'il
y a une sorte de rapt quand le consentement paternel n'a
pas été obtenu.

III

Les *textes législatifs postérieurs* sur le mariage des enfants
de familles n'ont pas une grande importance. Ils ne régle-
mentent que des points particuliers de détails.

La Déclaration de Louis XIV du 6 août 1686 se borne
à dispenser les mineurs dont les pères, mères, et tuteurs
« faisant profession de la religion prétendue réformée,
sont absents (2) », de l'obligation de demander le consentement de ces personnes : un avis favorable de six des
plus proches parents ou amis en tiendra lieu.

Dans l'Edit rendu par Louis XIV en mai 1697, concernant les formalités qui doivent être observées dans les
mariages, un article 6 ajoute aux ordonnances précéden-

---

1. Déclaration du 26 novembre 1639, art. 2.
2. Rubrique de la Déclaration du 6 août 1686. V. *Code matrim.*,
Le Ridant, p 77.

tes et permet aux parents « d'exhéréder leurs filles, veuves, même majeures de 25 ans,lesquelles se marient sans
avoir requis par écrit leurs avis et conseils » (1).

Enfin la Déclaration de Louis XV du 22 novembre 1730
n'est faite que pour proscrire un usage qui s'était introduit en Bretagne, et que le Parlement de cette province
avait toléré trop longtemps (2). De ce chef, elle serait
peu intéressante pour nous, si elle ne contenait le terme
de « *rapt de séduction* » exprimé pour la première fois
dans un texte législatif.

C'est qu'à cette époque, la théorie du rapt de séduction
venait d'être définitivement édifiée par les auteurs et la
jurisprudence.

§ II. — *La théorie du rapt de séduction dans le dernier état de l'ancien droit.*

On étudiera ici la théorie du rapt de séduction telle
qu'elle est présentée par les auteurs du XVIIIe siècle. On
déterminera son fondement juridique et ses dispositions
principales.

1. Edit de mai 1697, art. 6. V. Le Ridant, *Code matrimonial*,
p. 104.

2. La Déclaration de 1730 nous fait connaître cet usage : « Sur la
« requête de la fille qui demande à épouser celui qu'elle appelle
« son suborneur et sur le consentement que la crainte de la
« mort arrache toujours au condamné, un commissaire du Parle-
« ment le conduit à l'Eglise, les fers aux pieds, pendant que la
« fille est en liberté ; et c'est là que, sans publication de bans, sans
« le consentement du propre curé, sans la permission de l'évêque
« et par la seule autorité du juge séculier, se consomme un enga-
« gement dont la débauche a été le principe et dont les suites,
« presque toujours tristes, ont rendu cette jurisprudence odieuse
« à ceux mêmes qui la suivent sur la foy de l'exemple de leurs
« pères. » La Déclaration proscrit cet usage et fait défense « que

I

La théorie du rapt de séduction a son *point de départ*
dans une théorie plus générale : celle du *mariage contrat
civil distinct du mariage sacrement et lui servant de base.*

Les gallicans dont les principales maximes sont contenues dans la Déclaration du 18 mars 1682, et les civilistes,
dont Launoy (1) et Pothier ont été les représentants
les plus autorisés, avaient imaginé cette subtile distinction.

D'après Pothier, « il y a deux choses dans le mariage:
le contrat civil entre l'homme et la femme qui le contractent, et le sacrement qui est ajouté au contrat civil et
auquel le contrat civil sert de sujet et de matière (2) ».
Or le contrat civil de mariage est du domaine de la puissance séculière, car « Jésus-Christ, en élevant le contrat
de mariage entre les fidèles à la dignité de sacrement,
n'a entendu élever à cette dignité que les mariages légitimes (3)». Et il conclut : « Le pouvoir qu'a la puissance

les juges puissent permettre la célébration du mariage, avant ou
après la condamnation, pour exempter l'accusé de la peine prononcée par les ordonnances ».

1. Launoy, dans sa *Regia in matrimonium potestas* (Paris, 1674,
p. 261), a étendu l'autorité du pouvoir civil au point de ne donner
à l'Eglise le droit d'établir des empêchements dirimants que si le
roi voulait bien l'y autoriser par une bienveillante concession.

2. Pothier, *Traité du contrat de mariage*, nᵒ 15. Ailleurs, Pothier
développe sa théorie : « Il ne peut y avoir de sacrement sans la
« chose qui en est la matière. Le contrat civil étant la matière du
« sacrement de mariage, il ne peut y avoir de sacrement de ma-
« riage lorsque le contrat civil est nul, de même qu'il ne peut y avoir
« un sacrement de baptème sans l'eau qui en est la matière. »

3. La même idée est exprimée dans l'*Encyclopédie* de Diderot,
vᵒ *Mariage* : « Dieu n'a pas voulu sanctifier toute conjonction, mais
seulement celles qui se font suivant les lois reçues dans la société
civile. »

séculière de prescrire pour le contrat de mariage, de même que pour tous les autres contrats, telles lois qu'elle juge à propos, dont l'inobservation rende le contrat nul, est un pouvoir qui lui est essentiellement attaché, qu'elle tient de Dieu, et dont l'Eglise n'a jamais voulu ni pu la dépouiller (1) ». C'était séparer nettement le contrat nuptial du sacrement, et affirmer la compétence exclusive de l'Etat quant au contrat nuptial.

Quelle est la valeur intrinsèque de cette théorie ? A-t-elle été celle du pouvoir royal ? Ce sont là des questions controversées, que nous n'essaierons pas de résoudre, car elles n'intéressent pas directement notre sujet (2).

Le pouvoir civil, ainsi déclaré compétent en matière de mariage, tenait le raisonnement suivant : le mariage des enfants de famille, contracté sans le consentement des parents, est contraire au respect dû à l'autorité paternelle, en même temps qu'il est une menace pour le bon ordre de la société. Néanmoins, il n'est pas nul de ce chef, car on respecte la doctrine de l'Eglise. Seulement il doit toujours être annulé, parce que ce défaut de consentement fait présumer d'une manière absolue la séduction. Or, la séduction donne, comme la violence, naissance au rapt, qui est une cause de nullité, d'après l'Eglise elle-même.

Cette théorie repose sur une *double fiction*.

La première consiste à *assimiler la séduction à la violence*. Dans les deux cas, dit-on, il y a absence de liberté

---

1. Pothier, *Traité du contrat de mariage*, n° 15.

2. Nous ne pouvons cependant nous empêcher de faire remarquer que la théorie de Pothier est généralement considérée comme un simple expédient destiné à concilier les prétentions rivales de l'Eglise et de l'Etat. Voy. Paoli, *Origines et nature du mariage civil*, Paris, 1890, p. 20.

dans le consentement. La personne séduite ne peut pas plus donner un consentement libre que la personne ravie. Elle est, disait Guy Coquille « gagnée par blandices et allèchement. » On lui arrache un consentement qu'elle n'aurait pas donné sans les artifices de la séduction. « Il se fait dans la personne séduite, dit Thévenau, un transport et enlèvement de bon sens » ; et c'est cet enlèvement de bon sens qui la fait consentir à contracter mariage sans consulter ses parents ou malgré leur opposition. Il y a donc bien comme un rapt exercé sur le mineur, rapt de même nature que le rapt de violence. Ce rapt de séduction est même plus dangereux que celui de violence, car « ce dernier n'exerce son pouvoir que sur le corps, tandis que l'autre l'exerce sur l'esprit. Nos propres passions alors se baudent contre nous et sont d'intelligence pour nous trahir » (1). Gerbais développe la même idée. « Ce qu'il y a de méchant et d'injurieux dans le rapt, ne vient pas toujours du costé de la violence, mais aussi quelquefois du costé de la séduction seule, qui, en enlevant le cœur d'une jeune personne lui enlève aussi son choix et sa liberté » (2).

Par une seconde fiction, on *présume qu'il y a eu séduction*, quand un mineur s'est marié *sans avoir requis l'approbation* de sa famille (3). La raison de cette singulière assertion n'est point fournie par nos anciens auteurs. Ils se contentent d'affirmer cette présomption, sans chercher à lui assigner un fondement juridique. C'est qu'il eut été difficile d'en trouver un. On ne conçoit pas en effet que

1. Lamoignon, dans le *Journal des Audiences*, t. III, liv. 2, ch. 2.
2. Gerbais, *Traité du pouvoir de l'Eglise et des princes sur les empêchements de mariage*, Paris, 1696, p. 518.
3. Pothier, *op. cit.*, n° 229.

le défaut de consentement suffise à faire admettre *de plano* la séduction. Sans doute, cette absence de consentement pourra être, suivant les cas, un élément de preuve destiné à établir le crime de séduction, mais il est impossible d'admettre que la recherche de ce consentement soit l'unique considération qui serve à faire admettre ou écarter la séduction.

Quoi qu'il en soit, en vertu de cette double fiction — assimilation de la séduction à la violence et présomption invincible de séduction, quand il n'y a pas consentement des parents, — on en arrivait à déclarer nul le mariage conclu sans le consentement familial. On se basait, en effet, sur ce que l'Eglise avait fait du rapt un empêchement dirimant (1). Il restait à démontrer, il est vrai, que la notion canonique de rapt s'appliquait au rapt de séduction. Or, cela était difficile. Les termes des décrets conciliaires ne laissaient guère de place au doute, et la plupart des canonistes écartaient l'idée de séduction de la notion de rapt (2).

Malgré tout, gallicans et civilistes feignaient de retrouver, dans le rapt de séduction, tous les éléments exigés pour le rapt de violence. N'y avait-il pas ici également un ravisseur et une personne ravie ? Cette dernière n'était-elle pas maintenue sous la puissance du ravisseur ? Le rapt de séduction était donc un empêchement dirimant au même titre que le rapt de violence.

Cette doctrine qui conciliait en apparence les droits respectifs de l'Etat et de l'Eglise, en matière matrimo-

---

1. Conc. de Trente, sess. XXIV, chap. 6.

2. Voy. Van Espen, *Jus universum Ecclesiæ*, Cologne, 1748, part. II, sect. I, t XIII, chap. 11, n° 12, p 392 : « *Creditur a plerisque synodum tantum hoc decreto comprenhendisse raptum, qui ipsi raptæ violentiam infert.* »

niale, était exposée et défendue, au point de vue canonique, par les rédacteurs des Conférences de Paris (1), au
point de vue théologique, par Gerbais (2), et enfin, au
point de vue juridique, par Bignon (3), d'Aguesseau (4) et
surtout par Pothier (5). Elle était favorisée implicitement,
nous l'avons vu, par la législation. Elle était acceptée
par la jurisprudence (6).

II

Pénétrons dans le *détail* de la théorie du rapt de séduction : nous y trouverons les règles de notre ancien
droit sur le consentement des parents au mariage.

Ces règles varient avec l'âge et le sexe des enfants. Il
importe surtout de distinguer entre les mineurs et les
majeurs de 25 ans.

A. *Mineurs de 25 ans.* — Les fils ou filles mineurs de
25 ans doivent, pour se marier, obtenir le consentement
de certaines personnes, sous certaines peines.

Quelles *personnes* doivent consentir ? Quand le père
vit, son consentement est nécessaire et suffisant. Pourtant la mère sera consultée, car d'après Basnage (7), c'est
moins en vertu de la puissance paternelle qu'en vertu
du respect qui est dû aux parents, que le consentement

1. *Conférences ecclésiastiques de Paris sur le mariage*, Paris, 1714,
t. II, p. 375 et 378.
2. Gerbais. *Traité du pouvoir de l'Eglise, op. cit.*, p. 515.
3. Discours à la Chambre souveraine de justice de Poitiers
(*Confér. de Paris, op. cit.*, t. II, p. 421).
4. 30° plaidoyer, dans procès Fleury, (*OEuvres*, Paris, 1819, t. II,
p. 547).
5. Pothier, *op. cit.*, n° 323.
6. Voy. not. *Journ. des Audiences*, t. V, liv. 10, chap. 11, p. 285
(aff. Jombert-Pellet).
7. Coutume de Normandie, art. 369.

est requis en France. Le refus du père de consentir au mariage était-il péremptoire ? Les ordonnances sont muettes à cet égard. Mais l'esprit général de la législation semble autoriser le recours du fils, en cas de refus injuste du père. « Si les enfants ne se mésallient pas, dit Boucheul, et qu'au contraire ils épousent des personnes dignes de leur alliance, et chez qui il ne se rencontre aucune tache de mœurs ou de condition, la raison des ordonnances ne s'y rencontrant pas, l'*on autorise ces sortes de mariages*, parce que l'on considère, en ce cas, le refus des père et mère comme un simple caprice » (1). La jurisprudence consacra cette doctrine (2). Le recours était porté au Parlement qui statuait après comparution des parties et parfois après avis de la famille.

A défaut du père, la mère donne son consentement, après avoir pris l'avis des proches parents (3). Si elle est remariée, l'enfant requiert son consentement, sans être obligé de l'attendre.

Quand il n'y a ni père, ni mère, ou s'ils sont fugitifs (4), ou s'il y a un tuteur distinct de la mère, c'est le tuteur ou le curateur qui consent, après consultation des plus proches parents de l'enfant (5). Si le tuteur refuse son consentement, le mineur en appelle à ses proches parents réunis sur l'autorisation du juge. L'affaire est portée ensuite, le cas échéant, devant le juge lui-même qui supplée au consentement.

1. Boucheul, sur la Coutume du Poitou, art. 260, nomb. 14.

2. *Journ. des Audiences*, t. VII, liv. 5, chap. 2 (réquisitoire de d'Aguesseau).

3. M. V., *Traité particulier de l'autorité des parents*, op. cit., p. 43, note 2.

4. Déclarations du 6 août 1686 et du 14 mai 1724.

5. Ordonnance de Blois, art. 43, et Edit des Tutelles, de novembre 1732.

L'enfant naturel, le bâtard, n'est pas obligé d'obtenir le consentement de ses père et mère, ni même de le requérir (1). C'est que ses parents n'ont pas la puissance paternelle sur lui (2). Si le bâtard est mineur, il devra demander le consentement de son tuteur ; quand il n'a pas de tuteur, on devra lui en nommer un pour la circonstance.

Au reste, ces dispositions s'appliquent à tous les mineurs de 25 ans, même à ceux qui, d'après leur coutume particulière, étaient majeurs quant au mariage à 20 ans (3). Elles s'appliquent aussi à ceux qui se marient à l'étranger, car il s'agit ici d'une règle du statut personnel (4).

Quelle est la *sanction* de ces dispositions ? Pour assurer l'accomplissement des formalités requises, on eut recours à des moyens préventifs et à des moyens coercitifs.

Les *moyens préventifs* ne se rattachent que très accessoirement à notre sujet. Nous ne ferons que les mentionner. Il fallait mettre les parents en situation de connaître le projet de mariage de leurs enfants (5). On exigea, en vue de ce résultat, une publication de bans, faite au prône de la messe paroissiale « par trois divers jours de festes avec intervalle compétent » (6). On donna à tous les parents sans exception, le droit de former opposition. Le prêtre devait surseoir à la célébration jusqu'au jugement sur opposition.

1. *Journal des Audiences*. t. II, liv. 1, chap. 47.
2. Pothier, *op. cit.*, n° 342.
3. *Journal des Audiences*, t. II, liv. 4, chap. 36.
4. Pothier, *op. cit.*, n° 229.
5. Pothier, *op. cit.*, n° 326.
6. Ordonnance de Blois, art 40.

La *sanction repressive* était triple : nullité du mariage, peines de rapt et exhérédation.

Nous avons vu par suite de quelle lente évolution la doctrine et la jurisprudence, forçant le texte des ordonnances, étaient arrivées à prononcer la *nullité*, basée, non point sur le défaut de consentement, mais sur la présomption de rapt qui s'attachait à ce défaut de consentement. La présomption était invincible. « La séduction se présume de droit, a écrit Pothier, lorsqu'un mineur s'est marié sans le consentement de ses père et mère, tuteur ou curateur » (1), Toutefois, un tempérament s'était introduit au cas où le tuteur appelé à consentir, n'avait point été consulté. Le mariage, dans ce cas, n'était pas de plein droit entaché du vice de séduction et déclaré nul ; il fallait établir qu'il y avait eu surprise, ou que le mariage était désavantageux pour le mineur, en raison de l'inégalité de condition ou de biens (2). Quand le mariage avait eu lieu entre une personne majeure et une personne mineure, cette dernière était regardée comme la partie séduite. La séduction pouvait avoir lieu également dans le mariage entre deux mineurs (3), et même dans le mariage entre majeurs, pourvu que la séduction ait commencé en minorité (4).

L'action en nullité était portée devant le juge séculier. Les officialités, qui, à partir du XVI⁰ siècle, perdirent peu à peu le monopole de la juridiction matrimoniale, se virent enlever notamment toute compétence en matière

1. Pothier, *op. cit.*, n⁰ 229.

2. Voy. plaidoyer de Talon, *Journal des Audiences*, t. II, liv. 4, chap. 4, et Pothier, *op, cit.*, n⁰ 236.

3. *Journal des Audiences*, t. V, liv. 4, chap. 7.

4. *Sic* Basnage, Cout. de Normandie, art. 369 et Pothier, *op.* et *loc. cit.*

de demandes fondées sur le défaut de consentement des parents. Aussi, au XVIIIe siècle, une seule voie était-elle ouverte au père dont l'autorité était méconnue, celle de l'appel comme d'abus devant la grand'chambre des Parlements (1).

Cette action en nullité était intentée par la personne qui devait donner son consentement, et par elle seule. Toutefois, un arrêt du 17 janvier 1692 (2) laisse entendre qu'un collatéral peut, en cas de mariage déshonorant pour la famille, exercer les droits des père et mère. Quant à l'enfant mineur, il n'a pas qualité pour invoquer cette nullité, contrairement à notre droit actuel. C'était une conséquence de la maxime *nemo auditur turpitudinem suam allegans*, et du principe que le consentement des parents a sa base dans le respect dû à ceux-ci, et non dans la protection de l'enfant.

Outre la nullité du mariage, le défaut de consentement entraînait les *peines du rapt* contre l'auteur de la séduction présumée. Nous connaissons la peine portée par l'Ordonnance de Blois, qui n'est autre que la peine de mort. Cette peine fut renouvelée par les Déclarations de 1639 et de 1730, cette dernière spéciale à la Bretagne. Fut-elle appliquée ? On a lieu d'en douter. Elle ne paraît avoir été prononcée que par contumace, ou lorsqu'il y avait des circonstances particulièrement aggravantes (3). La jurisprudence se contentait d'appliquer la peine des galères,

1. « Sur l'appel comme d'abus que les père, mère, tuteur ou curateur interjettent de ces mariages, les Parlements les déclarent nuls. » Pothier, *op. cit.*, n° 229.

2. *Journal des Audiences*, t. IV, liv. 7, chap. 11.

3. Claude-Joseph de Ferrière, *Dictionnaire de droit et de pratique judiciaire*, Toulouse, 1779, v° *Rapt* ; Viollet, *Précis de l'histoire du droit*, *op. cit.*, p. 245, note 2.

ou même de simples peines pécuniaires. Le ministère public pouvait poursuivre d'office l'individu coupable du crime de rapt de séduction, ainsi que ses complices.

Enfin la nécessité du consentement était sanctionnée par une série de *déchéances* frappant l'enfant coupable, et énumérées complaisamment par les ordonnances (1). En pratique, toutes ces déchéances se résumaient en une seule, l'exhérédation. Et encore l'exhérédation était-elle considérée par la jurisprudence comme purement volontaire (2). Elle pouvait d'ailleurs s'étendre non seulement à l'enfant coupable, mais encore à ses descendants et aux héritiers de ceux-ci. Mais on considérait qu'une réconciliation tacite entre le père et le fils, suffisait pour opérer la révocation de l'exhérédation (3). Lorsque le magistrat s'était subtitué au père pour autoriser le mariage, le père n'en conservait pas moins son droit d'exhérédation (4).

B. *Majeurs de 25 ans.* — Les enfants qui avaient plus de 25 ans révolus, n'étaient pas tenus à peine de nullité du mariage, d'obtenir le consentement de leurs parents (5). Il y avait donc une différence fondamentale de situation entre les mineurs quant au mariage et ceux qui ne l'étaient plus. Certes, les majeurs devaient bien encore demander à leurs parents soit un consentement, soit un conseil, suivant les cas, mais la seule sanction de cette for-

1. Edit de 1556 ; Ordonnance de 1629, art. 169 ; Déclaration de 1639, art. 2.

2. D'Héricourt, *Les lois ecclésiastiques de France*, Paris, 1771, part. 3, chap. 5, art. 2, nom. 74.

3. Denis Le Brun, *Traité des successions*, édit. Espéard de Saux, Paris, 1775, liv. 3, chap. 10, sect. 4, nom. 3 et 7.

4. Arrêt du 12 mai 1710 (*Journ. des Audiences*).

5. Pothier, *op. cit.*, n°ˢ 337 et 338.

malité était une déchéance pécuniaire, non la nullité du mariage.

C'est qu'on ne pouvait ici présumer le rapt de séduction, puisqu'on se trouvait en présence d'un majeur. On ne pouvait pas davantage prononcer la nullité pour défaut de consentement, puisque la doctrine canonique qu'on voulait respecter, ne prononçait pas cette nullité. il fallait donc de toute nécessité se contenter ici de la peine de l'exhérédation (1).

Dans quels cas l'enfant majeur devait-il obtenir un consentement ? Dans quels cas lui suffisait-il de demander un conseil ? On distinguait à cet égard, entre les fils et les filles.

Les *filles* majeures de 25 ans, n'étaient plus tenues d'obtenir le consentement de leurs parents. Il leur suffisait de requérir le conseil des père et mère, au moyen d'un acte appelé *sommation respectueuse*.

Les *fils*, au contraire, étaient obligés, même après leur majorité, d'obtenir, pour se marier, l'autorisation paternelle, à peine d'exhérédation. Ainsi le voulait l'Edit de 1556. Toutefois à partir de l'âge de 30 ans, le fils était assimilé à la fille. Il devait seulement solliciter le conseil de ses père et mère, et pouvait se soustraire à l'exhérédation, en pratiquant des sommations respectueuses (2). Un Arrêt de réglement, en date du 27 août 1692, avait déterminé la forme de ces sommations. Elles étaient adressées aux parents par le ministère de deux notaires, après requête suivie d'ordonnance conforme du juge, et en présence de l'enfant. Quand ces formes était remplies, le mariage, même non autorisé, était inattaquable, et l'exhérédation

1. Déclaration de 1639 et Edit de mars 1697.
2. Pothier, *op. cit.*, n° 340.

impossible (1). Si ces formes n'étaient pas observées, il y avait lieu à exhérédation.

Telle était, dans ses grandes lignes, au XVIIIe siècle, la théorie civile de l'intervention de la famille dans le mariage. Œuvre subtile et ambiguë, destinée à respecter pour la forme le droit de l'Eglise, tout en s'inspirant des besoins d'une société aristocratique, elle devait disparaître avec l'état social qui l'avait vu naître.

1. Toutefois, Pothier formule une exception : « Si le mariage étoit tout à fait honteux et deshonorant, comme si un fils majeur de trente ans, d'une condition honnête, avoit demandé à son père son consentement pour épouser une comédienne ou une femme qui auroit été reprise de justice ; si une fille l'avoit demandé pour épouser son laquais, la réquisition faite au père de son consentement, ne devroit pas soustraire l'enfant à la peine de l'exhérédation » *op.* et *loc. cit.*

CHAPITRE V

La fin du XVIIIe siècle fut marquée, en France, par la plus orageuse des révolutions sociales. Des principes philosophiques nouveaux, les uns faux, les autres jetés trop brusquement dans des esprits mal préparés à les recevoir, produisirent un trouble profond dans l'intelligence de la nation. Une suite d'événements imprévus fit dégénérer brusquement le désordre moral en un désordre matériel. En moins de deux ans, un état social nouveau était substitué à l'ancien.

I. Une révolution philosophique et sociale appelle une révolution juridique. Le droit, reflet de la société, cessa d'être aristocratique et religieux.

Naturellement, cet état de choses devait avoir un contre-coup violent sur la législation matrimoniale, qui touche de si près aux intérêts sociaux et moraux d'un pays (2). La Constitution des 3-14 septembre 1791 sécu-

1. Nous appelons ainsi la législation qui a été en vigueur depuis le commencement de la Révolution jusqu'à la promulgation du Code civil, et que l'on désigne parfois sous le nom de *Droit intermédiaire*. Voy. Sirey, *Code civil intermédiaire*, 2e édit., Paris, 1810, 4 vol.

2. « Notre nouvelle législation a dégagé le mariage de toute idée religieuse », a dit Bugnet.

larise le mariage : « la loi ne considère le mariage que « comme contrat civil » (1). Il y a, dès lors, séparation officielle de l'Eglise et de l'Etat dans une matière où jadis il y avait eu union heureuse, puis malheureuse. Le divorce du droit civil et du droit canonique est accompli: le pouvoir civil devient pleinement indépendant de l'autorité religieuse. Cette révolution juridique avait été préparée par l'Edit de novembre 1787, instituant le mariage civil pour des protestants, et par une loi autrichienne de Joseph II, qui supprimait le prêtre comme célébrant et l'official comme juge (2). Elle eut, dit-on, pour cause occasionnelle le mariage du grand tragédien Talma, que le curé de St-Sulpice s'était refusé à bénir (3).

Quoi qu'il en soit, cette innovation juridique devait avoir un double effet sur la législation concernant le mariage des enfants de famille : on répudia à la fois la théorie civiliste et le système canonique.

II. Le droit révolutionnaire ne pouvait accepter le principe civiliste du mariage sacrement, ayant pour base le contrat civil. Le mariage devint, pour l'Etat, un contrat purement civil, dépouillé de tout caractère sacramentel. La société civile est désormais seule compétente pour légiférer en cette matière. C'est elle qui règle souverainement le mariage, détermine ses conditions de validité et impose tous les empêchements prohibitifs ou dirimants qu'elle juge utiles.

Le droit révolutionnaire rejeta également le principe

1. Const. du 3-14 sept. 1791, tit. II, art. 7.
2. Patente de Joseph II de 1783.
3. Il n'y a aucune loi canonique prohibant le mariage des acteurs. V. Sur le mariage de Talma, Daniel, *Le mariage chrétien et le Code Napoléon*, Paris, 1870, p. 139.

de la puissance paternelle organisée moins dans l'intérêt de l'enfant que dans celui des parents, et de la famille. Il abandonna franchement la conception romaine. Mais il alla trop loin dans son œuvre de réformation : l'existence même de l'autorité paternelle fut compromise. Les droits de l'individu furent exaltés sans mesure. L'individualisme égoïste et brutal était créé (1). On porte aussi atteinte aux lois naturelles qui régissent la famille et la puissance domestique. L'Etat se substitue en partie à la famille dans l'exercice de la puissance paternelle (2). Danton proclame, à la Convention, que « les enfants « appartiennent à la République avant d'appartenir à « leurs parents » (3). Loin de réprouver les mésalliances les lois de l'époque révolutionnaire semblent les encourager. Elles ne reconnaissent aucun effet juridique aux fiançailles sanctionnées par notre ancien droit (4).

Ainsi éloigné de tout esprit aristocratique, le droit intermédiaire devait réformer, dans un sens libéral, l'intervention de la famille dans le mariage. Toute distinction entre les fils et les filles fut supprimée par la loi du 20 septembre 1792. La majorité matrimoniale descendit à 21 ans pour les deux sexes (5). Jusqu'à cet âge, l'enfant devait obtenir le consentement de son père ou de sa

1. Voy. Nourrisson, *Etude critique de la puissance paternelle*, Paris, 1898, p. 19.

2. Les assemblées révolutionnaires ont montré, à maintes reprises, leur sympathie pour cette conception. Voy. le projet de Le Peletier de Saint-Fargeau, sur l'éducation en commun de tous les enfants par la République, lu le 13 juillet 1793, à la Convention, par Robespierre (*Moniteur* du 11 août 1793).

3. Séance du 22 frimaire an II (réimpression du *Moniteur*, t. XVIII, p. 654).

4. Pothier, *Traité du contrat de mariage*, nᵒˢ 87 et 88.

5. Loi du 20 septembre 1792, tit. IV, sect. I, art. 2 : « *Toute personne sera majeure à 21 ans accomplis.* »

mère ou de ses proches parents (1). En principe, le consentement du père suffisait (2). Quand le père mourait ou était interdit, le droit de consentir passait à la mère (3). A défaut de la mère, une assemblée de parents devait consentir. Devant le maire de la commune se réunissaient les cinq plus proches parents domiciliés dans le district ; à la majorité des voix, ils donnaient ou refusaient leur consentement. S'il n'y avait pas de parents, on s'adressait aux voisins (4). Un décret du 7 septembre 1793, est relatif au cas où les père et mère sont décédés ou interdits, ou absents pour cause légitime. L'enfant est autorisé à se marier, dans ce cas, sur l'avis d'un conseil de famille, composé des deux plus proches parents. L'assemblée des parents ou amis n'a pas à donner son consentement, mais seulement son avis. Pourtant son refus de consentir est péremptoire, dans deux cas exceptionnels énumérés par la loi : en cas d'immoralité notoire de la personne que le mineur veut épouser, ou en cas de non-réhabilitation après un jugement portant peine d'infamie (5).

La nécessité du consentement dans tous les cas exigés par la loi, a pour sanction la nullité du mariage. Il ne s'agit ici que d'une nullité relative, malgré les expressions générales de la loi de 1792. Après l'âge de 21 ans, on peut se marier librement sans avoir à demander le consentement, ni même le conseil de personne. La loi de 1792 a supprimé les sommations respectueuses et les

1. Loi du 20 sept. 1792, tit. IV, sect. I, art. 3.
2. *Id.*, art. 4 : « *Le consentement du père sera suffisant.* »
3. *Id.*, art. 5.
4. *Id.*, art. 6 à 9.
5. Décret du 7 sept. 1793, art. 3.

peines. pécuniaires. Le père dont l'autorité est violée, n'a même plus à sa disposition, l'arme de l'exhérédation.

III. Mais en même temps que le droit révolutionnaire se séparait nettement de la législation aristocratique de l'ancienne France, il s'attaquait à la loi canonique. D'une part, il sécularisait le mariage, faisant ainsi du contrat de mariage une chose distincte du sacrement de mariage, contrairement à. la doctrine canonique (1). D'autre part, il prononçait l'invalidité du mariage contracté par un enfant mineur sans le consentement de ses parents, se mettant ainsi en contradiction avec le décret *Tametsi* du Concile de Trente.

Chose curieuse, tout en rejetant dans son principe le droit canonique, le législateur de la Révolution arrive à édicter des dispositions se rapprochant beaucoup des dispositions canoniques. Ainsi la loi du 20 septembre 1792 fixe l'âge du mariage à 15 ans pour les hommes et 13 ans pour les femmes (2). N'était-ce pas revenir presque à la réglementation canonique? L'abaissement de la majorité matrimoniale, l'égalité entre l'homme et la femme au point de vue du consentement de la famille, et surtout la disposition du décret de 1793, permettant au mineur orphelin de se marier sans consentement, tout cela ne prouve-t-il pas que le droit intermédiaire avait conscience qu'une grande liberté devait être laissée à l'enfant dans le mariage? La thèse de l'Eglise triomphait en partie, sans que le législateur ait voulu ce résultat. Un souffle de liberté avait pénétré dans la législation des-

1. V. le *Syllabus*, prop. 66.
2. Loi du 20 sept. 1792, tit. IV, sect. I, art. 1.

potique de notre ancien droit (1). On comprit que « le mariage est la loi primitive de la nature (2) » et que « la liberté personnelle étant la première dans l'ordre de la nature, doit être la plus respectée (3) ». Ainsi s'explique l'extension donnée à la liberté des mariages. Mais comme toute œuvre violente, le droit révolutionnaire dépassa le but. Au lieu de placer la puissance paternelle sur sa véritable base, il sapa cette base elle-même ; au lieu de rendre en respect à l'autorité paternelle ce qu'elle perdait en souveraineté, il la ridiculisa, la bafoua. Le difficile problème de l'accord de la liberté et de l'autorité dans le mariage, avait fait un pas en avant. Il n'était pas encore résolu.

1. Nous ne croyons pas juger trop sévèrement une législation qui prononçait la peine capitale contre le fils de 25 ans, coupable de s'être marié sans avoir demandé le consentement de ses parents.

2. Rapport de Cambacérès sur le 2e projet de Code civil (Fenet, *Recueil complet des trav. prépar. du Code civil*, Paris, 1836, t. I, p. 104).

3. Rapport de Cambacérès, *op.* et *loc. cit.*

DEUXIÈME PARTIE

LE DROIT ACTUEL

> « *Pour qu'une république soit bien*
> « *ordonnée, les principales lois doi-*
> « *vent être celles qui règlent le ma-*
> « *riage.* »
>
> PLATON, de *Legibus*, IV,

La promulgation du Code civil de 1804 (1) marque l'avènement de notre droit actuel. En ce qui touche le consentement de la famille au mariage, une ère nouvelle commence. L'évolution historique est terminée. Les différentes législations qui s'étaient succédées ou juxtaposées sur notre sol, sont abrogées définitivement (2). Ainsi disparaissent les lois romaines, les coutumes, les ordonnances royales et le droit révolutionnaire. Ces législations appartiennent désormais à l'histoire du droit. Produit de la fusion de ces divers éléments, un droit nouveau se fait jour, qui réglemente en termes précis et concis, l'intervention familiale dans le mariage.

1. On sait que le Code civil a été formé de la réunion en un seul corps de loi, de 36 lois successivement décrétées et promulguées du 14 ventôse an XI au 24 ventôse an XII.

2. Loi du 30 ventôse an XII, art. 7.

C'est le propre de la codification de fixer pour un assez long temps le droit. Les Codes de 1804 se sont chargés de confirmer cette vérité d'observation. Il y aura bientôt un siècle que le Code civil a été promulgué en France, et il est encore aujourd'hui la charte essentielle du droit français. Certes, de nombreuses lois sont venues modifier des points importants de sa doctrine. La loi du 20 juin 1896 a introduit, notamment, des réformes remarquables dans la matière qui nous occupe. Mais le Code de 1804 demeure, aujourd'hui encore, debout et intact dans son esprit général et dans ses dispositions essentielles.

Il faut aller plus loin. L'apparition du Code civil n'a pas été seulement la naissance du droit français actuel. Elle a eu une portée plus grande. Elle est une date dans l'histoire du droit européen.

L'œuvre entière de Napoléon semble avoir été douée de la force expansive. Notre Code civil s'introduisit dans les pays voisins à la suite de nos armées. Il y étendit rapidement son empire ; et cet empire fut plus stable que celui de l'aigle impérial. « Son autorité morale, a écrit Paul Gide en parlant de notre Code, plus durable que nos conquêtes militaires, a survécu en Allemagne, comme en Italie, à la domination française (1) ». Là où notre législation cessa d'avoir force de loi par elle-même, des Codes furent rédigés, qui prirent le nôtre pour modèle. Mais, ainsi le veut la loi du progrès indéfini, ces législations postérieures à la nôtre, façonnées à son école, ont profité de l'expérience acquise et des données nouvelles de la science juridique. Les besoins des sociétés modernes

1. Paul Gide, *Revue historique*, 1886, p. 392.

étant mieux connus, ont pu être mieux satisfaits. Ainsi se sont formées chez nos voisins, des législations qui répondent mieux que la nôtre, sous certains rapports, aux nécessités sociales des temps présents, et qui peuvent fournir aujourd'hui au législateur français d'utiles enseignements.

Voilà pourquoi, dans cette deuxième partie consacrée à l'étude juridique du consentement familial au mariage, nous exposerons, à la suite de la législation française, les diverses législations de l'Europe occidentale.

CHAPITRE PREMIER

LÉGISLATION FRANÇAISE (1)

Les lois de l'époque révolutionnaire avaient compromis l'existence de la famille en donnant aux enfants naturels les mêmes droits qu'aux enfants légitimes, et en affaiblissant outre mesure l'autorité paternelle. Le législateur de 1804 se proposa de restaurer la famille.

Il comprit que pour atteindre ce résultat, il fallait,

1. Consulter, parmi les OUVRAGES GÉNÉRAUX : Delvincourt, *Cours de Code civil*, 5ᵉ édit., Paris, 1834, t. I, p. 53. — Duranton, *Cours de droit français*, 4ᵉ édit., Paris, 1844, t. II, p. 61 et s. — Demolombe, *Traité du mariage*, 4ᵒ édit., Paris, 1869, t. I, nᵒˢ 34 et s. — Laurent, *Principes de droit civil français*, 3ᵉ édit., Paris, 1869-1878, t. II, nᵒ 311 et s. — Aubry et Rau, *Cours de droit civil français*, 4ᵉ édit., Paris, 1869-1875, t. V, § 462, p. 71 et s. — Demante et Colmet de Santerre, *Cours analytique de Code civil*, 2ᵉ édit., Paris, 1881, t. I, p. 334 et s. — Glasson, *Eléments de droit français*, Paris, 1883, t. I, nᵒ 45. — Huc, *Commentaire théorique et pratique du Code civil*, Paris, 1892, t. II, nᵒˢ 30 et s. — Beudant, *Cours de droit civil français*, Paris, 1896, t. I, p. 290 et s. — OUVRAGES SPÉCIAUX : Berriat Saint-Prix, *Exposé des principes généraux du mariage*, Paris, 1839. — Coquart, *De la nature du mariage et des nullités qui le vicient*, thèse, 1870. — Glasson, *Le mariage civil et le divorce*, 2ᵉ édit., Paris, 1880. — Vantroys, *Du consentement des parents au mariage des enfants*, thèse, Paris, 1889. — Desmet, *Du consentement des parents en matière de mariage*, thèse, Lille, 1892. — Derrey, *Des empêchements prohibitifs de mariage*, Paris, 1894. — Grandjean et Glard, *Facilités accordées au mariage*, Paris, 1896. — Blanc du Collet, *Commentaire de la loi de 1896 sur le consentement au mariage et l'acte respectueux*, Paris, 1897. — Loubat, *Des formalités du mariage simplifiées par la loi du 20 juin 1896*, Paris, 1897.

avant tout raffermir la puissance paternelle. Il lui rendit certaines prérogatives. Il réglementa d'une façon plus étroite l'intervèntion de la famille dans le mariage, et revint en partie à la législation des ordonnances royales. Néanmoins, le droit révolutionnaire garda une de ses conquêtes, l'égalité de traitement entre les enfants naturels et les enfants légitimes. La législation canonique elle-même, triompha en ce sens que le devoir moral imposé à l'enfant de demander, quel que soit son âge, l'avis et le conseil de ses parents, reçut une sanction efficace dans l'obligation perpétuelle des actes respectueux. Ici, comme en d'autres matières, notre Code fut une transaction ingénieuse entre les principes de l'ancien droit, ceux de la Révolution et les décrets canoniques.

Quels *motifs* ont inspiré les art. 148 à 160 du C. civ., relatifs au mariage des enfants de famille ?

Le législateur a pris soin de nous les faire connaître. D'après Portalis, si « dans l'ancienne jurisprudence, cette nécessité dérivoit de la puissance, et, selon l'expression des auteurs, d'une sorte de droit de propriété qui, dans l'origine, avoit appartenu aux pères sur ceux auxquels ils avoient donné le jour…, aujourd'hui ces idées de puissance ont été remplacées par d'autres » (1). Voilà qui est clair. On répudie et la théorie romaine du *consensus* et les idées qui en avaient été le fondement.

Mais qu'a-t-on mis à la place ? Comment a-t-on légitimé l'intervention de la famille ? Trois motifs ont été invoqués.

D'abord la protection de l'enfant. C'est Portalis qui parle : « La nécessité de ce consentement, reconnue par

1. Portalis, *Exposé des motifs*, procès-verbal du 19 ventôse an XI (Locré, *Esprit du Code Napoléon*, Paris, 1808, t. III, p. 90).

toutes les lois anciennes est fondée... sur l'incertitude de la raison des enfants. Comme il y a un âge propre à l'étude des sciences, il y en a un pour bien saisir la connaissance du monde. Cette connaissance échappe à la jeunesse qui peut être si facilement abusée par ses propres illusions, et trompée par des suggestions étrangères » (1). Le même jurisconsulte avait déjà dit dans la séance du 5 vendémiaire an X : « Le consentement du père et le droit de réclamer contre le mariage de son fils lorsqu'il n'y a pas consenti, sont des précautions établies non pour l'intérêt du père, mais pour l'intérêt du fils » (2).

Le consentement des ascendants est en outre exigé en en raison du respect et de la vénération qui leur sont dus. C'est un devoir moral et juridique pour l'enfant d'entourer d'une affectueuse déférence l'auteur de ses jours. « On a plus d'égards, a dit le chancelier d'Etat rapporteur du projet de loi, on a plus d'égards à l'amour des pères... qu'à leur autorité » (3).

Enfin, un troisième motif est mis en avant : « Les mariages sont de toutes les actions de la vie celles qui ont une plus grande influence sur le sort des familles, sur les mœurs générales et sur l'ordre public » (4). Et Locré qui rapporte ces paroles de Portalis, ajoute que « cet engagement ente une famille nouvelle sur celle qui existe déjà ; il donne des brus, des gendres, des enfans

---

1. Portalis, séance du 16 ventôse an XI (Fenet, *Recueil complet des travaux préparatoires du Code civil*, Paris, 1836, t. IX, p. 144).

2. Locré, *op. cit.*, t. III, p. 90.

3. Portalis, séance du 19 ventôse an XI (Locré, *op. cit.*, t. III, p. 90).

4. Fenet, *op. cit.*, t. IX, p. 145.

et des héritiers aux pères et aux aïeux ; il est donc juste qu'ils soient mis à portée de défendre leurs plus chers intérêts » (1).

Tel paraît être le triple fondement de la théorie française sur le consentement familial au mariage (2). Nous n'avons pas, pour le moment, à discuter la valeur théorique de ce fondement ; il nous suffit de l'avoir dégagé et mis en lumière.

On conçoit que l'intervention de la famille puisse se manifester de deux manières. Les ascendants peuvent donner un ordre à l'enfant, ils peuvent lui donner un simple conseil. Le droit canonique consacrait ce dernier mode d'intervention ; les lois révolutionnaires ne connaissaient que le premier. Le Code civil, lui, a usé de l'un et de l'autre. L'enfant jusqu'à un certain âge, jusqu'à sa majorité matrimoniale, devra obtenir le consentement de ses parents ou de ceux qui les remplacent ; à partir de sa majorité matrimoniale, il lui suffira de demander leur conseil.

Ainsi une situation juridique bien distincte sépare le mineur quant au mariage, qui ne peut contracter une union valide sans l'autorisation de sa famille, du majeur qui se marie librement, pourvu qu'il sollicite l'appui moral de ses ascendants. Cette distinction capitale domine toute la matière. C'est elle qui servira de base à la division de notre sujet.

Nous ne traiterons pas, d'ailleurs, dans une section à part, de la loi du 20 juin 1896. Ses dispositions viendront à leur place dans l'ordre des matières. Nous ne

1. Locré, *op. cit.*, t III, p. 25.
2. Cf. les motifs que donne Demolombe, t. III, p. 56.

ferons pas davantage une étude séparée de la condition des enfants naturels, ni de celle des indigents, nous écartant ainsi de la méthode généralement adoptée. Il nous semble préférable de faire rentrer dans les dispositions consacrées aux enfants légitimes non indigents, les quelques solutions spéciales qui concernent les enfants naturels et les indigents.

Section I. — Les mineurs quant au mariage.

L'homme qui a 18 ans révolus et la femme qui a 15 ans accomplis, sont aptes légalement à contracter mariage (1). Mais tant qu'ils n'ont pas atteint l'âge de la majorité matrimoniale, c'est-à-dire tant que l'homme n'a pas 25 ans et la femme 21 ans (2), ils doivent, pour se marier, obtenir de certaines personnes un consentement revêtu d'une forme spéciale, à peine de voir leur mariage déclaré nul.

Quelles personnes doivent fournir ce consentement ? Dans quelle forme doit-il être donné ? Quelle est l'exacte sanction du défaut de consentement ? Nous allons répondre à cette triple question.

§ I. — *Personnes appelées à consentir.*

Tous les ascendants ne pouvaient être appelés à consentir en bloc au mariage du descendant ; cela eût exigé

1. Art. 144 C. civ.
2. Art. 148 C. civ.

des formalités compliquées, et entraîné, pour les futurs conjoints, une perte de temps et d'argent. Puis le consentement eût été plus difficile à obtenir. Peut-être aussi eût-il été moins judicieux. Une collectivité a moins le sentiment de sa responsabilité qu'une personne unique ; chaque ascendant s'en serait rapporté aux autres du soin de s'éclairer sur l'opportunité du mariage.

Ces motifs ont porté le législateur à déterminer, pour chaque cas, un ou plusieurs ascendants limitativement appelés à donner leur consentement au mariage. Quels sont ces ascendants ?

Il y a lieu de distinguer suivant que les père et mère sont l'un et l'autre vivants et capables, ou qu'un seul d'entre eux est vivant et capable, ou qu'ils sont tous les deux décédés ou incapables, ou qu'enfin il n'existe aucun ascendant capable.

I

Un enfant a des protecteurs naturels, *son père et sa mère.* Où trouver des conseillers plus sûrs, mieux instruits des besoins de l'enfant, plus désireux d'assurer son bonheur ? Aussi la loi dispose-t-elle que les enfants mineurs de 25 ans ou de 21 ans, suivant le sexe, ne peuvent contracter mariage sans le consentement de leurs père et mère (1).

Les deux auteurs de l'enfant sont appelés cumulativement à consentir (2). Il y a même tendresse éclairée de part et d'autre ; il y a droit égal de consentir. Sous l'inspiration des idées canoniques, on s'est écarté. ici, de la théo-

1. Art. 148 C. civ.
2. V. Aubry et Rau, t. V, § 462, p. 71.

rie romaine et de la tradition germanique (1). Ainsi, les père et mère vivants et en état de manifester leur volonté devront l'un et l'autre faire connaître leur volonté.

Si les parents sont d'accord, point de difficultés : le mariage aura lieu ou n'aura pas lieu, suivant qu'ils auront donné ou refusé leur consentement.

Mais s'ils sont d'un avis opposé, comment trancher le différend ? Le législateur a pensé « que dans une société de deux, toute délibération, tout résultat deviendrait impossible, si l'on n'accordait la prépondérance au suffrage de l'un des associés » (2).

Le mari était tout désigné. N'est-ce pas lui le chef de la famille et le détenteur de la puissance maritale ?

On a ajouté que le mari, ayant seul, pendant le mariage, l'exercice de la puissance paternelle (3), devait avoir seul l'exercice effectif du droit de consentir. Nous repoussons ce raisonnement, car il tend à confondre le droit avec l'exercice du droit, l'autorité paternelle en propriété, *in habitu*, avec l'autorité paternelle en exercice, *in facto*. Au reste, le droit de consentir n'est pas seulement un attribut de la puissance paternelle. La preuve en est que, tandis que les autres attributs de la puissance paternelle sont aliénables quant à l'exercice, le droit de consentir est totalement inaliénable.

Quoi qu'il en soit, un fait est certain : le Code dispose qu'en cas de dissentiment, le consentement du père suffit (4). On voit par là que si les père et mère ont, en

---

1. V. Huc, t. II, p. 45.
2. Portalis, séance du 19 ventôse an XI (Locré, *op. cit.*, t. III, p. 97).
3. Art. 373 C. civ.
4. Art. 148 C. civ.

principe, les mêmes droits sur le mariage de l'enfant, la volonté paternelle sera, en fait, dans notre législation, seule efficace ; la volonté maternelle sera toujours superflue.

Que signifie alors la disposition première de l'article 148, donnant au père et à la mère un droit respectif de consentir ? La disposition finale de cet article vient-elle annihiler purement et simplement la disposition précédente ?

Pour nous, la première disposition conserve, en dépit de la seconde, une signification pratique. Elle veut dire que la mère devra être nécessairement consultée. L'officier de l'état civil exigera que l'enfant apporte la preuve du consentement ou du refus de consentir de la mère (1), et mention spéciale devra en être faite dans l'acte de mariage (2).

Mais comment prouver le refus de la mère ? Les textes sont muets. La jurisprudence veut que la preuve du refus soit administrée de manière qu'aucun doute ne puisse subsister (3). C'est sagement décidé.

Les auteurs, en général, ne se contentent pas de cette décision : ils tiennent à préciser la forme de l'acte constatant le refus. Un notaire seul, disent les uns, sera compétent pour un tel acte ; d'autres exigent un acte extrajudiciaire par ministère d'huissier (4). Le plus grand nombre réclament un acte respectueux dans la forme prescrite par l'article 154 (5). Cette dernière opi-

---

1. *Sic* Duranton, II, n° 77 ; Chardon, *Puissance paternelle,* n° 194 ; Trib. Seine, 6 juillet 1876, D. P. 77. 3. 92.

2. Art. 76, 4°, C. civ.

3. Trib. Seine, 6 juillet 1876, D. P. 77. 3. 92.

4. Laurent, t. II, n° 312 ; Huc, t. II, n° 34, p. 46.

5. Demolombe, t. III, n° 38 ; Baudry-Lacantinerie, I, n° 427 ; Valette, sur Proudhon, *Traité sur l'état des personnes,* t. I, p. 396, note 6.

nion a reçu une consécration semi-officielle : une circulaire du Procureur de la République du tribunal de la Seine, en date du 10 novembre 1896, porte que le dissentiment ne pourra être constaté que par un acte respectueux. On se conforme peut-être à l'esprit de la loi : se conforme-t-on bien à son texte ? On peut en douter.

Nous croyons que, devant le silence du Code, il faut décider que tous les moyens de preuve sont recevables, pourvu que la religion de l'officier de l'état civil soit suffisament éclairée. Ainsi on devrait se contenter d'une lettre missive légalisée, de la déclaration orale de la mère, etc. (1).

Au reste, si l'officier de l'état civil procédait au mariage sans la preuve certaine que la mère a été consultée, il tomberait sous le coup de l'article 264 du Code pénal : il serait passible d'une amende de 26 à 500 francs. Mais le mariage ne pourrait être annulé, comme nous le verrons ci-après.

Quelques auteurs donnent à la mère non consultée la faculté de faire opposition au mariage (2). La jurisprudence encourage cette tendance, surtout quand il s'agit du mariage de la fille (3).

A notre avis, le droit d'opposition n'appartient pas, dans ce cas, à la mère. En effet, celle-ci, aux termes de l'article 173 Code civil, ne peut former opposition qu'à défaut du père. Or le père existe, dans l'espèce. En outre, l'opposition ne peut aboutir, ici, à aucun résultat pratique, puisque le consentement du père prévaudra en définitive. Pourquoi, dès lors, permettre un scandale inutile ?

1. *Sic* Loubat, *op. cit.*, p. 28.
2. Delvincourt, t. I, p. 58, note 4 ; Duranton, t. I, p. 60, note 3.
3. Riom, 30 juin 1817, *Rép. gén. dr. franç.*, v° *Mariage*, n° 204.

Le droit de la mère d'être consultée aura une sanction suffisante dans la défense faite à l'officier de l'état civil de passer outre à la célébration tant que la preuve du refus formel de la mère ne lui est pas apportée.

La prépondérance de la voix du père subsiste-t-elle en en cas de divorce ou de séparation de corps ?

Avant la loi du 20 juin 1896, une difficulté surgissait. C'est que l'art. 148 créait une situation critique à l'enfant dont les parents étaient divorcés ou séparés de corps : le père, pour se venger d'avoir été privé de la garde de l'enfant, pouvait se refuser à consentir, et le mariage était impossible.

Depuis la loi nouvelle, cette difficulté n'est plus à craindre : le consentement de la mère triomphera du refus du père, quand le divorce aura été prononcé contre lui et qu'il n'aura pas obtenu la garde de l'enfant (1). On n'a pas voulu qu'un père reconnu indigne d'élever son enfant, puisse s'opposer injustement au mariage de cet enfant, quand la mère qui l'a élevé, qui connaît mieux que le père ses véritables intérêts, juge que le mariage projeté peut assurer le bonheur de l'enfant.

Remarquons qu'il n'y a pas déchéance du droit de consentir : le père sera consulté comme la mère devait l'être pendant la durée du mariage. Seulement sa volonté cesse de prévaloir, il ne pourra plus désormais s'opposer par caprice ou ressentiment au mariage agréé par la mère.

Il y a là une situation toute exceptionnelle. La nou-

1. Loi du 20 juin 1896, art 3, modifiant l'article 152 du Code civil : « *S'il y a dissentiment entre des parents divorcés ou séparés de corps, le consentement de celui des deux époux au profit duquel le divorce ou la séparation aura été prononcée ou qui aurait obtenu la garde de l'enfant, suffira* ».

velle disposition doit donc recevoir une interprétation restrictive. Trois conditions sont nécessaires pour qu'elle s'applique. Il faut :

1° Que le divorce — ou la séparation de corps — ait été prononcé au profit de la mère. S'il avait été prononcé au profit du père ou aux torts des deux époux, on rentrerait dans la règle générale de l'art. 148 ;

2° Que la garde ait été confiée, en dernière analyse, à la mère. Il ne suffirait pas que l'enfant ait été enlevé au père pour être confié à une tierce personne ;

3° Enfin qu'il y ait dissentiment entre les deux ex-conjoints, c'est-à-dire que la mère consente au mariage, tandis que le père refuse son consentement.

C'est à l'enfant à prouver l'existence de ces trois conditions. Il le fera en produisant soit une expédition, soit un extrait de la transcription du jugement ou de l'arrêt de divorce, soit une grosse du jugement ou de l'arrêt prononçant séparation de corps ou statuant, postérieurement, sur la garde de l'enfant. Pour la preuve du dissentiment, les règles du droit commun seront observées.

On s'est demandé si le consentement de la mère qui a obtenu le divorce et la garde de l'enfant, était indispensable, quand le père consentait. Il faut répondre par la négative. Plusieurs auteurs regrettent, peut-être avec raison, cette solution. Elle s'impose, croyons-nous, au point de vue juridique. L'art. 152 n'ayant pas statué sur cette hypothèse, on rentre dans le droit commun. Au reste, l'esprit de la loi de 1896 s'oppose à la solution contraire qui aurait pour effet de créer un obstacle de plus au mariage, alors que l'objectif du législateur a été la simplification des formalités du mariage (1).

1. *Sic* Loubat, *op. cit.*, p. 94.

Le droit reconnu aux père et mère légitimes de consentir cumulativement au mariage de l'enfant, avec prépondérance de la volonté paternelle, appartient également aux père et mère *naturels* (1). C'est comme un effet légal de la paternité et de la maternité (2). Donc pas de différence, à ce point de vue, entre l'enfant légitime et l'enfant naturel.

On a fait une objection théorique. Comment expliquer la voix prépondérante du père naturel ? Il n'y a pas de mariage entre le père naturel et la mère naturelle — c'est du moins l'hypothèse ordinaire, — il n'y a pas, par conséquent, puissance maritale. On ne peut guère expliquer, en effet, cette prérogative du père que parce que Demolombe appelle « la supériorité du sexe. »

La force des liens du sang en notre matière apparaît en plein relief dans l'hypothèse de l'enfant *adopté*. Tant que celui-ci a ses père et mère légitimes ou naturels, c'est à eux de consentir au mariage, à l'exclusion du père adoptif. La doctrine romaine, basée sur l'idée de puissance, a été rejetée. En conséquence, le fils adopté mineur de 25 ans devra, pour se marier, demander l'autorisation de ses père et mère naturels (4).

Que décider en cas de *tutelle officieuse* ? Dérogeant aux principes généraux qui déclarent incessible et inaliénable le droit de puissance paternelle (5), le législateur a permis aux père et mère de céder au tuteur officieux leur droit, ou tout au moins d'y renoncer à son profit (6). Il

1. Art. 158 C. civ.
2. Mourlon, t. I, n° 550 ; Demolombe, t. III, n° 88.
3. Demolombe, t. VI, n° 629.
4. Arg. art. 348 : « *L'adopté restera dans sa famille naturelle.* » Cf. Chardon, *op. cit.*, n° 267.
5. Art. 6 et 1388 C. civ.
6. Art. 361 C. civ.

n'y a là évidemment que cession de l'exercice du droit et non cession de la propriété de ce droit. Mais cette cession d'exercice va-t-elle comprendre le droit de consentir au mariage ? Nous répondons négativement. Le droit de consentir au mariage est en droit français un effet des relations de sanguinité, qui persistent après la tutelle officieuse, comme après l'adoption.

Cette idée féconde explique pourquoi l'*émancipation* de l'enfant ne fait pas disparaître la nécessité du consentement (1). L'émancipation met fin à la puissance paternelle (2) ; les droits de garde et de correction disparaissent (3), ainsi que ceux d'administration légale et d'usufruit légal (4). Malgré cela, le droit de consentir au mariage subsiste, car, l'art. 148 est général et ne distingue pas entre enfants émancipés et enfants non émancipés.

L'émancipation ne met pas fin à la nécessité du consentement, soit qu'il s'agisse de l'émancipation expresse faite par une déclaration devant le juge de paix (5), soit qu'il s'agisse de l'émancipation tacite résultant du mariage. Ainsi le *veuf* mineur de 25 ans et la *veuve* mineure de 21 ans auront à demander le consentement de leurs père et mère pour leur second mariage (6).

On le voit, les père et mère vivants et capables doivent, dans toutes les hypothèses, être consultés l'un et l'autre.

---

1. Demolombe, t. I, n° 37.
2. Art. 372 C. civ.
3. Art. 377 C. civ.
4. Art. 480 C. civ.
5. Art. 477 C. civ.
6. Demolombe, *op.* et *loc. cit.* ; Aubry et Rau, t. V, § 462, p. 71 ; Duranton, t. II, n° 76, note 2.

II

Aux termes de l'art. 149, « *si l'un des pères et mères est mort, ou dans l'impossibilité de manifester sa volonté, le consentement de l'autre suffit.* » Dans cette hypothèse, l'enfant n'a plus à demander le consentement de ses deux auteurs. L'un d'eux seul est appelé à consentir.

Ce résultat se produit d'abord en cas de *décès* de l'un des parents. Le survivant exerce privativement le droit de consentir. Il a toute liberté de donner ou de refuser son consentement. En cas de prédécés du père par exemple, l'enfant n'a pas à faire intervenir les ascendants de la ligne paternelle; le consentement de la mère suffit.

Il importe peu que le survivant des père et mère soit ou non le tuteur de l'enfant. Le droit de consentir n'est pas un attribut du droit de tutelle. La qualité de père ou de mère n'est pas atteinte. Voilà l'essentiel ! Il faudrait un texte précis pour enlever à la mère non tutrice l'exercice d'un droit naturel et légal, et il n'y a point de texte (1). La solution est la même quand le survivant s'est remarié. Cette double règle a été contestée à tort par un auteur. Delvincourt enseigne que la mère remariée et non tutrice perd son droit de consentir au mariage de l'enfant du premier lit (2). Voici son principal argument : la mère non tutrice ne peut autoriser l'enfant à disposer de l'objet le plus modique ; or, si elle l'autorise à se marier, elle l'autorise, par cela même, à disposer de tous ses biens, par application de la règle *habilis ad nuptias,*

1. Laurent, t. II, n° 315.
2. Delvincourt, t. I, p. 55, note 6.

habilis ad pacta nuptialia (1). Cette argumentation n'est pas juridique. L'ascendant, quel qu'il soit, appelé à consentir au mariage, n'autorise pas, en réalité, le mineur à opérer des aliénations par contrat de mariage. C'est le mineur qui consent lui-même ces aliénations ; lui seul est en scène et contracte (2). Certes, la loi exige qu'il soit assisté de la personne qui consent à son mariage, mais dès que cette assistance se produit, le mineur est capable de faire ses conventions matrimoniales comme s'il était majeur. Sa capacité est plutôt un effet de la loi que la conséquence du consentement de l'ascendant (3).

L'un des parents étant mort, il faut prouver son décès. La preuve normale consiste dans la production de l'acte de décès. Mais que décider si le futur est dans l'impossibilité de produire l'acte de décès? La question faisait l'objet d'une vive controverse avant la loi de 1896. On décidait généralement (4) qu'il fallait appliquer ici, par analogie, l'avis du Conseil d'Etat du 4 messidor an XIII : « *Il n'est pas nécessaire de produire l'acte de décès des père et mère des futurs mariés, lorsque les aïeuls et aïeules attestent ce décès.* » Demolombe exigeait, lui, un acte de notoriété dressé dans la forme prescrite par l'art. 155, C. civ. (5).

La loi de 1896 a tranché la controverse en insérant la disposition de l'avis de messidor dans l'art. 155 (6).

---

1. Art. 1398 C. civ.

2. V. art. 1095 et 1309 C. civ.

3. *Sic* Demolombe, t. III, n° 45 ; Massé et Vergé, sur Zachariæ, t. I, p. 209, note 15 ; Cass., 3 mars 1856, D. P. 56. 1. 290.

4. Marcadé, sur l'art. 152, n° 2 ; Aubry et Rau, t. V, § 462, p. 72 ; *Contrà :* Huc, t. II, n° 36.

5. Demolombe, t. III, n° 40.

6. « *Il n'est pas nécessaire de produire les actes de décès des père et mère*

Toutefois, comme le législateur, par inadvertance sans doute, n'a pas modifié les termes de l'avis relatif à la seule attestation du décès des père et mère par les aïeuls, on serait tenté de croire que la loi de 1896 n'a pas eu en vue l'attestation du décès de l'un des père et mère par le survivant. Pourtant la solution contraire s'impose : l'esprit de la loi de 1896 et l'argument d'analogie très probant tiré de l'art. 155 nouveau, ne peuvent laisser subsister aucun doute.

Le législateur assimile à la mort de l'un des époux, *l'impossibilité dans laquelle il se trouve de manifester son consentement*. L'autre conjoint a, dès lors, pleine et entière autorité sur le mariage de l'enfant. L'impossibilité résulte de toute circonstance exclusive d'une manifestation extérieure de volonté.

Cette impossibilité peut être physique ou morale.

Il y a *impossibilité physique* de consentir pour l'un des conjoints quand il est absent. L'absence se prouvera naturellement par le jugement déclaratif d'absence (1). Si l'absence n'est pas encore déclarée, par exemple, si l'enquête voulue par la loi, a été ordonnée, mais n'est pas terminée, l'officier de l'état civil devra se contenter de la production de l'expédition du jugement ordonnant l'enquête. Quand l'instance n'a pas été engagée, on a recours, en pratique, au mode de preuve tracé par l'article 155, c'est-à-dire, à un acte de notoriété signé de quatre témoins appelés d'office par le juge de paix. Mais un simple éloignement ne permettrait pas l'emploi de cette

des futurs mariés lorsque les aïeuls ou aïeules pour la branche à laquelle ils appartiennent attestent ce décès ; et dans ce cas il doit être fait mention de leur attestation dans l'acte de mariage... », nouvel art. 155, C. civ.

1. Laurent, t. II, n° 313 ; Huc, t. II, n° 36.

procédure, alors même que le retour du voyageur ne devrait se produire que dans plusieurs années, alors même que le voyageur se trouverait privé de tous moyens de communiquer et de faire constater son consentement ou son refus (1).

Quant à l'*impossibilité morale* de consentir, elle résulte de diverses circonstances, aliénation mentale, relégation, déchéance de la puissance paternelle.

En ce qui concerne l'*aliénation mentale*, plusieurs cas sont à distinguer.

Admettons d'abord qu'un jugement ait prononcé l'interdiction. Dans ce cas, il y a, dit-on généralement, impossibilité légale absolue pour l'interdit de manifester son consentement (2). Nous n'admettons pas sans réserves cette solution. Ainsi que M. Huc le fait judicieusement remarquer, « l'interdiction, ayant trait seulement aux intérêts pécuniaires de l'interdit, laisse intacte la capacité de ce dernier à tous les autres points de vue » (3). Par conséquent, dans un intervalle lucide, il peut accomplir tous les actes qui ont un caractère plutôt moral que pécuniaire ; et au nombre de ces actes figure sans aucun doute l'acte de consentement. Toutefois, en raison de la grave présomption de désordre mental constant de l'interdit, les tribunaux devront admettre avec une grande circonspection, la demande en nullité d'un mariage, fondée sur le défaut de consentement du parent interdit. Et l'officier de l'état civil pourra toujours, selon nous,

---

1. Cass., 16 avril 1817. *Rép. gén. dr. franç.*, v° *Mariage*, n° 219.

2. Demolombe, t. III, n° 43 ; Demante et Colmet de Santerre, t. I, n° 213 *bis*, IV ; Paul Nourrisson, *Etude critique sur la puissance paternelle*, Paris, 1898, p. 76.

3. Huc, t. II, n° 37.

passer outre à la célébration, quand, sur la production d'un jugement d'interdiction du père, la mère consent.

Un certificat de placement dans un asile public ou privé d'aliénés, conformément à la loi du 30 juin 1838, délivré par le directeur de l'établissement, aurait le même résultat.

Que décider si l'aliéné est resté dans sa famille et que l'interdiction n'a pas été prononcée ? Certains auteurs prétendent que l'aliénation mentale ne constitue une impossibilité morale de consentir que par la mise en interdiction de l'aliéné ou son internement dans un établissement spécial (1). D'autres penchent pour la constatation matérielle de l'aliénation par les tribunaux (2). M. Loubat (3) soutient qu'on peut assimiler le cas qui nous occupe à celui qui est prévu par l'article 155 ; on constaterait l'aliénation mentale comme on constate l'absence par un acte de notoriété. L'argument d'analogie ne nous paraît pas décisif. Nous préférons la solution de la jurisprudence. D'après elle, il suffit, pour qu'il y ait impossibilité de consentir, que l'ascendant se trouve dans un état tel qu'il ne puisse donner un consentement éclairé (4). En conséquence, s'il est certain, pour l'officier de l'état civil, que l'un des parents ne peut fournir un consentement sérieux, il doit se contenter du consentement de l'autre, sans avoir besoin de réclamer une justification authentique. Nous croyons que la constatation *de visu* par l'officier de l'état civil de l'idio-

---

1. Delvincourt, t. I, p. 291, note 5 ; Duranton, t. II, n° 85.
2. Demolombe, t. III, n° 43 ; Laurent, t. II, n° 314.
3. Loubat, *op. cit.*, p. 33.
4. Poitiers, 11 mars 1830, *Rép. gén. de droit franç.*, v° *Mariage*, n 225.

tisme du père ou de la mère suffirait (1), comme aussi la production d'un certificat de médecin jouissant d'une confiance notoire.

Il faut se garder d'assimiler à l'interdiction judiciaire l'individu frappé d'interdiction légale, conséquence d'une condamnation à une peine afflictive et infamante. On a dit que le Code ne précisant pas les effets de l'interdiction légale, qui en était frappé était incapable, d'une façon absolue, de manifester sa volonté (2). Demolombe repousse avec raison cette manière de voir. Mais il ajoute, parlant du consentement au mariage : « Il me semble que la loi a dû nécessairement suspendre, dans la personne du condamné..., l'exercice de cette espèce de magistrature domestique (3) ». Il dit ce que le législateur aurait pu faire, plutôt que ce qu'il a fait. Le texte de l'article 29 du Code pénal montre que, dans l'esprit du législateur, l'interdiction légale constitue une sorte de suspension du droit de propriété et non une suspension des droits de famille. Un tuteur est nommé pour « *gérer et administrer les biens* ». Le condamné reste donc capable pour les actes n'intéressant pas directement son patrimoine, comme l'acte de consentement au mariage. Au reste, depuis la loi du 24 juillet 1889, il ne saurait y avoir de doute. L'interdiction légale n'est pas un des cas dans lesquels l'article 1er de la loi précitée prononce de plein droit la déchéance de la puissance paternelle. Bien plus, l'article 2 décide que les condamnés aux travaux forcés ou à la réclusion, etc., peuvent être déchus du droit résultant pour eux de l'article 148. Il faut que l'arrêt mentionne

1. *Sic* Huc, t. II, n° 37 ; Aubry et Rau, t. V, § 462, p. 73, note 31.
2. Duranton, t. II, 20 ; Aubry et Rau, t. V, § 462, p. 73, note 30.
3. Demolombe, III, n° 44.

expressément cette déchéance (1). C'est dire que l'interdiction légale ne les prive pas, par elle-même, de la
faculté de consentir (2).

Par contre, celui des père et mère *relégué ou maintenu
aux colonies* en conformité de l'article 6 de la loi du 30
mai 1854, se trouve dans un état d'impossibilité morale
de manifester son consentement. Cette impossibilité, qui
a un caractère pénal, est de date récente. Elle a été
introduite par l'article 4 de la loi du 20 juin 1896, qui
transformant l'article 153 du Code civil, a assimilé
expressément l'ascendant subissant la peine de la relé-
-gation, à l'ascendant incapable de manifester sa volonté (3). La preuve de la relégation résultera, d'ailleurs, de l'extrait de condamnation, délivré par le greffier
de la cour ou du tribunal (4). Il est à remarquer que le
nouvel article 153 ajoute : « *Toutefois les futurs époux
auront toujours le droit de solliciter et de produire à l'officier de l'état civil le consentement donné par cet ascendant* ».
Cela crée, dit-on, une situation étrange. Quand l'enfant sollicite le consentement, il relève l'ascendant de
son incapacité ; celui-ci reprend alors l'exercice de ses
droits ; notamment le refus du père relégué va l'emporter sur la volonté de la mère ; l'enfant ne peut plus
prétendre au bénéfice de l'article 153 (5). Ce résultat est inadmissible. Il est manifestement contraire à

1. Loubat, *op. cit.*, p. 98.
2. *Sic* Huc, t. II, nᵒ 38 ; Loubat, *op. cit.*, p. 34.
3. Sur les motifs de cette disposition nouvelle, v. Rapport de
M. Bertrand, *J. off.*, sept. 1894, Ch. des déput., doc. parl. ann.,
nᵒ 841, et Rapport de M. Ratier, *J. off.*, avril 1896, Sénat, doc. parl.
ann., nᵒ 7.
4. Circul. du procur. de la Républ. de la Seine du 10 nov. 1896,
chap. IV.
5. Loubat, *op. cit.*, p. 103.

l'esprit de la loi de 1896. Nous croyons que l'enfant qui a sollicité le consentement de son père relégué, et qui se voit opposer un refus, pourra rendre inefficace le refus du père en produisant à l'officier de l'état civil l'extrait de l'arrêt portant condamnation.

Enfin celui des père et mère qui est *déchu de la puissance paternelle* conformément à la loi du 24 juillet 1889 est privé de son droit de consentir (1). Si le père est atteint par cette déchéance, l'exercice de la puissance paternelle passera à la femme, et avec lui, le droit exclusif de donner son consentement au mariage (2). Mais cette déchéance n'a pas lieu quand le père est condamné pour excitation habituelle de mineurs à la débauche, conformément à l'article 335 du Code pénal, car, dans ce cas, le père n'est privé que des droits énumérés au titre de la puissance paternelle, parmi lesquels ne figure pas le droit de consentir (3). Par contre, il faut voir dans l'article 17 de la loi du 24 juillet 1889, un cas de déchéance partielle du droit de consentir : lorsque les mineurs de 16 ans sont confiés par leurs parents à des établissements d'assistance publique ou privée, ou à des particuliers, les parents conservent la faculté de consentir. Mais s'ils refusent leur consentement, l'assistance publique ou le particulier chargé de l'enfant peut faire citer les parents devant le tribunal, qui donne ou refuse son consentement, les parents entendus ou dûment appelés en chambre du conseil.

---

1. Loi du 24 juillet 1889, art. 1.

2. Georges Leloir, *Code de la puissance paternelle*, Paris, 1892, t. I, p. 335.

3. Leloir, *op. cit.*, t. I, p. 6.

III

Les père et mère peuvent être tous deux morts ou dans l'impossibilité de manifester leur volonté. Dans ce cas, les *aïeuls et aïeules* les remplacent (1). Ainsi l'exigeaient les intérêts de l'enfant et ceux de la famille.

La preuve du décès des parents ou de leur incapacité devra être administrée conformément aux règles énoncées.

Par aïeuls et aïeules on entend ici tous les ascendants, quel que soit leur degré. Ces ascendants peuvent donc être nombreux. Auront-ils tous indistinctement le droit de consentir ? Le législateur ne pouvait leur donner ce droit sans risquer de compromettre la conclusion du mariage. Il a préféré les appeler successivement, par ordre de degré.

Cette solution découle moins du texte qui est un peu obscur, que de l'esprit de la loi : la proximité du degré, qui est décisive pour le premier degré, devait l'être également pour les degrés subséquents. Au reste, le consentement sera ordinairement plus éclairé chez l'ascendant plus jeune (2). C'est donc l'ascendant du degré le plus proche qui sera appelé à donner son consentement; il importe peu qu'il appartienne à la ligne paternelle ou à la ligne maternelle (3).

Mais les aïeuls et aïeules du même degré seront tous consultés. Quand ils appartiennent à la même ligne, le consentement de l'aïeul l'emporte sur celui de l'aïeule,

1. Art. 150 C. civ.
2. Demolombe, t. III, n° 46 ; Laurent, t. II, n° 317.
3. La ligne paternelle n'a pas de prérogative sur la ligne maternelle ; v. Portalis, *Exposé des motifs* (Locré, *op. cit.*, t. II, p. 382).

en cas de dissentiment. L'art. 150 a reproduit la règle édictée pour les ascendants du premier degré. Si les ascendants de même degré appartiennent aux deux lignes, on suit dans chaque ligne la règle précédente, c'est-à-dire que la volonté de l'aïeul l'emportera sur la volonté de l'aïeule; mais s'il y a dissentiment entre les deux lignes, ce partage emportera consentement (1).

Certains auteurs interprètent d'une manière un peu différente l'article 150. Les deux lignes, disent-ils, doivent toujours être consultés, quand il existe des ascendants dans chacune d'elles; il importe peu que ces ascendants soient à des degrés inégaux ; l'âge, dit-on, ne peut être une cause de prépondérance d'une ligne sur une autre (2). Nous avons répondu par avance à cette objection, en montrant que ce n'est pas l'âge, mais le degré de parenté qui, dans l'esprit du législateur, détermine l'ascendant appelé à consentir. Chaque ligne n'a pas en elle-même un droit propre. Enfin, on peut tirer un argument d'analogie des art. 402 et s., sur la tutelle (3).

L'ascendant du degré subséquent fera la preuve du décès ou de l'impossibilité de consentir de l'ascendant du degré précédent, d'après les règles posées pour les ascendants du premier degré.

Il est à peine besoin de faire remarquer que pour les enfants naturels la question du consentement des ascendants ne saurait se poser. L'enfant naturel n'est pas rattaché légalement à la famille de ses père et mère natu-

---

1. Art. 150 C. civ.

2. Huc, t. II, n° 39; Mourlon, *Répét. écrites sur le C. civ.*, 13ᵉ édit., Paris, 1896, t. I, n° 545; Demolombe, t. III, n° 49.

3. Aubry et Rau, t. V, § 462, p. 73. texte et note 33; Demante et Colmet de Santerre, t. I, n° 211 *bis* II.

rels : la reconnaissance n'établit de parenté civile qu'entre lui et ceux qui l'ont reconnu (1).

IV

Quelles personnes sont appelées à consentir quand l'enfant n'a *ni père ni mère, ni autres ascendants*? Une distinction doit être faite suivant qu'on se trouve en présence d'un enfant légitime ou d'un enfant naturel.

A. — L'art. 160 règle le premier cas. Il dispose que « *s'il n'y a ni père ni mère, ni aïeuls ni aïeules, ou s'ils se trouvent tous dans l'impossibilité de manifester leur volonté... les fils ou filles mineurs de 21 ans ne peuvent contracter mariage sans le consentement du conseil de famille.* »

La preuve du décès ou de l'impossibilité de consentir des ascendants sera administrée suivant les règles déjà exposées. Quand l'acte de notoriété prescrit par l'article 155, sera impossible par suite de l'ignorance du lieu du domicile des ascendants, on pourra se contenter de l'attestation du conseil de famille : l'esprit de la loi de 1896 permet de tirer un argument d'analogie du nouvel art. 155 relatif à l'attestation des ascendants.

Le législateur a cru devoir abaisser, ici, la majorité matrimoniale du fils ; il a établi l'égalité de condition entre les deux sexes. C'est qu'ici, l'intérêt de famille ne peut être invoqué : la famille s'est comme évanouie à la mort des ascendants. Certes, l'intérêt de l'enfant persiste ; mais on a pensé que le conseil de famille n'offrirait pas les mêmes garanties d'impartialité que les ascendants, et qu'il valait mieux, pour éviter des conflits probables, dispenser le fils majeur de 21 ans de l'obliga-

1. Demolombe, t. III, n° 88 ; Vigié, t. I, n° 336.

tion d'obtenir le consentement du conseil de famille (1).
D'ailleurs, le conseil de famille d'un pupille cesse d'avoir
une existence légale à partir du jour de la majorité de
ce pupille.

Il n'en reste pas moins vrai que le conseil de famille,
quand il est appelé à consentir, donne non un simple
avis, mais un consentement proprement dit. Il jouit, en
principe, des mêmes droits que l'ascendant.

On décide généralement, que l'enfant ne pourra pas
plus se pourvoir contre une décision du conseil de famille
refusant son consentement, qu'il n'aurait pu le faire
contre la décision de l'ascendant lui-même (2). Cette
solution n'est vrai que relativement. Sans doute l'enfant
n'a pas le droit de se pourvoir lui-même contre la décision du conseil ; mais nous croyons que ce droit appartient au tuteur et au subrogé tuteur, au moins dans le cas
prévu par l'art. 833 C. pr. civ., lorsque la décision n'a
pas été prise à l'unanimité des suffrages (3). L'équité,
au reste commandait cette solution : pourquoi enlever
au mineur la garantie du recours pour un acte si important, alors que le conseil n'est composé que d'indifférents ? La jurisprudence est en ce sens (4). Nous
nous rallions à son système, que plusieurs auteurs récents
ont adopté (5).

1. Beudant, t. I, n° 219 ; Huc, t. II, n° 57.
2. Demolombe, t. I, n° 86 ; Laurent, t. II, n° 34 ; Huc, t. II, n° 57 ;
Beudant, t. I, n° 218, p. 311, note 1 ; Aubry et Rau, t. V, § 462, p.
74, note 25.
3. Le conseil de famille sera obligé de motiver sa délibération.
Sic Toullier, t. I, n° 547 ; Valette, sur Proudhon, t. I, p. 399. *Contrà* :
Duranton, t. II, n° 101, Demolombe, *op.* et *loc. cit.*; Aubry et Rau,
t. V, § 462, p. 74, note 40.
4. Trib. Seine, 6 août 1869, S. 70. 2. 189 ; Bruxelles, 11 juin
1890, D. P. 91. 2. 249.
5. *Revue critique*, 1892, p. 78 et s. ; Loubat, *op. cit.*, p. 42.

B. — Pour l'*enfant naturel* mineur de 21 ans, le conseil de famille est remplacé par un *tuteur ad hoc*, art. 159, C. civ. Le législateur a pensé que le tuteur *ad hoc* étant seul chargé de donner ou de refuser son consentement, aurait mieux le sentiment de sa responsabilité qu'un conseil dit de famille, qui aurait été composé, en réalité, d'amis indifférents (1). Le consentement d'un tuteur *ad hoc* ne s'impose qu'à l'enfant naturel mineur de 21 ans, quel que soit son sexe. Ici, comme dans le cas précédent, l'enfant mâle est traité de la même façon que la fille : il devient majeur à 21 ans. Au reste, le tuteur *ad hoc* n'est appelé à consentir que si l'enfant naturel n'a pas été reconnu, ou s'il a perdu ses père et mère, ou enfin si ces derniers se trouvent dans l'impossibilité de consentir.

Il s'agit ici non du tuteur général dont l'enfant peut être déjà pourvu, mais d'un tuteur spécialement nommé pour donner son consentement au mariage (2). Une difficulté surgit. Par qui sera nommé ce tuteur *ad hoc* ? Par le tribunal, répondent plusieurs auteurs, car un conseil de famille n'offrirait pas toutes les garanties nécessaires (3). Il nous semble qu'en raison du silence de la loi, on doive se conformer aux principes généraux de la tutelle. Le tuteur devra être nommé par un conseil de famille, que réunira le juge de paix au lieu du domicile du mineur (4).

Si le mineur est admis dans un hospice, il a, de droit, pour conseil de tutelle, la commission administrative de

1. V. Bigot-Préameneu, *Exposé des motifs*, Locré, IV, p. 489.

2. Rien ne s'opposerait, d'ailleurs, à ce que ce titre fut conféré au tuteur général de l'enfant naturel ; voy. Toullier, t. I, n° 551, note 2.

3. Huc, t. II, n° 56 ; Baudry-Lacantinerie, t. I, n° 438.

4. *Sic* Duranton, t. II, n° 116 ; Beudant, t. I, n° 248.

cet hospice (1). Ce sera donc le membre de cette commission délégué à cet effet, qui remplira la fonction de tuteur *ad hoc* (2).

§ II. — *Formes et conditions de validité du consentement.*

Le consentement familial au mariage est un acte soumis à des formes spéciales, comportant un mode particulier de révocation, susceptible enfin de devenir caduc pour des causes déterminées.

I

Les *formes* de l'acte du consentement ont été déterminées avec soin par le législateur. C'est proprement un acte solennel. Les formes varient suivant qu'il émane d'une part d'un ascendant ou du tuteur *ad hoc*, d'autre part du conseil de famille. Pourtant, il y a des règles communes applicables à tous les actes de consentement. Enumérons-les brièvement. Nous ferons connaître ensuite les règles spéciales à chaque forme du consentement.

A. — Les règles *communes* sont au nombre de trois.

1° Le consentement, qu'il soit donné par écrit ou oralement, doit être *exprès* et *antérieur au mariage*. Nous ne pouvons admettre le système de la jurisprudence contenu dans un arrêt de la cour de Pau de 1859 (3). D'après cet arrêt, le consentement n'est soumis à aucune forme légale: « Il peut être tacite et résulter d'un ensemble de

1. Loi du 15 pluviôse an XIII, art. 1.
2. V. *Bull. offic. Minist. Intér.*, 1889, p. 22.
3. Pau, 24 mars 1859, D. P. 60. 2. 156. M. Laurent (t. II, n° 319) critique avec raison cette décision qu'il juge contraire au texte de l'art. 73 C. civ.

faits et de circonstances propres à faire connaître l'intention du père de famille. » Nous aurons l'occasion de
revenir sur cette jurisprudence dans la partie critique
de notre travail. Contentons-nous de faire remarquer,
pour le moment, que s'il est exact de dire que la nullité
d'un mariage pour défaut de consentement des parents
peut être couverte par une approbation tacite du mariage (1), il n'en est pas moins vrai que le consentement,
dans le texte (2) et dans l'esprit du Code (3), doit être
exprès et antérieur au mariage. L'officier de l'état civil
ne pourra procéder au mariage, si l'une de ces conditions
fait défaut.

2° L'art. 73 énumère les *énonciations* que doit renfermer l'acte de consentement. Celui-ci contiendra les prénoms, noms, professions et domiciles du futur époux et
de tous ceux qui auront concouru à l'acte, ainsi que leur
degré de parenté. Que ce soit un ascendant, ou le tuteur
ad hoc, ou le conseil de famille qui consente, ces règles
doivent être observées. Quand le consentement est donné
dans la forme orale devant l'officier de l'état civil,
toutes ces énonciations n'ont pas besoin d'être expresses : il suffira qu'aucun doute ne subsiste sur l'intention du consentant.

3° Le consentement doit être *spécial*, c'est-à-dire qu'il
doit être donné en vue d'un mariage déterminé. MM. Aubry et Rau sont d'un avis contraire (4). Pour eux, le consentement peut être général. Le consentement donné en
blanc et n'indiquant pas le nom de la personne que l'en-

1. Art. 183 C. civ.
2. Arg., art. 73 et 76 C. civ.
3. Demolombe, t. III, n° 55 ; Demante et Colmet de Santerre,
t. I, n° 236 ; Huc, t. II, n° 39.
4. Aubry et Rau, t. V, § 446, p. 107, texte et note 6.

fant se propose d'épouser, serait suffisant. Leur argumentation repose sur l'interprétation littérale de l'art. 73 qui ne parle que du *futur époux*, ce qui désigne, disent-ils, l'enfant lui-même et non son futur conjoint (1). Nous repoussons cette thèse. Certes, les mots de *futur époux* sont un peu équivoques, mais, pour nous, il n'est pas douteux que le législateur ait voulu désigner par ce terme, non le descendant dont le nom, de toute évidence, devait figurer dans l'acte du consentement qui lui est donné, mais bien la personne avec laquelle le descendant se propose de contracter mariage. Cette interprétation est la seule conforme à l'esprit de la loi : le consentement étant tout à la fois une mesure de protection pour le mineur et une garantie pour la famille, il importe qu'il soit donné en connaissance de cause, et que l'ascendant n'ignore pas le nom de la personne que l'enfant veut épouser. Demolombe ajoute qu'un consentement donné d'une manière indéfinie constituerait une une sorte de renonciation aux droits de la puissance paternelle, prohibée par l'art. 1388 (2). Enfin, tout récemment, une circulaire du Garde des Sceaux (3) a confirmé cette théorie généralement adoptée par les auteurs (4).

Nous devons mentionner, pour finir, les formalités

1. Voy. aussi en ce sens, Chardon, *Puissance paternelle*, n° 204 et Coquart, *op. cit.*, p. 128.

2. Demolombe, III, n° 53.

3. Circ. Garde des Sceaux. du 23 juillet 1896 : « Le consentement ne saurait être donné utilement qu'en vue d'un mariage à contracter avec une personne déterminée, qui doit être désignée dans l'acte : l'autorisation de se marier donnée en termes généraux par des parents à un enfant n'aurait aucune valeur et ne pourrait pas être admise. »

4. *Sic* Laurent, t. II, n° 320 ; Huc, t. II, n° 39 ; Duranton, t. II, n° 91.

de *timbre et d'enregistrement*. Ce ne sont point là des con_ ditions de validité, mais des obligations purement fis- cales. Le consentement donné par acte écrit sera dressé sur une feuille timbrée à 0 fr. 60, et enregistré (1). L'officier de l'état civil qui procéderait au mariage sur un acte de consentement non enregistré, serait passible d'une amende de cinquante francs (2). Si l'ascendant est indigent, le consentement sera visé pour timbre et enregistré gratis (3).

B. — Arrivons aux règles qui *varient* suivant que le consentement émane d'un individu ou d'une personne morale.

Quand le consentement est donné par un *ascendant* ou par le *tuteur ad hoc,* il peut se produire oralement devant l'officier de l'état civil au moment de la célébration du mariage (4), ou bien sous forme écrite par acte séparé (5).

Dans le premier cas, aucune formalité spéciale n'est prescrite : il n'y a pas de formule solennelle exigée à peine de nullité (6).

Dans le second cas, au contraire, des formes solennelles sont prescrites, de telle sorte que l'officier de l'état civil doit se refuser à la célébration tant que ces formes n'ont pas été observées. L'ascendant et le tuteur *ad hoc* ont le choix entre trois formes écrites. Ils peuvent donner leur consentement :

1. Le droit d'enregistrement est de 3 fr. 75.
2. Loi du 22 frimaire an VII, art. 42.
3. Loi du 10 décembre 1850, art. 4 (modifié par la loi du 20 juin 1896).
4. Art. 76 C. civ.
5. Art. 73 C. civ.
6. Delvincourt, I, n° 134 ; Toullier, I, p. 570

1° *Par acte notarié* conformément à l'art. 73, sans que, d'ailleurs, l'acte soit nécessairement rédigé en minute (1). Si l'ascendant veut agir par mandataire, il devra donner une procuration, notariée, contenant le nom des deux futurs époux.

2° *Par acte de l'état civil,* depuis la loi du 20 juin 1896 qui a ajouté un second alinéa à l'art. 73. L'officier de l'état civil compétent pour dresser cet acte sera celui du domicile réel ou du domicile matrimonial (2) de l'ascendant, et enfin celui du lieu où le mariage se fera (3). Le législateur de 1806 n'a pas déterminé la forme à observer dans la rédaction de cet acte. Mais on peut suppléer à ce silence. Il ne s'agit pas ici d'une simple déclaration verbale, mais bien d'un véritable acte. On observera donc la même forme que pour les actes notariés. L'acte sera dressé en brevet (4) et deux témoins certifieront l'identité du comparant (5).

1. Rolland de Villargues, *Rép. du not.,* v° *Brevet,* n° 17.

2. Dans ce sens, Circul. proc. répub. de la Seine en date du 10 nov. 1896.

3. Bien que l'article 73 soit muet à cet égard, nous croyons que l'esprit de la loi de 1896 autorise cette solution : l'ascendant obligé de s'absenter la veille du mariage doit pouvoir donner son consentement à l'officier de l'état civil devant lequel il aurait pu, le lendemain, le donner verbalement. C'est le cas de citer le mot de M. Thellier de Poncheville : « Comment ! ce maire qui est capable de dresser l'acte de mariage lui-même, ne serait pas capable de recevoir le consentement du père et de la mère, alors que nous avons pris la précaution de le faire assister de deux témoins ? » *J. off.* du 20 juin 1890, p. 1130.

4. La circulaire du Garde des Sceaux du 23 juillet 1896 prescrit, toutefois, la tenue dans chaque mairie, d'un registre d'ordre sur lequel les actes de consentement seront mentionnés sommairement.

5. La circulaire précitée en fait une obligation, ce qui est conforme d'ailleurs aux travaux préparatoires de la loi de 1896. Voy. Discours de M. Bertrand, dans *J. off.* du 20 juin 1890, p. 1128.

3° Enfin, à l'étranger, *par acte devant les agents diploma-tiques ou consulaires français*, nouvel art. 73. C'est une fa-cilité de plus donnée par la loi de 1896 (1). Ici encore, il faudra un acte dressé en brevet et en présence de deux témoins.

Lorsque le consentement émane non d'une personne, mais d'une collectivité, c'est-à-dire, en notre matière, du *conseil de famille*, les règles de l'art. 73 ne s'appliquent plus. Il faut se reporter aux art. 407 et suiv., qui con-tiennent le droit commun en matière de composition, de convocation, de vote du conseil de famille. L'homologa-tion du tribunal n'est pas nécessaire (2). Au reste, l'o-mission de quelques-unes des formalités prescrites au titre de la tutelle, ne serait pas suffisante par elle-même pour faire annuler le consentement donné par le conseil de famille, et faire prononcer ainsi la nullité du mariage. La chambre des requêtes de la Cour de cassation a rendu un arrêt en ce sens (3).

II

L'ascendant et le tuteur, lorsqu'ils ont donné leur con-sentement par acte authentique antérieur au mariage, et le conseil de famille qui le donne toujours par anticipa-tion, restent libres de *révoquer* ce consentement tant que le mariage n'est pas célébré.

Dans quelle forme la révocation doit-elle être faite ? Suffirait-il d'une simple manifestation de volonté con-traire ?

---

1. Avant la loi de 1896, on ne pouvait s'adresser, à l'étranger, qu'aux consuls, chanceliers d'ambassade et chambres de consulat, faisant fonctions de notaires.

2. Aubry et Rau, t. I, § 95, texte et notes 9 et 10.

3. Cass., ch. des req., 22 juillet 1807, D. R., v° *Mariage*, n° 556.

En ce qui touche le conseil de famille, il paraît impossible de ne pas admettre qu'une délibération de ce conseil est nécessaire, et que cette délibération doit revêtir les mêmes formes quand il s'agit d'évoquer le consentement, que lorsqu'il s'est agi de le donner.

En ce qui concerne l'ascendant ou le tuteur *ad hoc*, plusieurs auteurs écartent ce système de parallélisme entre l'acte de consentement et l'acte de révocation de ce consentement. Il y a pourtant ici de sérieuses raisons de l'admettre. Du moment que le consentement de l'ascendant a été donné par acte authentique, on doit présumer, qu'il subsiste tant qu'il n'a pas été révoqué aussi par acte authentique et que cet acte n'a pas été notifié aux futurs époux (1). Autrement, où serait la garantie pour les futurs que le consentement a été maintenu jusqu'à la célébration du mariage ? Ils se marieraient dans l'ignorance de la révocation et ne l'apprendraient peut-être que le jour ou une action en nullité serait dirigée par l'ascendant contre leur mariage.

Certains auteurs ont compris que ce résultat était inacceptable. Aussi décident-ils que l'ascendant devra avertir, soit par voie de notification, soit par voie d'opposition, l'officier de l'état civil de son changement de volonté (2). Ce système remédierait ainsi à l'inconvénient le plus grave de la théorie de la volonté pure, mais nous persistons à croire qu'il est moins juridique que celui que nous proposons.

1. *Sic* Dal., *Suppl.*, v° *Mariage*, n° 62. .
2. V. Demolombe, t. III, n° 56 ; Baudry-Lacantinerie, t. I, n° 431 *bis*.

III

Le consentement devient *caduc*, inopérant lorsqu'il cesse de produire son effet juridique par suite d'un événement indépendant de la volonté de la personne consentante. Cela se produit lorsque l'ascendant ou du tuteur *ad hoc* meurt après avoir consenti et avant la célébration du mariage. Cela se produit encore quand à la même époque il devient incapable de manifester utilement sa volonté.

Certes, ce principe est gros de conséquences pratiques néfastes. Que le père qui a consenti par acte authentique meure la veille ou le matin même du jour de la célébration du mariage, voilà le mariage impossible tant qu'un ascendant, peut-être éloigné, ou le conseil de famille n'aura pas consenti à son tour ! Ou si le mariage a été célébré dans l'ignorance de la mort du père, voilà l'ascendant ou le conseil de famille avec le droit de faire prononcer la nullité de ce mariage ! Ce n'est pas tout : on pourra assister à ce spectacle singulier d'un conseil de famille venant refuser son consentement à un mariage qui avait reçu l'approbation paternelle quelques jours plus tôt.

Ce sont sans doute ces considérations qui ont porté Delvincourt a rejeter le système généralement adopté, et à prétendre que le consentement ne devient pas caduc par le décès ou l'incapacité du consentant (1). Mais en présence des termes formels des art. 149 et 150, il semble difficile d'être de son avis.

Tous les auteurs se sont prononcés dans le sens de la caducité (2). Toutefois, par une distinction plus

1. Delvincourt, t. I, p. 58, note 4.

2. Duranton, t. II, nº 94 ; Zachariæ, édit. Vergé et Massé, t. I, p. 209 ; Vazeille, t. I, nº 121.

ingénieuse que juridique, il décident que si le mariage a été célébré malgré la mort ou l'incapacité de l'ascendant consentant, il n'est pas forcément nul pour cela, surtout si le décès de l'ascendant avait été ignoré des époux eux-mêmes (1). Par une fiction étrange, ils considèrent le consentement obtenu comme subsistant tant que personne ne vient le retirer, et ils ajoutent que le silence gardé par l'ascendant est une confirmation tacite du consentement (2). Comme si l'on pouvait confirmer une chose qui n'exite plus ! Nous rejetons ce raisonnement peu juridique ; et nous tenant dans le domaine du droit pur, nous sommes obligés de décider — laissant au législateur la responsabilité de sa trop rigoureuse solution, — que la mort et l'incapacité du consentant rendent le consentement caduc, et que la caducité du consentement rend à son tour le mariage nul (3).

§ III. — *Sanction de la nécessité du consentement.*

Les diverses législations que nous avons étudiées jusqu'ici. ont toutes — sauf la législation germanique en ce qui concerne le fils, — proclamé l'obligation pour l'enfant qui veut se marier, de demander le consentement de ses parents. Ce qui différencie ces législations, c'est la sanction attachée à son défaut d'accomplissement.

1. Demolombe, t. III, n° 58.
2. Marcadé, sur l'art. 149.
3. MM. Aubry et Rau (t. V, § 462, p. 75, note 42) qui acceptent cette solution en principe, y introduisent un tempérament qui ne nous paraît pas justifié : dans le cas où le décès de l'ascendant aurait été ignoré des futurs époux, le mariage ne devrait pas être déclaré nul, arg. art. 2008 et 2009 C. civ.

Le droit romain édicta la nullité du mariage. Le droit germanique paraît s'être contenté de prononcer des peines pécuniaires. Les décrets canoniques chargèrent la conscience de l'enfant coupable d'un péché grave. Les ordonnances royales établirent d'abord de simples peines pécuniaires, puis en arrivèrent à permettre, par un détour, de prononcer la nullité. Le droit révolutionnaire choisit cette dernière sanction. Qu'allait faire le législateur de 1804 ? Quelle sanction établir pour rendre efficace la disposition des art. 148 et s. sur la nécessité pour l'enfant mineur d'obtenir le consentement de certaines personnes ? On s'arrêta à une double sanction coercitive : l'une civile contre l'enfant, la nullité de son mariage ; l'autre pénale contre l'officier de l'état civil, l'amende. Enfin on introduisit une sanction préventive, le droit d'opposition au mariage.

Examinons successivement ces trois sanctions.

I. — *Sanction civile : Nullité du mariage.*

L'art. 182 C. civ. déclare *nul* le mariage contracté par un mineur qui n'a pas obtenu le consentement requis. De quelle nullité s'agit-il ?

Notre Code reconnaît deux sortes de nullités de mariage. Les unes rendent le mariage radicalement nul (1), en ce sens que le mariage n'a jamais produit aucun effet juridique, que son infirmation n'a pas besoin d'être constatée par une décision judiciaire (2), enfin que toute personne intéressée peut se prévaloir en tout temps, de

---

1. Par exemple la nullité pour défaut de consentement de l'un des conjoints, art. 146 C. civ.

2. Baudry-Lacantinerie, t. I, n° 495.

cette nullité, non susceptible de confirmation (1). Les autres rendent le mariage simplement annulable, en ce sens que le mariage doit être tenu valable tant qu'une décision judiciaire n'a pas prononcé la nullité, qui ne peut être demandée que par certaines personnes, dans un certain délai et qui peut être couverte par une ratification postérieure (2). Les premières sont appelées nullités absolues, les secondes nullités relatives.

L'article 182 C. civ. ne laisse pas de doute sur le caractère de la nullité résultant du défaut de consentement de la famille. C'est une nullité simplement relative. Pouvait-il en être autrement ? Nous avons vu que l'obligation du consentement familial était apparue avant tout au législateur comme le complément nécessaire de la capacité insuffisante du mineur (3) ; or, en droit français, les nullités basées sur le défaut de capacité de l'un des contractants, ont un caractère relatif (4).

De ce que la nullité qui nous occupe est simplement relative, nous aurions pu en déduire *à priori* que cette nullité ne peut être invoquée que par des personnes déterminées, pendant un laps de temps prévu et si une confirmation expresse ou tacite du mariage n'est pas intertervenue. Ces déductions sont entièrement confirmées par les art. 182 et 183, que nous allons maintenant étudier en détail.

A

Quelles *personnes* peuvent demander la nullité d'un

1. Demolombe, t. III, n° 241.

2. Zachariæ, t. I, § 450 ; Laurent, t. II, n° 440.

3. Tronchet a dit que la loi « exige le consentement du père, par la raison qu'elle prend le mineur sous sa protection, et qu'elle le déclare incapable de contracter seul un mariage ». Procès-verbal de la séance du 6 brumaire an X (Locré, *op. cit.*, t. III, p. 331).

4. Art. 1304 et s. C. civ.

mariage contracté par un mineur sans l'assentiment
de sa famille ? L'art. 182 répond : « *celui des deux époux
qui avait besoin de ce consentement* » et « *ceux dont le consentement était requis* ».

Ici éclate bien le caractère essentiellement relatif de la
nullité que nous étudions. L'ancien droit tout en posant
le principe de la relativité, avait fait de la demande en
nullité une action largement ouverte. On l'accordait à
tous ceux qui prétendaient agir par un mouvement d'affection pour les époux, lorsque le mariage était deshonorant pour la famille (1). C'était donner souvent aux
passions les plus basses un masque commode. Le Code
civil a voulu supprimer les abus fréquents auxquels cette
législation donnait lieu. Il a déterminé d'une manière précise les personnes qui pouvaient intenter l'action en
nullité basée sur le défaut de consentement.

a) Et d'abord, *l'enfant mineur* qui s'est marié sans demander ou sans obtenir le consentement nécessaire, peut
se prévaloir de la nullité de son mariage, contrairement à
notre ancien droit.

Dans le premier projet du Code, on avait refusé à l'enfant mineur le droit d'attaquer le mariage, « parce qu'il
avait semblé juste qu'il ne pût se prévaloir de sa propre
faute et arguer du défaut d'un consentement que la loi
l'obligeait à prendre » (2). Mais l'auteur de la seconde
rédaction fit remarquer « qu'en général il est permis à
tous ceux qui ont contracté une obligation nulle et vi-
cieuse de réclamer contre leur engagement et surtout

1. Arrêt du 17 janvier 1692, *Journal des Audiences*, t. IV, liv. 7,
ch. 11.
2. Réal, Procès-verbal du 6 brumaire an X (Locré, *op. cit.*, t. III,
p. 330).

lorsqu'ils l'ont contractée pendant leur minorité... Si on reçoit favorablement les plaintes d'un mineur qui prétend avoir été surpris dans une convention peu importante, on doit, avec justice, lui accorder la même faveur, lorsqu'il demande à être restitué contre l'aliénation qu'il a faite de tous ses biens et de sa personne » (1). Cette solution fut adoptée et passa dans l'article 182. Il a été jugé que, dans ce cas, l'époux qui obtient la nullité doit des dommages et intérêts à son conjoint qui a ignoré le vice (2).

La nullité ne sera pas prononcée si le mineur s'est servi, pour tromper son conjoint et l'officier de l'état civil, d'actes frauduleux qui ne lui appartenaient pas ou qu'il savait être faux. *Nemo auditur turpitudinem suam allegans* (3) ! Toutefois l'article 1307 s'appliquerait ici par analogie.

Au reste, il n'y pas lieu de distinguer entre l'enfant légitime et l'enfant naturel. Mais que décider à l'égard de l'enfant naturel mineur non reconnu ou orphelin, qui avait besoin du consentement d'un tuteur *ad hoc*? La doctrine est partagée. Pour nous, nous croyons que cet enfant a le droit, étant donné l'esprit actuel de notre législation de faire prononcer la nullité de son mariage. Il a autant et même plus besoin de protection que l'enfant naturel reconnu. Comment admettre que le législateur ait voulu laisser, dans ce cas, le mariage absolument inattaquable ? Nous verrons, en effet bientôt, que si on refusait à l'enfant l'action en nullité, personne ne pourrait

---

1. Portalis, Exposé des motifs, séance du 19 ventôse an XI (Locré, *op. cit.*, t. III, p. 331).

2. Aix, 8 février 1820, *Rép. gén. dr. franç.*, v° *Mariage*, n° 806.

3. Cf. Demolombe, t. III, n° 289.

intenter cette action. Enfin l'article 182 ne répugne pas à cette théorie, puisqu'il emploie les termes les plus généraux et que l'article 159 doit rentrer aussi bien que l'article 160, dans le champ d'application de notre texte (1).

b) Jusqu'ici la nullité du mariage nous a paru, moins comme une peine, que comme un effet de la protection de la loi. Nous allons voir maintenant par quel côté, elle revêt le caractère de peine à l'égard de l'enfant coupable. Peuvent intenter en effet l'action en nullité, malgré l'opposition formelle des époux, tous « *ceux dont le consentement était requis* », mais ceux-là seulement, et encore dans les cas où ce consentement était nécessaire, art. 182.

Cela comprend *le survivant des père et mère, appelé à consentir*. Remarquons que cette action est absolument attachée à la personne de celui auquel la loi l'accorde. Ni les créanciers (2), ni les héritiers ne peuvent intenter cette action en son nom (3).

Cela désigne encore *le père, mais le père seul quand les deux auteurs de l'enfant existent*. Nous croyons que l'action dans ce cas, ne compète pas à la mère. En effet, si le consentement de celle-ci est requis, il n'est pas nécessaire, puisque d'après l'article 148, « *en cas de dissentiment, le consentement du père suffit* ».

M. Mourlon n'accepte pas cette solution. Son raisonnement est subtil : le consentement du père ne suffit qu'autant que la mère a été consultée ; donc, légalement, le consentement du père n'existe pas, lorsqu'il se donne sans

1. *Sic* Demolombe, t. III, n° 278 et Demante, t. I, n° 260 *bis*, III. *Contra* Aubry et Rau, t. V, § 462, p. 81, note 73 et Laurent, t. II, n° 460.

2. Art. 1166 C. civ.

3. V. Huc, t. II, n° 130 ; Demante, t. I, n° 264 *bis*, IV.

prendre l'avis de la mère (1). Mais, cela prouverait peut-
être que le père peut intenter l'action en nullité quand
la mère n'a pas été consultée ; cela ne prouve aucunement
que l'action appartient à la mère (2). Mais si le père
meurt avant d'avoir ratifié et avant l'expiration du délai
légal pour intenter l'action, celle-ci compétera-t-elle à la
mère ? On a soutenu l'affirmative, en disant que l'action
en nullité appartient, en principe, aussi bien à la mère
qu'au père et que s'il est vrai que le père peut seul l'exercer tant qu'il vit, la mère doit pouvoir l'exercer à son
tour, quand le père vient à disparaître (3). Nous préférons
le système de la négative. En effet si, comme nous l'avons
montré, le texte de l'article 182 dénie cette action à la
mère, ce n'est pas un événement fortuit, comme la mort
du père, qui pourra augmenter les droits de la mère (4).

Les *aïeuls* appelés à consentir et dont le consentement
n'a pas été obtenu, peuvent aussi intenter l'action en nullité. Si les deux lignes devaient donner leur consentement, c'est-à-dire s'il y avait des ascendants de même
degré dans les deux lignes, l'une des lignes ne pourrait intenter l'action contre le gré de l'autre. En effet, quel consentement était nécessaire ? Celui d'une seule des deux lignes,
art. 150. Par conséquent aucune des deux lignes ne
peut dire que son consentement était absolument nécessaire. Les deux lignes d'ascendants devront donc se
mettre d'accord pour demander la nullité (5).

1. Mourlon, *Répét. écrites sur le C. civ.*, 13e édit., Paris, 1896, t. 1,
n° 686, p. 382, note 3.

2. *Sic* Aubry et Rau, t. V, § 462, p. 72, note 26 ; Duranton, t. II,
n° 286 ; Trib. Seine, 4 mars 1809, *Rép. gén. du dr. franç.*, v° *Mariage*,
n° 199.

3. Aubry et Rau, t. V, § 462, p. 76, note 46.

4. *Sic* Laurent, t. II, n° 457 ; Baudry-Lacantinerie, t. I, p. 513.

5. *Sic* Huc, t. II, n° 130 ; Baudry-Lacantinerie, t. I, n° 413.

L'action appartient enfin au *conseil de famille*, quand l'enfant mineur, n'ayant plus d'ascendants, s'est marié sans le consentement de ce conseil. Le conseil est pris ici comme personne morale. Nous en tirons cette double conséquence : l'action ne compète point à chacun de ses membres en particulier ; elle peut être exercée par le conseil de famille, quelle que soit sa composition présente. Ce sera le tuteur ou tout autre mandataire choisi par le conseil, qui l'intentera en son nom (1).

Telles sont les seules personnes auxquelles l'article 182 permet d'intenter l'action en nullité. Plusieurs auteurs (2) ajoutent à cette liste le tuteur *ad hoc* qui est appelé à donner son consentement dans l'hypothèse prévue par l'article 159. Il n'y a pas de raisons, disent-ils, pour lui refuser cette action que l'on accorde au conseil de famille ; l'article 159 ne dispose-t-il pas que « *l'enfant naturel... ne pourra, avant l'âge de 21 ans révolus, se marier qu'après avoir obtenu le consentement d'un tuteur* ad hoc » ? Cet argument tombe devant le silence assez expressif en lui-même de l'art. 182 qui, édictant une nullité, doit recevoir une interprétation restrictive, silence qui devient plus éloquent encore si on rapproche ce texte des travaux préparatoires du Code. Le Tribunat avait demandé que l'action en nullité fût ouverte à ce tuteur, et sa demande fut repoussée (3). Par conséquent, nous ne croyons pas utile de distinguer entre le cas où un tuteur *ad hoc* aurait été nommé et celui où cette nomination n'aurait pas eu lieu. Le tuteur *ad hoc* n'aura, dans aucun cas, la disposi-

---

1. Demolombe, t. III, n° 276 ; Laurent, t. II, n° 459 ; Aubry et Rau, t. V, § 462, p. 77, texte et note 59.

2. V. not. Demante et Colmet de Santerre, t. I, n° 260 *bis*, III.

3. Locré, *op. cit.* t. III, p. 333.

tion de l'action en nullité (1). Il faut également refuser cette action au tuteur ordinaire qui voudrait l'intenter en son nom propre, et aux collatéraux, quels qu'ils fussent (2).

B

Dans quel *délai* l'action en nullité doit-elle être intentée?

Toutes les nullités relatives sont prescrites au bout d'un délai assez court, délai de dix ans, en règle générale, art. 1304. Ce délai a paru encore trop long en matière de mariage : l'état des époux et des enfants ne pouvait rester en suspens pendant si longtemps. L'art. 183 a édicté un délai spécial, celui *d'un an*. Au bout de l'année, l'action en nullité est éteinte par prescription.

Le point de départ assigné à ce délai de prescription lui enlève une partie de son efficacité.

L'action doit être intentée par *celui dont le consentement était nécessaire*, dans l'année *à compter du jour où il a eu connaissance du mariage*, art. 183. L'époque à laquelle le père a eu connaissance du mariage est un point de fait que les juges doivent positivement constater. La jurisprudence tend à se montrer de plus en plus facile pour la recevabilité des faits constitutifs de la connaissance (3). Toutefois, il ne suffirait pas de dire que par suite du long temps qui s'est écoulé depuis le mariage, le père est présumé en avoir eu connaissance (4).

1. Demolombe, t. III, nº 278 ; Marcadé, sur l'art. 182, nº 3.

2. « Il a paru naturel d'interdire aux collatéraux une action qui ne peut compéter qu'aux parents dont le consentement est nécessaire. » Portalis. *Exposé des motifs*, séance du 19 ventôse an XI (Locré, t. III, nº 332).

3. Cass., 3 mars 1875, S. 75. 1. 171 ; Lyon, 18 janvier 1894, *Gaz. Pal.*, 97. 2. 113.

4. Cass., 16 juillet 1807, *Rép. gén. dr. franç.*, vº *Mariage*, nº 821.

Par conséquent, l'ascendant parti pour l'étranger, qui reviendrait en France trente ou quarante ans après le mariage, et qui apprendrait seulement à cette époque le mariage de son fils, aurait encore un an pour intenter l'action en nullité.

Le moment où le mariage parvient à la connaissance du père devient ainsi le point de départ d'une véritable prescription. Comme toute prescription, elle peut être interrompue, mais il est nécessaire, pour que ce résultat se produise, qu'on se trouve en présence d'actes décisifs, comme une assignation à fin de nullité du mariage, même atteinte d'un vice de forme. Mais une demande en nullité introduite devant l'autorité ecclésiastique seule, par l'ascendant, n'aurait pas, pour effet, suivant la Cour de cassation (1), d'interrompre le délai d'un an.

Quand l'action en nullité est intentée par *l'époux mineur*, elle se prescrit par un an *à compter du jour où cet époux a atteint l'âge compétent* pour consentir par lui-même au mariage, art. 183 (2). Lorsque le fils entre 21 et 25 ans, vient à perdre son ascendant, et qu'il n'en a plus aucun autre, il devient, par ce fait, majeur quant au mariage, et la connaissance qu'il acquiert du décès de cet ascendant, sert, par conséquent, de point de départ au délai de prescription d'un an.

L'époux doit être débouté de son action, si celle-ci a été introduite après l'année écoulée (3), même si, avant cette époque, il avait manifesté son intention d'user de son droit. En effet, la « *réclamation* » dont parle l'art. 183

1. Cass. req., 28 mars 1854, D. P. 54. 1. 201.
2. Huc, t. II, n° 132 ; Demolombe, t. III, n° 464.
3. Aubry et Rau, t. V, § 462, p. 78.

nous paraît devoir être nécessairement un exploit introductif d'instance.

C

Le caractère relatif de la nullité qui nous occupe permet de concevoir l'extinction de l'action en nullité par voie de *ratification* ou de confirmation. D'après l'art. 183, la ratification peut être expresse ou tacite, et peut émaner soit de l'ascendant appelé à consentir, soit de l'époux qui avait besoin de ce consentement.

La confirmation expresse résulte de l'approbation formelle du mariage faite par acte notarié, par acte sous-seing privé ou par lettre missive.

Quant à l'approbation tacite, elle n'a pas été réglée spécialement par le législateur. Nous croyons donc qu'elle pourra résulter d'un fait quelconque de nature à ne pas laisser de doute sur l'intention de celui qui l'accomplit. C'est ainsi qu'on verra presque toujours une confirmation tacite du mariage dans le fait de l'ascendant d'avoir reçu et logé les époux dans sa maison (1). Il y a encore confirmation, quand des relations de famille ont été nouées par l'ascendant avec les époux.

On s'est demandé si la mort de l'époux qui n'avait point obtenu le consentement requis, éteignait l'action en nullité de l'ascendant ou du conseil de famille. Nous croyons qu'on doit distinguer suivant qu'il s'agit de l'ascendant ou du conseil de famille.

Quand l'action compète à un ascendant, elle ne saurait être éteinte par la mort de l'époux en faveur duquel le consentement était requis, ou par l'arrivée de sa majorité. Demolombe est d'un avis contraire. Il prétend que

1. Paris, 20 janvier 1873, D. P. 73. 2. 59.

l'action en nullité n'étant accordée aux ascendants qu'à raison de l'autorité dont ils sont investis, leur action n'a plus de base, dès que cette autorité est venue à cesser par une cause quelconque (1) Mais il ne faut pas oublier que dans la conception du droit français, la nécessité du consentement est établie aussi en vue des conséquences préjudiciables que le mariage peut entraîner soit pour l'enfant, soit pour la famille tout entière (2). Or, ni la mort de l'époux, ni l'arrivée de sa majorité ne font disparaître le préjudice que le mariage a pu causer. Le silence de l'art. 183 est d'accord avec l'esprit général de la loi pour confirmer notre manière de voir (3).

Mais la solution contraire doit être admise quand il s'agit du conseil de famille. Celui-ci, en effet, intervient surtout dans une idée de protection pour l'enfant : il n'agit pas dans son intérêt propre, ni même dans l'intérêt de la famille, puisqu'à partir de 21 ans le fils lui-même n'est plus soumis à son autorité. Enfin, la mort de l'époux ou sa majorité enlève à son conseil de famille sa raison d'être ; celui-ci perd son principe non seulement d'autorité mais même d'existence (4).

L'approbation expresse ou tacite de l'ascendant ne peut, d'ailleurs, intervenir efficacement une fois que l'action en nullité a été engagée par l'époux qui avait besoin de ce consentement. En effet, dès que l'époux a intenté l'action qui n'était, nous le supposons, ni prescrite, ni éteinte par confirmation expresse ou tacite du mariage, cette action constitue pour lui un droit acquis,

1. Demolombe, III, n° 282.
2. Aubry et Rau, V, § 462, p. 77, note 58.
3. *Sic* Delvincourt, t. I, p. 153 ; Zachariæ, § 467, note 28.
4. *Sic* Aubry et Rau, t. V, § 462, p. 78, note 59 ; Marcadé, sur l'art. 182, n° 2.

dont il ne peut plus être privé par le fait d'un tiers (1). En vain objecte-t-on que le droit de l'époux reste conditionnel jusqu'au jugement, et que ce jugement ne peut pas prononcer la nullité d'un mariage qui a été approuvé par l'ascendant appelé à consentir (2), on oublie, en raisonnant ainsi, que la recevabilité d'une action se juge dans l'état où elle a été intentée (3).

On ajoute parfois que la nullité d'un mariage pour défaut de consentement peut être également couverte par la ratification tacite de l'époux parvenu à sa majorité matrimoniale. Et on donne pour exemple de confirmation tacite, la cohabition de l'époux avec son conjoint (4).

Nous repoussons cette manière de voir. Le texte de l'art. 183 paraît n'admettre d'autre ratification tacite, de la part de l'époux, que celle résultant de l'écoulement du délai d'un an sans réclamation de sa part. C'est l'opinion de M. Laurent qui s'exprime ainsi : « Après avoir dit que les parents peuvent confirmer le mariage expressément ou tacitement, il (l'art. 183) ne répète pas cette disposition quand il s'agit de l'époux : la loi définit le cas dans lequel il y a confirmation tacite de sa part, et, par cela seul qu'elle le définit, elle le limite » (5). Pour l'enfant, la confirmation tacite se confond donc avec le délai de perception de l'action. Ajoutons, pour en finir sur ce point, que cette forme de confirmation tacite ne sera jamais opposable aux ascendants (6). Ainsi le fils a laissé passer une année depuis qu'il a atteint ses vingt-cinq

---

1. Aubry et Rau, t. V, § 462, p. 77, note 57.
2. Demolombe, t. III, n° 275 ; Allemand. *Traité du mariage*, I, 590.
3. *Sic* Zachariæ, § 467, note 25 *in fine*.
4. Aubry et Rau. t. V, § 462. p. 79, note 64.
5. Laurent, t. II, n° 465 ; voy. aussi Huc, t. II. n° 132.
6. Huc, *op.* et *loc. cit.*

ans. Il n'a plus le droit de demander la nullité de son mariage ; mais ses ascendants peuvent n'avoir pas encore eu connaissance du mariage : pour eux l'action en nullité reste possible. Au contraire la ratification émanée des ascendants est opposable aux enfants : du moment que sa famille a approuvé le mariage, celui-ci est présumé n'être pas contraire à ses intérêts (1).

II. — *Sanction pénale : Art. 156 C. civ. et 193 C. pen.*

Le législateur ne s'est pas contenté de donner une sanction civile — la nullité du mariage — à l'obligation d'obtenir le consentement familial ; il a établi en outre une sanction *pénale*, persuadé que « de tous les moyens, c'est celui qui assure le plus efficacement l'exécution des lois » (2). Mais contre qui porter des peines ? Les ordonnances royales avaient frappé tout à la fois le mineur, le célébrant et ses complices. Allait-on imiter la sévérité de nos anciennes lois ? Le législateur a pensé que l'enfant coupable était suffisamment puni par la nullité de son mariage, et il n'a formulé de dispositions pénales qu'à l'encontre de l'officier de l'état civil.

L'art. 156 C. civ. dit que les officiers de l'état civil qui ont procédé à la célébration des mariages contractés par des fils ou filles mineurs quant au mariage, sans que le consentement requis soit énoncé dans l'acte de mariage, seront condamnés à l'amende portée par l'art. 192, et à un emprisonnement dont la durée ne pourra être moindre de six mois. Telle est la peine qu'entraîne le simple *défaut d'énonciation* du consentement paternel.

1. *Sic* Huc, t. II, n° 132.
2. Locré, *op. cit.*, t. III, p. 123.

Mais si ce consentement non seulement n'a pas été mentionné, mais encore *n'a pas été donné*, la peine est plus forte, car l'officier de l'état civil est coupable non plus d'une simple négligence matérielle, mais d'une véritable forfaiture dans l'exercice de ses fonctions. Cette dernière hypothèse est prévue par le Code pénal. Aux termes de l'art. 193 C. pén., l'officier de l'état civil qui ne s'est « *point assuré de l'existence de ce consentement..., sera puni d'une amende de 16 fr. à 300 fr. et d'un emprisonnement de six mois au moins et d'un an au plus.* »

On a prétendu que cet art. 193 C. pén., prévoyant le même délit que l'art. 156 C. civ., avait abrogé ce texte (1). Nous venons de montrer que c'est une erreur, puisque nous avons assigné à chacun de ces textes une sphère d'application distincte (2).

Cette sanction pénale est absolument distincte de la sanction civile. Elle sera prononcée contre l'officier de l'état civil, alors même que la nullité du mariage n'a point été demandée ou que cette nullité a été couverte (3). Remarquons enfin que l'art. 156 C. civ. donne aux parties intéressées, aussi bien qu'au ministère public, le droit de poursuivre ensemble ou isolément l'application de ces peines (4).

---

1. Zachariæ, § 454, note 8; Aubry et Rau, t. V, § 462, p. 79, note 66.

2. Demolombe, t. III, n° 91 ; Garraud. *Traité de droit pénal français*, 2ᵉ édit., Paris, 1898, t. III, n° 335 ; Huc, t. II, n° 55.

3. Aubry et Rau, t. V, § 462, p. 80.

4. Demolombe, t. III, n° 91. — Les deux infractions prévues et punies par les art. 156 C. civ. et 193 C. pén. ne comportent aucune *excuse* tirée de l'ignorance ou de la bonne foi. Turin, 6 avril 1808, Dal. Rep. vᵒ *Mariage*, n° 196-1ᵒ.

III. — *Sanction préventive : Droit d'opposition.*

Une dernière sanction — celle-là purement préventive — de l'obligation imposée aux mineurs d'obtenir le consentement familial, consiste dans le *droit d'opposition* dont sont armés les ascendants.

Certes, en principe, la théorie du droit d'opposition est absolument distincte de la théorie du consentement. Elle est conçue dans un esprit plus large. En effet, il faut chercher le point de départ des art. 172 et s., dans le désir du législateur de prévenir tous les cas de nullité du mariage, si regrettables au point de vue social, si nuisibles aux intérêts des époux, des enfants et des familles. On a voulu permettre aux personnes susceptibles de connaître des empêchements prohibitifs ou dirimants, de les dénoncer à l'officier de l'état civil.

Malgré sa portée générale, le droit d'opposition présente, dans une hypothèse spéciale, une connexité étroite avec le droit de consentir au mariage. C'est dans l'hypothèse prévue par l'art. 173, lorsque l'opposition émane des ascendants. L'opposition apparaît alors comme la sanction du droit accordé à ces derniers de donner leur approbation au mariage (1). Ce qui nous détermine à la considérer ainsi, c'est que l'opposition au mariage, quand elle est faite par les ascendants et qu'elle vise le mariage d'un mineur, revêt des formes déterminées et se trouve soumise à des règles spéciales, qui ne peuvent s'expliquer que par le dessein du législateur d'en faire la sanction du droit de consentir.

1. Cf. Paul Nourrisson, *Etude critique sur la puissance paternelle,* Paris, 1898, p. 61.

Et d'abord, l'art. 173 donne le droit d'opposition non concurremment à tous les ascendants, mais successivement à chacun d'eux (1). Et l'ordre successif suivi ici est précisément le même que celui indiqué par les art. 148 et suiv. pour le consentement *nécessaire*. C'est d'abord le père, à son défaut la mère, ou à défaut du père et de la mère, l'aïeul le plus proche, à défaut d'aïeul, l'aïeule, etc. (2).

Puis, tandis que les opposants, en général, ne peuvent fonder le droit d'opposition que sur certaines causes déterminées limitativement, les ascendants, au contraire, sont affranchis de cette règle. Ils peuvent former opposition sans avoir à indiquer dans l'acte les motifs pour lesquels ils forment opposition (3), et sans avoir à craindre le contrôle possible des tribunaux. Nous voyons une corrélation étroite entre ce droit pour les ascendants de faire une opposition non motivée et absolue au mariage, et le droit qui leur est reconnu d'interdire, par un refus péremptoire de consentement, le mariage du mineur.

Enfin, l'art. 179 contient une troisième différence entre l'opposition émanée des ascendants et celle provenant des autres oppositions. Tandis que ces derniers peuvent être condamnés à des dommages-intérêts, si l'opposition est rejetée, les ascendants échappent à la menace de cette pénalité. C'est qu'une opposition non fondée sur des motifs sérieux n'est guère à craindre de leur part.

---

1. Cela résulte pour les père et mère du texte de l'article 173 et pour les aïeuls et aïeules des travaux préparatoires du Code. Voy. Locré, *op. cit.*, III, p. 233.

2. Huc, t. II, n° 110 ; Marcadé, sur l'art. 173, note 1.

3. Art. 176 C. civ.

Et puis, il était nécessaire d'assurer, par une faculté d'opposition formelle et décisive, leur droit absolu de consentir.

Section II. — Les majeurs quant au mariage

L'homme qui a atteint l'âge de 25 ans, et la femme qui a 21 ans révolus sont présumés par le Code civil en possession de leur complet développement non seulement physique, mais encore intellectuel. S'il ne sont pas à l'abri des passions violentes et de l'égarement qui peut en résulter, on les considère du moins comme doués d'une force d'énergie et de volonté suffisante pour en triompher. Ils pourront donc se marier sans avoir besoin d'aucun consentement externe : leur propre consentement suffira.

Toutefois la famille ne se désintéressera pas complètement du mariage du majeur. C'est particulièrement quand la famille est représentée par le père la mère et autres ascendants quelle est intéressée à ce que le mariage ne fasse pas pénétrer dans son sein un membre indigne. De plus, à tout âge « l'amour éclairé des parents peut opposer un frein salutaire aux passions qui trop souvent emportent vers un engagement imprudent » (1). Ce frein, nous savons déjà qu'il consiste, par rapport à l'enfant majeur, non dans un ordre, mais dans un simple avis. L'enfant majeur n'a plus besoin d'un consentement, mais il a toujours besoin d'un conseil (2).

1. Demante et Colmet de Santerre, t. I, nº 209.
2. « Après la majorité, la puissance paternelle est toute de conseil et d'assistance. » Réal, au Corps législatif.

L'Edit de 1556 avait le premier posé ce principe. On se rappelle qu'il avait enjoint aux fils âgés de plus de 30 ans et aux filles âgées de plus de 25 ans, « de se mettre en devoir de requérir l'avis et conseil de leurs pères et mères », et il avait été expliqué que ces avis et conseil seraient donnés par écrit. Telle avait été l'origine des sommations respectueuses de notre ancien droit. Supprimées par la loi révolutionnaire du 20 septembre 1792, elles furent rétablies dans le Code civil, sous le nom d'actes respectueux.

Le but du législateur n'a pas été d'annuler le mariage du majeur fait sans l'approbation familiale, ni même d'interdire le mariage tant que les pères, les mères ou les ascendants refusent leur consentement. C'eût été rendre la minorité perpétuelle. Le législateur a voulu simplement rapprocher le père et le fils, les forcer à entrer en explications, obliger en un mot le fils à ouïr les observations paternelles tant dans son intérêt personnel que comme marque de déférence à l'égard de l'ascendant (1). Pour cela, il fallait suspendre le mariage pendant un temps suffisant pour que les parents ou ascendants pussent donner un conseil éclairé et que l'enfant put à loisir peser leur avis. Ces considérations (2) qui ont inspiré les

---

1. « Désormais, a dit Réal, au Corps législatif, en parlant de l'enfant devenu majeur, libre possesseur de ses biens, libre dans toute sa conduite et dans les soins qu'il donne à ses propres enfants, il sent qu'il n'est pas libre de se soustraire à la bienfaisante autorité qui ne se fait plus maintenant sentir que par des conseils, des vœux, des bénédictions. »

2. « Un des plus grands malheurs qu'un enfant puisse éprouver, est de ne point avoir le consentement spontané de ses père et mère à son mariage : alors le flambeau de l'hymen seroit à la fois une torche de discorde, si la loi qui veille à la paix des familles comme au fondement de l'ordre social, ne venoit au secours de l'enfant.

législateurs de 1804, expliquent l'économie générale de la
théorie française de l'acte respectueux.

Déterminons les personnes soumises à l'obligation de
demander conseil, celles dont le conseil doit être demandé, les formes de la demande de conseil, c'est-à-dire
de l'acte respectueux, et enfin la sanction de l'obligation
de demander conseil.

I

Quelles personnes sont soumises à l'obligation de demander conseil ?

Aux termes de l'art. 151, les enfants de famille ayant
atteint la majorité fixée par l'art. 148, sont tenus, avant
de contracter mariage, de requérir le conseil de leurs
ascendants. Donc les fils à partir de 25 ans, et les filles à
partir de 21 ans, sont soumis à l'obligation de demander
conseil. Cette obligation, d'ailleurs, est perpétuelle de sa
nature : elle subsiste quel que soit l'âge de l'enfant,
celui-ci serait-il septuagénaire. Le veuf ou la veuve qui
voudrait convoler en secondes noces, n'est pas dispensé
de requérir le conseil de ses ascendants. Il faut aller
chercher la raison d'être de la perpétuité de cette obligation, au moins vis-à-vis des père et mère, dans le principe de haute morale formulée par l'art. 371 : l'enfant à
tout âge doit honneur et respect à ses père et mère.

L'obligation est commune aux enfants légitimes et aux

et des père et mère en les rapprochant, en les forçant de s'expliquer, en donnant à la sagesse des conseils des père et mère un
nouveau poids et à l'enfant, un moyen de désarmer, par des actes
de piété filiale, des père et mère dont le refus ne seroit pas fondé
sur des motifs irrésistibles. » Bigot-Préameneu. Exposé des motifs,
procès-verbal du 17 ventôse an XII (Locré, t. III. p. 112).

enfants naturels légalement reconnus, art. 158. Est-elle applicable aux enfants adoptifs ? Le Code est muet à cet égard. Mais la solution ne saurait être douteuse. Les enfants adoptifs n'ont pas à notifier d'acte respectueux à l'adoptant, pour la même raison que le fils adoptif mineur de 25 ans, n'a pas à obtenir le consentement de l'adoptant. Nous avons vu que l'adopté reste dans sa famille naturelle et y conserve tous ses droits, art. 348. (1).

Dans des cas particuliers, les enfants naturels ou légitimes seront dispensés de demander le conseil de leurs ascendants. La loi n'a pas voulu que les difficultés matérielles de requérir leur conseil, puissent devenir un obstacle insurmontable au mariage. C'est ainsi que sont dispensés des obligations imposées par l'art. 151 :

1º Les futurs résidant à la Nouvelle-Calédonie ou dans les établissements français de l'Océanie, quand leurs ascendants ont leur domicile en Europe (2) ;

2º Les futurs résidant en Cochinchine (3), dans l'Annam et le Tonkin (4), quand leurs ascendants sont domiciliés dans un autre pays ;

3º Les condamnés aux travaux forcés, qui sont transportés aux colonies, et les autres condamnés qui demandent leur transfert dans un établissement pénitentiaire des colonies (5) ;

4º Enfin les relégués en vertu de la loi du 27 janvier 1885 (6), et les déportés à la Nouvelle-Calédonie (7).

1. V. sur ce point, Demolombe, t. III, nº 64.
2. Décret des 28 juin-13 septembre 1877.
3. Décret du 27 janvier 1883.
4. Décret du 29 janvier 1890.
5. Décret du 24 mars 1866, art. 1.
6. Décret du 11 novembre 1887.
7. Loi du 25 mars 1873.

II

A qui la demande de conseil doit-elle être adressée ?

Seuls, les ascendants sont appelés à donner leur avis. Il ne pouvait être question du conseil de famille ni du tuteur *ad hoc,* car ils ne puisent l'un et l'autre leur raison d'existence que dans l'état de minorité.

Quels ascendants vont être consultés ? L'art. 151 nous les fait connaître. Ce sont ceux qui seraient appelés à donner leur consentement, si l'enfant était mineur. L'ordre hiérarchique est le même, qu'il s'agisse du conseil ou qu'il s'agisse du consentement. C'est ainsi que l'enfant qui a ses père et mère doit demander conseil à l'un et à l'autre (1), et cela par acte distinct, alors même qu'ils habitent sous le même toit (2). Si l'un d'eux est mort ou hors d'état de manifester sa volonté, le conseil de l'autre suffira. En cas de mort ou d'incapacité des père et mère, on appellera les ascendants dans l'ordre indiqué précédemment.

Quand les ascendants ont tous refusé leur consentement, faut-il se borner à requérir le conseil de ceux dont le consentement est suffisant ? Nous ne le croyons pas, car l'art. 151 ne fait point cette distinction et exige la consultation des « père et mère » et « des aïeuls et aïeules ». En conséquence nous rejetons le système consacré par un arrêt de la cour de Poitiers (3), approuvé par plusieurs auteurs (4), d'après lequel, lorsqu'il se pro-

1. Allemand, *Du mariage,* t. I, nº 220 ; Aubry et Rau, t. V, § 463, p. 84.
2. Duranton, t. II, nº 106 ; Laurent, t. II, nº 324.
3. Poitiers, 8 juillet 1830, D. P. 30. 2. 263.
4. Aubry et Rau, t. V, § 463, p. 84 ; Loubat, *op. cit.*, p. 76.

duit entre les ascendants un dissentiment qui emporte consentement, l'enfant ne serait pas tenu de faire notifier d'acte respectueux à ceux dont le consentement ne lui serait pas nécessaire pour se marier.

Quant aux règles relatives à la preuve du décès ou de l'incapacité des ascendants, elles sont les mêmes qu'en matière de consentement.

Faisons observer que l'enfant naturel reconnu qui a perdu ses père et mère ne saurait être soumis à l'obligation de demander conseil, puisqu'il n'a pas légalement d'ascendants.

III

Déterminons la *forme* de la demande de conseil.

La demande de conseil est prescrite en vue de l'obtention du consentement. Quand ce résultat se produit, le vœu de la loi est rempli ; il importe peu que la demande se soit produite sous une forme ou sous une autre. Mais en cas de refus par l'ascendant de consentir, il fallait donner à l'époux majeur le droit de triompher de la résistance de l'ascendant, tout en observant les égards et la déférence qui lui sont dus. Ce moyen légal mis à la disposition de l'enfant, nous le connaissons déjà, c'est l'*acte respectueux*.

Sous l'empire du Code civil, la procédure de l'acte respectueux avait été compliquée comme à plaisir (1). On distinguait suivant l'âge des futurs. Le fils depuis 25 ans jusqu'à 30 ans accomplis, et la fille depuis 21 ans jusqu'à 25 ans, révolus devaient, si le premier acte respectueux n'avait pas été suivi du consentement au mariage,

---

1. Aubry et Rau, t. V, § 463, p. 88 ; Demolombe, t. III, p. 66.

renouveler cet acte deux autres fois de mois en mois, et le mariage ne pouvait être célébré qu'un mois après le troisième acte (1). Après l'âge de 30 ans, il pouvait être, à défaut de consentement sur un acte respectueux, passé outre un mois après à la célébration du mariage (2).

La loi de 1896, dans son art. 2, a abrogé les art. 152 et 153 C. civ. Désormais l'enfant, quels que soient son âge et son sexe, n'a plus à renouveler l'acte respectueux (3). Un seul acte suffit dans tous les cas. Mieux vaut ne pas prolonger inutilement une lutte irritante dans la famille : le renouvellement de l'acte respectueux et le long délai établi par le Code civil n'avait jamais eu pour résultat de changer les dispositions de l'enfant, ni des parents, et avait servi au contraire à rendre plus acrimonieux les rapports de famille (4).

Au reste, si la loi de 1896 a réduit à un seul les actes respectueux, elle n'a pas modifié la forme même de l'acte. Les règles du Code civil continuent à être observées sur ce point. L'idée générale qui domine cette matière est que l'acte destiné à prouver le refus des parents de consentir, doit être un acte vraiment respectueux, une marque de déférence donnée par l'enfant à ses descendants. Le législateur de 1804 a marqué nettement son intention en supprimant jusqu'à la dénomination traditionnelle de sommation respectueuse (5). Le mot sommation lui a paru être de nature à blesser la susceptibilité de l'ascen-

1. Ancien art. 152 C. civ.

2. Ancien art. 153 C. civ.

3. Voy. Commentaire de la loi du 20 juin 1896, *Lois nouvelles*, 1896, 1, p. 332.

4. V. Rapport de M. Gomot, sur la proposition de loi de M. Félix Le Roy, Ch. des dép., 16 mars 1889, *J. off.*, t. 159, p. 701.

5. Merlin, *Répertoire*, v° *Sommation respectueuse*.

dant, car il évoque l'idée d'un acte judiciaire emportant contrainte.

La loi a voulu écarter jusqu'à l'apparence des formes judiciaires. C'est pourquoi l'art. 154 porte que l'acte respectueux sera notifié par deux notaires ou par un notaire et deux témoins. C'était une innovation. Dans notre ancien droit, les huissiers étaient compétents pour ces sortes d'actes. Désormais, à l'intervention irritante de l'huissier sera substitué le ministère plus conciliant du notaire. L'acte respectueux doit être notifié par un notaire, et ce, à peine de nullité (1). C'est un acte solennel. Sa forme est celle des actes notariés. Il faut lui appliquer les formalités prescrites pour la rédaction des actes notariés en général : l'omission d'une de ces formalités entraînerait la nullité de l'acte (2).

Quant aux règles particulières à observer dans la rédaction de cet acte, elles ne sont pas indiquées par le Code. Il faut en conclure qu'il n'y a pas de termes sacramentels prescrits à peine de nullité. La seule règle à observer est que toute expression inconvenante, toute injonction irrespectueuse doit en être rigoureusement bannie (3). Si le langage était manifestement contraire à la déférence et au respect, l'acte serait nul. C'est d'ailleurs là une question de fait que les tribunaux jugent souverainement (4).

Dans la pratique notariale, l'acte respectueux com-

---

1. Laurent, t. II, n° 335. Sur la question de savoir si la présence réelle du notaire en second ou des deux témoins est indispensable, voy. Aubry et Rau, t. V, § 463, p. 85.

2. La jurisprudence est constante : Angers, 20 janvier 1809, Dalloz, *Rép.*, v° *Mariage* ; Rennes, 1er juin 1859, S. 59. 2. 481.

3. « L'enfant prie, il ne somme pas. » Laurent, t. II, n° 338.

4. Coffinières, *Encyclop. du droit*, v° *Actes respectueux*, n° 35.

prend souvent deux actes distincts (1), l'acte contenant mandat donné au notaire de requérir le conseil, puis l'acte contenant notification à l'ascendant. Le premier acte est rédigé dans l'étude du notaire, en présence de l'enfant, qui constitue le notaire son mandataire (2) et formule la demande de conseil adressée à l'ascendant. Cette demande doit faire connaître les nom, prénoms, domicile et profession de la personne avec laquelle le requérant se propose de contracter mariage. Le second acte est rédigé au domicile de l'ascendant, en présence de ce dernier, par le notaire accompagné d'un autre notaire ou de deux témoins (3) ; il contient le procès-verbal de notification de l'acte précédent et, s'il y a lieu, la réponse faite par l'ascendant.

Mais rien ne s'oppose en principe à ce que ces deux actes soient réunis en un seul. La loi n'impose pas en effet deux actes séparés (4). Et cela est vrai, selon nous, que l'enfant accompagne ou non le notaire au domicile de l'ascendant.

Sur la présence de l'enfant au domicile de l'ascendant, une vive controverse s'est élevée en jurisprudence et en doctrine.

Cette présence est nécessaire, disent les uns. Les travaux préparatoires du Code prouvent que le législateur en rétablissant l'acte respectueux a eu pour but de rapprocher l'enfant de ses parents. Il a voulu provoquer

1. Il n'est pas nécessaire que le mandat soit donné en termes exprès. Voy. Merlin, *Questions de droit.* v° *Actes respectueux*, § 3, 10e quest. ; Aubry et Rau, t. V, § 463, p. 86, texte et note 24.

2. *Dict. du notariat*, v° *Actes respectueux*, nos 42 et s.

3. Douai, 27 mai 1835, S. 36. 2. 44.

4. Art. 154 C. civ. et art. 9 de la loi du 25 ventôse an XI.

des explications réciproques et par là même dissiper souvent les nuages et rétablir l'harmonie (1). D'ailleurs la tradition des jurisconsultes et pour la présence obligatoire (2). Plusieurs arrêts sont en ce sens (3).

Une autre opinion prend le contre-pied de celle-ci. L'enfant ne doit pas être présent au domicile de l'ascendant. L'article 156 ne parle que de la présence du notaire et des témoins. Il faut en conclure que la loi a prohibé l'assistance de l'enfant, par crainte, sans doute, des scènes pénibles et violentes qui pourraient se produire (4).

Une troisième opinion enfin — celle que nous adoptons, — se tient éloigné des deux solutions extrêmes qui précèdent. Le Code est muet; il n'a ni rendu obligatoire, ni prohibé la présence de l'enfant. Pourquoi se substituer à lui ? Ce qui n'est pas prohibé est permis ; ce qui n'est pas obligatoire est facultatif. Donc l'enfant pourra accompagner le notaire au domicile de l'ascendant, sans crainte d'ébranler la validité de l'acte respectueux. Mais il pourra se dispenser d'y aller, sans que l'acte puisse être de ce chef entaché de nullité. Que l'enfant demande conseil lui-même avec l'assistance d'un notaire, ou qu'il demande conseil par l'organe du notaire, le vœu de l'article 151 est rempli dans les deux cas (5).

Il est à remarquer que depuis la loi de 1896, les actes respectueux sont compris au nombre des actes qui doivent

1. Locré, *op. cit.*, t. III, p. 125.

2. Pothier, *Traité du contrat de mariage*, n° 340.

3. Caen, 1er prairial, an XIII et Angers, 20 janvier 1809, *Rép. gén. dr. franç.*, v° *Mariage*, n° 105.

4. V. les arrêts cités par Dalloz, *Répert.*, v° *Mariage*, n° 152.

5. Cf. Duranton, t. II, n° 111 ; Demolombe, t. III, n° 71 ; Zachariæ, § 468, texte et note 21 ; Aubry et Rau, t. V, § 463, p. 85, texte et note 22.

être visés pour timbre et enregistrés gratis (1). quand le futur époux est indigent (2).

Si, sur l'acte respectueux, l'acendant consent au mariage, le mariage se fait sans aucun délai. Mais si l'ascendant garde le silence ou refuse formellement de consentir, un certain délai devra s'écouler entre le jour de la notification et celui de la célébration du mariage. « Il faut qu'il y ait un temps suffisant, a dit Bigot Préameneu, pour qu'au milieu des passions trop vives et des premiers éléments de la discorde, la tendresse du père et la confiance de l'enfant puissent exercer leur première et mutuelle influence »

Ce temps était plus ou moins long sous l'empire du Code civil, suivant l'âge de la personne qui faisait l'acte respectueux. La loi de 1896 a aboli toute distinction à cet égard et rendu le délai uniforme. D'après le nouvel article 151, le délai est d'un mois dans tous les cas à partir du jour de la notification.

Comment compter ce délai d'un mois ? Nous renvoyons sur ce point aux très complets développements donnés par Merlin (3), et nous adoptons pleinement ses conclusions. L'art. 1033 C. pr. civ. doit être écarté ici comme se référant uniquement aux actes judiciaires. Les prin-

1. Loi du 10 décembre 1850, art. 4 (modifié par la loi du 20 juin 1896).

2. « *Seront admises au bénéfice de la loi les personnes qui jurtifieront d'un certificat d'indigence à elles délivré par le commissaire de police ou par les maires dans la commune où il n'existe pas de commissaire de police, sur le vu d'un extrait du rôle des contributions constatant que les parties intéressées paient moins de 10 fr. ou d'un certificat du percepteur de leur commune portant qu'elles ne sont pas imposés* » art. 6 de la loi du 10 décembre 1850.

3. Merlin, *Questions de droit*, v° *Acte respectueux*, § 2, 1re quest. V. aussi Duranton, t. II, n° 107 ; Demolombe, t. III, n° 67 ; Bordeaux, 19 juin 1844, S. 44. 2. 504.

cipes généraux conduisent à décider qu'il faut compter de quantième à quantième, et non par révolution de trente jours (1).

IV

Quelle est la *sanction* de l'obligation de demander conseil ?

La nécessité pour les mineurs d'obtenir le consentement des parents comporte, nous l'avons vu, une triple sanction : la nullité du mariage, les peines portées par les art. 156 C. civ. et 193 C. pén., enfin l'opposition absolue et non motivée. Allait-il en être de même pour l'obligation de demander conseil ? Nous savons déjà que les rédacteurs du Code civil suivant en cela les traditions de l'ancien droit, on regardé comme simplement prohibitif l'empêchement résultant du défaut d'acte respectueux. L'officier de l'état civil ne pourra procéder à la célébration du mariage, si l'acte respectueux n'a pas été fait ; mais le mariage, une fois contracté, est inattaquable.

La sanction sera ici purement pénale. Encore est-elle moins rigoureuse que celle du défaut de consentir. « S'il s'agit seulement d'actes respectueux dont la représentation n'ait pas été exigée par les officiers de l'état civil, dit l'exposé des motifs du Code, les conséquences n'en sont pas aussi fâcheuses : puisque les parents auxquels les actes respectueux eussent dû être faits, ne peuvent, par ce motif, attaquer le mariage, la peine sera moindre : l'emprisonnement pourra n'être que d'un mois » (2). C'est

1. *Sic.* Laurent, t. II, n° 328 ; Aubry et Rau. t. V, § 463, p. 88, texte et note 36.

2. Bigot-Préameneu, *Exposé des motifs*, procès-verbal du 17 ventôse an XII (Locré, *op. cit* . t. III, p. 139).

l'article 157 qui prévoyant les cas où il n'y a pas eu d'acte respectueux, alors qu'il était nécessaire d'en faire, prononce cette peine et renvoie, en ce qui concerne l'amende, à l'article 156 que nous connaissons.

A deux points de vue la sanction pénale dans l'hypothèse de l'article 157 est moins rigoureuse que lorsqu'il s'agit du non-consentement. D'une part le minimum de la peine d'emprisonnement, qui était de 6 mois, est descendu à un mois (1). D'autre part, la loi ne punit que l'absence de l'acte respectueux ; elle ne punit pas le simple défaut de mention de cet acte dans l'acte de célébration du mariage (2). Et cela est logique. Il ne résulte du défaut de mention aucune conséquence fâcheuse pour les époux, car la validité du mariage n'est pas un jeu.

Quant à la troisième sanction que nous avons assignée au défaut de consentement, le droit d'opposition au mariage, est-elle applicable au défaut d'acte respectueux ? Certainement oui. Il y a ici empêchement prohibitif. Il devait y avoir ouverture du droit d'opposition des ascendants. La partie finale de l'article 173 consacre cette solution (3).

Les articles 176 et 179 semblent même reconnaître aux ascendants du majeur un droit d'opposition aussi étendu qu'à ceux du mineur. Mais ce n'est là qu'une apparence.

Certes, dans les deux cas, l'action n'a pas besoin de contenir les motifs de l'opposition, article 176 ; mais le rôle du tribunal devant lequel serait portée une demande

---

1. Mais le maximum de la peine est resté fixé à un an (art. 156), d'après Demolombe t. III, n° 91, et Marcadé, sur les art. 156 et 157.

2. Chauveau et Faustin Hélie, *Théorie du Code pénal*, t. III, n° 899.

3. « *Le père et, à défaut du père, la mère... peuvent former opposition au mariage de leurs enfants et descendants, encore que ceux-ci aient vingt-cinq ans accomplis.* » art. 173 C. civ.

en main-levée d'opposition, serait bien différent dans les deux hypothèses.

Tandis que les juges sont obligés de maintenir l'opposition formée par l'ascendant d'un mineur, qu'elle qu'en soit la cause, sérieuse ou frivole, ils peuvent annuler selon nous, l'opposition émanée de l'ascendant d'un majeur, quand elle n'est pas fondée sur des motifs légaux.

Ainsi l'ascendant non consulté verra son opposition maintenue ; mais si un acte respectueux lui a été notifié, le tribunal prononcera la main-levée de l'opposition faite uniquement parce que l'ascendant désapprouve le mariage(1). Qu'on ne vienne pas prétendre que nous violons le texte de l'article 176 qui dispense tous les ascendants de motiver leur opposition. Ce texte n'est relatif qu'à la rédaction de l'acte d'opposition. Mais quand l'opposition est attaquée par un enfant majeur l'ascendant n'a plus le droit de garder le silence, autrement on aboutirait à ce résultat que l'enfant majeur ne pourrait se marier sans le consentement de ses ascendants. La majorité de la doctrine admet cette solution (3). Même ainsi restreint ce droit d'opposition constitue encore une sanction très efficace de l'obligation imposée aux descendants de demander le conseil de leurs ascendants.

1. Cass., 30 juin 1879, S. 79. 1. 416 ; Pau, 18 juin 1867, S. 68. 2. 181.

2. Ce qui est manifestement contraire aux art. 148 à 150 C. civ.

3. Duranton, t. II, nos 191 et 192 ; Aubry et Rau, t. V, § 454, p. 30, texte et note 8 ; Glasson, *Du consentement des époux au mariage*, Paris, 1866, no 137.

CHAPITRE II

Bien que nous ayons placé l'étude des législations étrangères sur le consentement familial dans la partie juridique de notre travail, nous n'avons pas le dessein d'analyser ces législations dans le détail de leurs dispositions, ni de résoudre les difficultés d'interprétation qu'elles peuvent soulever ; ce que nous voulons, c'est présenter un exposé bref et concis de ces diverses législations.

Nous n'examinerons, naturellement, que les lois étrangères ayant des rapports de parenté avec les nôtres. Encore ne prendrons-nous pas toutes ces lois. Outre que cette étude comporterait des développements hors de proportion avec le cadre que nous nous sommes imposés, elle n'offrirait pas grand intérêt. Des peuples de tous les points du globe, aux origines et aux mœurs très différentes des nôtres, se sont appropriés nos lois. Ils ont ainsi créé entre leur législation et la nôtre des liens souvent étroits de parenté. Mais il s'agit ici d'une parenté adoptive, artificielle, susceptible de disparaître demain sans laisser de traces, incapable de nous fournir d'utiles enseignements.

C'est ainsi que nous laisserons de côté la législation des Iles Ioniennes qui possèdent, depuis le 10 mars

1841, un Code civil fait sur le modèle du nôtre (1) et
contenant, en matière de consentement filial, des dispositions sensiblement analogues aux dispositions de la
loi française (2).

Nous n'étudierons pas davantage la législation de l'île
Maurice, bien que cette île continue à être régie, en principe, par le Code Decaen, qui n'est autre que le Code civil français (3).

Nous ne nous arrêterons pas sur la législation d'Haïti,
qui d'espagnole devint française en 1665, puis indépendante au début du siècle, lorsque le Code haïtien, frère
du nôtre, a été promulgué (4).

1. Le Code civil des Iles Ioniennes est divisé, comme le nôtre,
en trois livres (*Personnes — Biens — Modes d'acquérir*). Il comprend
2.111 articles.

2. Voici toutefois quelques différences importantes. Le mariage
civil a été aboli. Le refus du consentement n'est péremptoire que
s'il émane du père (art. 149). En cas de secondes noces, aucun consentement n'est requis (art. 150). Le consentement des parents
n'est exigé que jusqu'à 21 ans pour les deux sexes (art. 147). Enfin
la nullité du mariage pour défaut de consentement n'a pas d'effets
à l'égard des enfants (art. 152). V. Anthoine de Saint Joseph, *Concordance entre les codes civils et le Code Napoléon*, 2e édit., Paris, 1856,
t. II, p. 409.

3. Le Code civil français a été promulgué à l'île Maurice, le
25 vendémiaire an XIV, sous l'administration française du général
Decaen. Lors de la cession de l'île à l'Angleterre, plusieurs modifications importantes ont été introduites (V. not. l'ordonnance 9 de
1873 sur l'extension de la puissance paternelle). Mais les Anglais,
fidèles à leur principe de conserver à leurs colonies leur législation
propre, y ont maintenu, dans ses grandes lignes, le droit matrimonial français.

4. La proclamation de la République d'Haïti date du 1er janvier
1806. Le Code haïtien a été promulgué le 27 mai 1825. Il contient
2.047 articles. Ses rédacteurs ont supprimé la division en livres et
ont fait de chaque titre français une loi numérotée. La loi 6 sur le
mariage, reproduit dans les articles 136 à 148, les dispositions de
notre Code sur le consentement des parents et des actes respec-

Nous n'indiquerons que pour mémoire la législation du Bas-Canada, dont le Code civil mis en vigueur le 1ᵉʳ août 1865, s'est inspiré du nôtre sans le copier servilement (1).

Nous ne saurions non plus nous étendre sur la législation de la Louisiane (2), malgré l'intérêt spécial que présentent les dispositions de son Code (3) sur notre matière (4).

Enfin, mentionnons, en passant, la législation de la

tueux. V. *Code civil d'Haïti,* édit. Blaise, Paris, 1826 ; Linstant-Pradines, *Les codes haïtiens annotés.* Paris, 1825 ; Louis Bruno, *Code civil d'Haïti annoté,* Paris, 1892 ; Anthoine de Saint-Joseph, *op. cit.,* t. II, p. 820.

1. Il compte 2.615 articles et comprend un titre préliminaire et quatre livres, le dernier consacré aux lois commerciales. Le titre V, consacré au mariage, fixe la majorité matrimoniale à 21 ans pour les deux sexes (art. 119). L'enfant mineur dont les père et mère sont morts ou iacapables, doit obtenir le consentement de son tuteur, qui prend l'avis du conseil de famille (art. 122). Les sommations respectueuses sont supprimées (art. 123). Enfin, ne peuvent attaquer le mariage, que ceux dont le consentement était requis (art. 150). Voy. de Bellefeuille, *Code civil du Bas-Canada,* Montréal, 1866.

2. En 1803, la Louisiane fut cédée à la République américaine sous la condition expresse qu'elle conserverait sa langue et ses lois. Ces dernières consistaient en un mélange de droit français et de droit espagnol. La population louisianaise voulant avoir un Code, chercha en vain, paraît-il, un exemplaire du nouveau Code français et dut se contenter du projet publié en l'an IX avec le discours préliminaire de Portalis.

3. Le Code de la Louisiane de 1825, se divise en trois livres et se compose de 3.522 articles ; il a eu pour rédacteurs Moreau Lislet, Livingston et Derbigny.

4. Le consentement des parents n'est requis que pour les mineurs de 21 ans (art. 99). L'acte respectueux est inconnu. Le défaut de consentement n'entraîne pas la nullité du mariage, il est seulement une juste cause d'exhérédation (art. 144). V. *Code civil de l'Etat de la Louisiane,* annoté par Wheelock, Nouvelle-Orléans, 1838 ; Blondeau, *Sur le nouveau Code civil de la Louisiane, dans*

Roumanie dont le Code civil, promulgué le 4 décembre 1864, reproduit assez fidèlement, quant à la forme et quant au fond, notre législation matrimoniale (1).

Il est évident que ces législations, copies plus ou moins serviles de la nôtre, sont de fabrication trop artificielle pour être d'une réelle utilité dans l'étude que nous avons entreprise.

Nos investigations ne porteront que sur les pays qui nous entourent. Dans ces pays seulement, nous pouvons trouver des législations vraiment sœurs de la nôtre, liées à elle par une double communauté d'origine et de traditions. En raison même de leur situation géographique, les nations de l'Europe occidentale ont été soumises, dans le cours des siècles, aux mêmes influences religieuses, sociales et économiques. Tour à tour, le monde romain, les idées germaniques, les principes chrétiens ont exercé une action puissante sur la direction civilisatrice de ces peuples. Leurs législations, formées des mêmes éléments, se sont développées côte à côte, se pénétrant mutuellement, sans abdiquer cependant leur personnalité. N'est-il pas d'un haut intérêt de rechercher comment les peuples de l'Europe occidentale, sortis de la même race, exposés à des influences identiques, sont arrivés à réglementer d'une façon très différente un point particulier de législation ? Ce chapitre de droit comparé est fait pour répondre à ce légitime désir.

Thémis, t. VIII, p. 62 et 187 ; Anthoine de Saint-Joseph, *op. cit*, t. II, p. 459 ; Etude de Magne, *Bull. législ. comparée*, 1872, p. 203.

1. Il y a 1.914 articles (art. 131 et s., sur le consentement). V. Lambrechts, *Dictionnaire pratique de droit comparé*, vo *Roumanie*, fasc. IV-VII, Paris, 1897 ; Glasson, *Le mariage civil et le divorce*, 2e édit., Paris, 1880, p. 306 ; *Rép. gén. dr. franç.*, vo *Mariage*, n° 2412.

Nous classerons les pays les plus voisins du nôtre, d'après l'élément originel qui paraît avoir dominé en notre matière et avoir finalement imprimé un cachet particulier à la réglementation du consentement au mariage. C'est ainsi que, nous plaçant, non au point de vue de l'ensemble de la législation, mais au regard du point particulier qui nous occupe, nous répartirons les huit ou dix législations qui nous entourent, en trois groupes. Dans le premier, nous comprendrons les législations qui semblent s'être inspirées spécialement des idées romaines ; dans le second, nous rangerons celles où les principes canoniques ont persisté ; dans le troisième enfin, nous étudierons celles qui portent l'empreinte la plus forte du droit germanique.

Section I. — Groupe latin.

Sous cette rubrique se rangent les législations particulièrement restrictives de la liberté de l'enfant, celles chez lesquelles une survivance, qu'on nierait en vain, de la *patria potestas*, a fait établir un mode rigoureux d'intervention de la famille dans le mariage. L'idée romaine d'unité de la famille l'emporte ici sur le droit individuel de chacun des membres. L'enfant reste soumis à une forte autorité paternelle. Ce n'est plus la *potestas* absolue et sans limites du *paterfamilias,* mais c'est encore un pouvoir très étendu, qui n'est contrôlé par la société que dans des cas soigneusement limités.

A ce groupe appartient, en premier lieu, la législation française. Elle est, de toutes les législations, celle où le droit romain a marqué, sur le point particulier qui nous occupe (1), son empreinte la plus profonde. Ce sont ensuite les législations belge et néerlandaise qui, bien que régissant des pays à l'esprit et aux traditions germaniques, sont devenues, en adoptant dans ses grandes lignes le droit français, des législations de tempérament presque latin. C'est enfin la législation italienne.

I. — *Législation belge* (2).

La base du droit civil belge est toujours le Code Napoléon, promulgué en 1804, en Belgique, lorsque celle-ci formait une partie du territoire français. Mais des modifications importantes ont été apportées à la législation française.

Les réformes furent peu nombreuses pendant la période de l'union politique de la Belgique avec les Pays-Bas. Citons toutefois un arrêté royal du 7 mai 1815, émanant du roi Guillaume Ier, valable pour les deux pays, qui exempte du timbre et de l'enregistrement les pièces à produire par les indigents pour contracter mariage.

A partir de la Constitution belge du 25 février 1831, l'esprit de réforme commence à s'introduire au sein du

1. Nous ne faisons pas difficulté d'admettre que, sous d'autres rapports, l'organisation de la famille française doit plus au droit germanique qu'au droit romain. V. sur ce point, Glasson, *Mariage civil et divorce,* 2e édit., Paris, 1880, p. CII.

2. Consulter : Beltjens, *Code civil ann.,* Bruxelles, 1888. — Adam, *Code civil,* 2 vol., Bruxelles, 1887-91. — Laurent, *Principes de droit civil,* 3e édit., Bruxelles, Paris, 1878, t. II, et *Supplément aux principes de droit civil,* rédigé par Janssens, Servais et Leclercq, Bruxelles, Paris, 1896, t. I. — Lambrechts, *Dict. prat. de dr. comparé,* v[o] *Belgique et Luxembourg,* p. 20.

Parlement belge. On fait subir des modifications notables au Code Napoléon (1). Mais la réglementation du consentement des parents au mariage n'est pas touchée.

Il faut arriver à ces dernières années pour trouver des actes législatifs intéressant notre matière. Le législateur belge s'est préoccupé avant tout de simplier, à l'égard des indigents, les formalités du mariage.

Dans une circulaire en date du 25 février 1878 (2), le ministre de la justice faisait connaître que « son intention avait été attirée sur la difficulté qu'éprouvent les étrangers, et en particulier les indigents, à se procurer les documents qui leur sont nécessaires pour contracter mariage », et qu'il était résolu à porter à la connaissance de tous, par leur insertion au Moniteur, les lois étrangères relatives à la capacité de contracter mariage.

L'année suivante, une déclaration échangée entre la Belgique et la France simplifiait la législation des pièces à produire par les nationaux de l'un des deux pays pour se marier dans l'autre (3). Valable pour cinq ans, elle s'est renouvelée, depuis, tacitement, pour une période indéfinie.

Une réforme plus importante fut introduite par la loi du 16 août 1887, qui modifiant l'art. 152 du C. Nap., réduisit à un seul le nombre des actes respectueux (4). Dans l'intérêt de la famille, on conserva l'obligation pour l'enfant de prendre à tout âge le conseil de ses ascendants ; mais quand le refus de consentir de l'ascen-

1. Lois du 28 janvier 1850, sur les vices rédhibitoires ; du 16 décembre 1851, sur les privilèges et hypothèques ; du 15 août 1854, sur l'expropriation forcée, etc.
2. *Moniteur belge* du 27 février 1878, n° 58, p. 661.
3. Déclaration du 18 octobre 1879.
4. V. sur ce point, Lambrechts, *op. cit.*, p. 22.

dant aura été constaté par l'acte respectueux notifié par ministère de notaire, le mariage pourra être célébré un mois après la notification (1). L'omission de l'acte respectueux n'a point d'effet sur la validité du mariage, elle expose seulement l'officier de l'état civil à une amende qui peut s'élever jusqu'à 500 fr. (2).

Au reste, toute personne qui a connaissance que le consentement ou le conseil des ascendants n'a pas été obtenu, peut en aviser l'officier de l'état civil qui décide s'il y a lieu de passer outre. Mais une opposition proprement dite, notifiée dans les formes prescrites par les art. 172 à 178, C. Nap., ne peut être faite que par : 1° le père, à son défaut la mère, à leur défaut les ascendants conjointement ou séparément, pour tous motifs fondés ; 2° les collatéraux, mais seulement s'il n'y a pas d'ascendants et pour motifs d'absence de consentement du conseil de famille.

Nous devons parler aussi de la loi du 26 décembre 1891, sur la simplification des formalités qui précèdent le mariage. Elle a eu pour but principal l'abrogation des art. 63 à 65, 74 et 165 à 169, C. Nap., sur la pluralité des publications du mariage ; mais elle a décidé en outre, interprétant l'art. 4 de la loi de 1887, qu'en cas d'indigence, l'acte de consentement de l'ascendant pourra être reçu par l'officier de l'état civil du lieu du domicile ou de la résidence de l'ascendant, et à l'étranger par les agents diplomatiques, consuls ou vice-consuls de Belgique.

Enfin, une autre loi belge du 30 avril 1896 (3) est

1. Loi du 16 août 1887, art. 3.

2. C. pén. belge, art. 264.

3. Voy. *Moniteur belge* du 8 mai 1896. Pour les travaux préparatoires, consulter *Annexes parlementaires*, 1895-1896, p. 912, 919, 923 et 924.

venue modifier, à son tour, quelques dispositions relatives au mariage. Dorénavant, fils et filles peuvent se marier au même âge sans le consentement de leurs parents,
et cet âge est celui de 21 ans (1). Si l'enfant, âgé de plus
de 21 ans, n'a pas encore atteint 25 ans, la loi a introduit une procédure nouvelle. Le père, et, à son défaut,
la mère, peuvent, dans les 15 jours de la notification de
l'acte respectueux, prendre recours de cet acte devant le
tribunal. Celui-ci décide s'il y a lieu de passer outre au
mariage ou si on doit accorder un sursis (2). Cette règle
n'a pas pour but de déroger à l'art. 148 nouveau qui fixe
à 21 ans la majorité matrimoniale. Elle établit seulement une exception au droit commun sur les effets de
l'acte respectueux (3). La conséquence est que le majeur
de 21 ans, mineur de 25 ans, qui se sera marié sans
attendre l'expiration du délai dans lequel le recours peut
être pris contre l'acte respectueux, ne verra pas son mariage déclaré nul. Une autre modification importante
consiste dans la suppression de la demande de conseil
en ce qui concerne les aïeuls et aïeules (4).

La loi de 1896 a aussi donné de grandes facilités pour
prouver l'absence des ascendants ou leur impossibilité
de manifester leur consentement (5). Enfin, elle a
tranché la controverse qui existait sur le point de
savoir comment devait être faite la preuve que le consentement de la mère avait été demandé et refusé, en dé-

1. Art. 148 nouveau.
2. Art. 152 nouveau.
3. Laurent, *Supplément, op. cit.* t. I, n° 287.
4. Art. 151 nouveau.
5 « *Il n'est pas nécessaire de produire soit l'acte de décès du père ou de
la mère, soit les actes de décès des père et mère, lorsque, dans le premier
cas, la mère ou le père, et, dans le second cas, les aïeul et aïeule attestent ce
décès* », art. 155 nouv.

cidant que « le dissentiment peut être constaté par acte notarié, par exploit d'huissier, par procès-verbal dressé par l'officier de l'état civil ou par lettre de refus adressée à ce dernier par la mère » (1).

Les lois belges de 1887, de 1891 et de 1896 ont inspiré la loi française du 20 juin 1896.

Un travail de revision complète du Code civil a été entrepris en Belgique, depuis une quinzaine d'années. Le ministre de la justice a chargé M. Laurent, professeur de droit de l'Université de Gand, de rédiger un avant-projet du Code civil. Cet avant projet a été élaboré de 1882 à 1885 (2). Depuis, il ne semble pas que la revision ait fait de sensibles progrès. Le projet n'est pas encore prêt d'aboutir.

II. — Législation néerlandaise (3).

Bien avant la Révolution française, le mariage civil existait déjà en Hollande. Il avait été établi en 1580, pour les Etats de la province de Hollande et de la Flandre occidentale (4), et remis aux mains du magistrat municipal qui le célébrait après proclamation préalable sur la place du marché (5). En 1656, l'institution fut étendue par les Etats-Généraux des Pays-Bas à tous les

1. Art. 148 nouveau.

2. V. Laurent, *Avant-projet de Code civil* (12 fasc.), Bruxelles, 1882-85.

3. Consulter : Tripels, *Les Codes néerlandais*, trad., Maëstricht, 1886. — Anthoine de Saint-Joseph, *op. cit.*, t. II, p. 348. — Verduchêne, *Observations critiques sur le Code civil néerlandais comparé au Code Napoléon*, 2 vol., Maëstricht, 1860-1863. — *Répert. général de droit français*, vᵒ *Mariage*, nᵒ 2256.

4. Friedberg, *Das Recht der Eheschliessung*, Leipzig, 1865, p. 825.

5. Friedberg, *op. cit.*, p. 482.

pays placés sous leur autorité ; mais le mariage religieux continua à subsister comme mariage légal : le mariage civil était purement facultatif et avait sa raison d'être dans les difficultés que soulevait la présence des sectes dissidentes et des populations catholiques à côté de l'Eglise réformée des Pays-Bas (1).

Quand la Hollande eut été incorporée à la France, en 1810. par un décret de Napoléon (2), les cinq Codes français y furent promulgués (3). La législation française resta en vigueur pendant vingt-huit ans. Pourtant, dès 1814, la Hollande s'était séparée de la France et avait recouvré son indépendance. Le roi Guillaume Ier s'était bien occupé immédiatement de doter son pays d'une législation nationale (4). Mais l'œuvre était difficile. Les esprits étaient divisés sur le point de savoir si le Code Napoléon serait pris pour modèle. On le trouvait généralement empreint d'un esprit trop révolutionnaire. Il fut décidé que la législation française servirait de type au nouveau Code, mais qu'on lui ferait subir toutes les modifications nécessitées par le droit, les mœurs et les usages nationaux. Après l'élaboration de plusieurs projets et de longues discussions, le Code civil néerlandais fut enfin promulgué par un arrêté royal du 10 avril 1838 (5).

La législation néerlandaise sur le consentement fami-

1. Esmein, *Mariage en droit canonique*, Paris, 1891, t. I, p. 47 ; Paul Pic, *Mariage et divorce*, p. 25.

2. Décret du 9 juillet 1810, art. 1 : « *La Hollande est réunie à la France.* »

3. Décret du 8 novembre 1810.

4. V. Loi fondamentale du 30 mars 1814, art. 100.

5. Le 1er octobre suivant, il fut mis en vigueur. Il comprend 2.030 articles répartis en quatre livres (*Personnes — Biens — Obligations — Preuves et prescriptions*).

lial au mariage s'est inspirée, dans son esprit général, de notre législation. Mais elle a su la modifier assez heureusement sur plusieurs points.

Le consentement de la famille est nécessaire durant la minorité de l'enfant ; celle-ci dure jusqu'à l'âge de vingt-trois ans (1). Tant qu'ils sont mineurs de vingt-trois ans, les enfants légitimes doivent obtenir le consentement de leurs père et mère. Si la mère ne manifeste pas sa volonté ou qu'il y ait dissentiment, le consentement du père suffit. Dans ce dernier cas, le père est tenu de déclarer, soit dans l'acte de consentement, soit devant l'officier de l'état civil, que le consentement de la mère a été demandé. Quand le père est mort ou dans l'impossibilité de manifester sa volonté, le consentement de la mère suffit (2). A défaut des père et mère, sont appelés à consentir successivement l'aïeul paternel, l'aïeul maternel, l'aïeule paternelle et enfin l'aïeule maternelle (3). Le refus de consentir de la part d'un ascendant est toujours péremptoire.

Si les ascendants sont décédés ou incapables, il faut le consentement du tuteur et du subrogé-tuteur, mais le mineur peut se pourvoir contre leur refus devant le juge cantonal, qui décidera après comparution du tuteur, du subrogé-tuteur et de quatre des plus proches parents du mineur (4). Chacun des comparants a le droit d'en appeler de la décision du juge cantonal devant le tribunal d'arrondissement qui accordera ou refusera définitivement l'autorisation (5).

1. Art. 385 C. civ. néerl.
2. Art. 92, C. civ. néerl.
3. Art. 93 et 94 C. civ. néerl,
4. Art. 95 C. civ. néerl.
5. Art. 96 C. civ. néerl.

Les mêmes dispositions sont applicables aux enfants naturels (1).

Les veufs et les veuves, même ayant moins de 23 ans, n'ont pas besoin d'un consentement externe pour se marier. En effet, dans le droit néerlandais, le mariage n'est pas seulement une émancipation, c'est une majorité (6). Le mineur qui se marie devient immédiatement majeur, c'est-à-dire pleinement capable. Cette capacité, au reste, est purement fictive et se conçoit difficilement en bonne législation (2).

L'enfant majeur de 23 ans n'est pas immédiatement libre de contracter mariage suivant son propre gré. Jusqu'à l'âge de 30 ans révolus, il ne jouit que d'une demi-liberté. Quel que soit son sexe, il est tenu de demander le consentement de ses père et mère. Mais ceux-ci ne peuvent formuler un refus péremptoire, car l'enfant a toujours la faculté de demander l'intercession du juge cantonal (3). Dans les trois semaines de cette demande, le juge fait comparaître le père, à son défaut, la mère, ainsi que l'enfant. Il leur fait les remontrances qu'il juge nécessaires dans leur intérêt mutuel et dresse procès-verbal de la comparution des parties, sans relater les motifs allégués de part et d'autre (4). En cas de non comparution des père et mère, on passe outre à la célébration du mariage (5). Si l'enfant ne comparaît pas, le mariage ne peut être

1. Art. 97 et 98 C. civ. néerl.

2. C. civ. néerl., art. 385 : « *Les mineurs sont ceux qui n'ont pas encore atteint l'âge de 23 ans révolus et qui ne se sont pas mariés avant cet âge. Lorsque le mariage s'est dissous, avant qu'ils n'aient atteint l'âge de 23 ans révolus, ils ne reviennent pas mineurs.* »

3. Verduchêne, *op. cit.*, II, p. 173.

4. Art. 99 C. civ. néerl.

5. Art. 100 C. civ. néerl.

6. Art. 101 C. civ. néerl.

célébré sans une nouvelle demande d'intercession (1). Si les parties étant comparues, les parents persistent dans leur refus, le mariage ne sera célébré qu'après trois mois révolus, à compter du jour de la comparution (2). Ces dispositions sont, de tous points, applicables aux enfants naturels, par rapport à ceux dont le consentement est requis (3).

A partir de 30 ans, l'enfant de l'un et l'autre sexe n'est plus astreint, pour se marier, à demander le consentement, ni même le conseil de ses parents.

Le Code néerlandais ignore donc l'acte respectueux. Il l'a remplacé, pour le mineur de 30 ans, par l'intervention du juge du canton. Il a considérée cette intervention comme plus propre à ramener la bonne harmonie dans la famille. A l'égard des majeurs de 30 ans, l'acte respectueux a été supprimé purement et simplement.

Quelle est la sanction du défaut de consentement dans les cas où il est requis ? Aux termes de l'art. 146 C. néerl. C'est la nullité même du mariage, nullité relative naturellement, qui se distingue de celle édictée par l'art. 182 C. Nap. à deux points de vue. D'abord l'action ne compète qu'à ceux dont le consentement était requis, et non à l'époux mineur (4). Ensuite il suffit pour qu'il y ait confirmation tacite du mariage, qu'un délai de six mois, se soit écoulé sans contradiction depuis que la personne dont le consentement était requis a eu connaissance du mariage.

---

1. Art. 102 C. civ. néerl.
2. Art. 103 C. civ. néerl.
3. Art. 104 C. civ. néerl.
4. Lors de la discussion de l'article 146 Code néerl., il a été dit expressément que le consentement des parents était exigé seulement *in gratiam parentum*. V. Verduchêne, *op. cit.*, t. I, p. 136.

Telle est la législation des Pays-Bas en matière de consentement familial. Nous n'avons pas à l'apprécier ici. Nous croyons pouvoir dire, néanmoins, que M. Verduchène n'avait sans doute pas en vue cette partie de sa législation nationale, quand il a écrit, en parlant du Code néerlandais : « Il est indigne de nous. Je voudrais qu'il fût aboli et que le Code Napoléon fût remis en vigueur avec les modifications indiquées par la science » (1).

III. — *Législation italienne* (2).

Le Code Napoléon promulgué en 1804 dans les provinces piémontaises devenues départements français, et de 1805 à 1807 dans les autres provinces du royaume d'Italie et les divers Etats de la péninsule, avait remplacé les anciens Statuts particuliers. Mais la législation française ne devait pas survivre à l'éphémère royaume d'Italie. Elle sombra en même temps que lui, en 1814. Les anciennes lois furent remises en vigueur, sauf dans quelques Etats, où le Code Napoléon conserva force de loi (3). Des Codes particuliers furent promulgués un peu partout (4). Quand l'unité politique de l'Italie eut été réa-

1. Verduchène, *op. cit.*, II, p 283.
2. Consulter : Gondolfi, *Code civil du royaume d'Italie,* trad., Annecy, 1868. — Huc, *Le Code civil italien et le Code Napoléon,* suivi d'une traduction du Code civil italien par Orsier, 2 vol., 2e édit., Paris, 1868. — Prudhomme, *Code civil italien du 25 juin 1865,* trad. et annot., Paris, 1896. — Paul Gide, *De la législ. civile dans le nouv. roy. d'Italie, Revue historique,* juillet et août 1866, p. 392. — Boissonade, *Le nouveau Code civil italien comparé au Code Napoléon, Revue pratique,* t. XXVI, p. 67. — *Rép. gén. dr. franç.,* vo *Mariage,* no 2132.
3. Dans l'ancienne République de Gênes, la principauté de Lucques et le duché de Parme.
4. Le Code autrichien en Lombardie, le Code des Deux-Siciles à Naples, le Code de Parme dans l'ancien duché, le Code Albertin de 1837 en Sardaigne, le Code du 25 octobre 1851 à Modène.

lisée, on chercha à faire cesser la diversité des législations et on travailla à la rédaction d'un projet de Code
civil. Cinq années suffirent pour mener à bien ce travail.
Un décret royal, en date du 25 juin 1865, promulgua le
Code italien (1).

Le Code civil français servit de modèle au nouveau
Code, mais on s'écarta très librement des solutions françaises. Dans son ensemble, la législation italienne est im-
prégnée beaucoup plus que la nôtre, des principes romains.
Le droit canonique et le droit germanique y ont exercé
une influence presque nulle. La loi romaine forme le
fond et la substance du Code de 1865. Le législateur italien n'a pas voulu créer de toutes pièces un droit nouveau. Il s'est contenté de réformer le vieux droit romain
pour l'approprier aux besoins d'une civilisation nouvelle (2).

Dans la matière spéciale qui nous occupe, éclate particulièrement l'esprit réformateur du législateur de 1865.
S'il a maintenu dens son principe, la puissance paternelle, il a eu soin d'en modérer l'exercice et d'en borner
la durée, et il a dépassé dans cette voie le législateur
français de 1804. La puissance paternelle n'est plus une
magistrature. Elle appartient aux deux parents. Sans
doute, le père en aura seul l'exercice normalement. Mais

1. Il est entré en vigueur le 1er janvier 1866. Il comprend trois
livres (*Personnes — Biens — Mode d'acquérir*), précédés de dispositions préliminaires formant 2.147 articles.

2. Nous empruntons ces aperçus à l'étude de M. Gide, *Revue hist.*,
1866, p. 405 et s. Le même auteur. dans un autre de ses ouvrages
(*Etude sur la condition privée de la femme mariée*, 2e édit., avec notes
d'Esmein, Paris, 1885. p. 289), s'est exprimé ainsi : « Malgré tant
d'invasions répétées, elle (l'Italie) est restée latine dans son droit
comme dans sa littérature. Il n'est pas de pays en Europe qui ait
été si souvent la proie des Barbares, et pourtant il n'en est pas
qui ait gardé si peu de traces de leur passage. »

dès que le père se trouvera dans l'impossibilité de
l'exercer, elle passera à la mère qui l'exercera avec la
même énergie que le père (1). Elle n'est plus un droit de
puissance, mais un pouvoir tutélaire. Ce pouvoir cesse
avec l'impuissance et la faiblesse de l'enfant et la société
a, sur lui un droit permanent de contrôle.

Cette conception nouvelle de l'autorité paternelle devait porter ses fruits en matière de consentement familial au mariage.

La loi italienne a conservé la majorité matrimoniale
française, quand le père ou la mère existe. Le fils mineur
de 25 ans et la fille mineure de 21 ans ne peuvent contracter mariage sans le consentement du père et de la
mère. En cas de désaccord le consentement du père suffit.
Si l'un d'eux est décédé ou s'il est dans l'impossibilité
de manifester sa volonté, le consentement de l'autre
suffit (2).

Quand les père et mère sont décédés ou incapables, il
y a rétablissement de l'égalité entre les deux sexes. Le fils
devient comme la fille, majeur à 21 ans (3). Le législateur
italien a pensé que les aïeuls et aïeules qui en raison de
leur âge ne sont pas toujours en état de bien apprécier
la convenance du mariage, devaient avoir des droits
moins étendus que les père et mère. Jusqu'à 21 ans seulement, les enfants de l'un ou de l'autre sexe doivent

1. Le droit de correction, notamment, est exercé de la même
manière par le père et par la mère : l'un et l'autre agissent par
voie de requête au juge et non, comme en France, pour le père,
par voie d'injonction. La mort du père ne fait pas ouvrir la tutelle.
Aux termes de l'article 241, la tutelle ne s'ouvre que lorsque les
père et mère sont l'un et l'autre décédés ou incapables.

2. Art. 63 C. civ. ital.

3. Cet âge est d'ailleurs l'âge de la majorité ordinaire pour les
deux sexes, art. 240 C. civ. ital.

obtenir le consentement des aïeuls et aïeules. Si l'aïeul et l'aïeule de la même ligne sont en désaccord, le consentement de l'aïeul suffit. Le désaccord entre les deux lignes emporte consentement (1). A défaut d'ascendants, les mineurs de 21 ans doivent obtenir le consentement du conseil de famille (2).

Le refus de consentir n'est jamais péremptoire, alors même qu'il émane d'un ascendant. L'enfant a toujours le droit de se pourvoir devant la Cour d'appel. Le recours peut être formé, dans l'intérêt de l'enfant mineur soit par les parents ou alliés, soit par le ministère public. La Cour statue souverainement et sans donner de motifs, après avoir entendu, à huis-clos, les parties intéressées et le ministère public (3). L'intervention de défenseurs n'est pas admise.

Les enfants naturels sont soumis aux mêmes obligations. Toutefois le conseil de famille est remplacé ici par le conseil de tutelle (4). Il appartient aussi à ce conseil de donner son consentement au mariage des enfants naturels non reconnus, à moins qu'il y ait un adoptant.

L'adoptant, en effet, jouit des droits analogues à ceux des père et mère, au point de vue du consentement (5). Le fils adoptif mineur de 21 ans, doit obtenir, outre le consentement de ses père et mère, le consentement de l'adoptant (6). Quand le fils adoptif mineur n'a ni père ni mère, ni aïeuls ni aïeules, le consentement de

1. Art. 64 C. civ. ital.
2. Art. 65 C. civ. ital.
3. Art. 67 C. civ. ital.
4. Art. 66 C. civ. ital.
5. « Dispenser l'adopté de cette marque de déférence envers l'adoptant serait contraire à la nature même de l'adoption. » Rapport de 1865 au Roi.
6. Art. 63 C. civ. ital.

l'adoptant est seul requis : le conseil de famille n'a pas à intervenir.

La sanction du défaut de consentement est civile et pénale, comme en droit français. L'officier de l'état civil qui a procédé à la publication d'un mariage, sans s'être assuré que le consentement requis avait été obtenu, encourt une amende de 100 à 500 fr. (1). Quant à la sanction civile, elle consiste dans la nullité du mariage (2). Cette nullité peut, d'ailleurs, être invoquée, soit par les personnes dont le consentement était requis — ascendants, adoptant, conseil de famille ou de tutelle, — soit par celui des époux à qui ce consentement était nécessaire ; toutefois, le fils qui avait 21 ans accomplis au moment de la célébration du mariage, ne peut se prévaloir de la nullité. Cette nullité est couverte par l'approbation expresse ou tacite des personnes qui pouvaient l'intenter, ou par l'écoulement d'un délai de six mois, sans réclamation depuis que ces mêmes personnes ont eu connaissance du mariage, ou depuis que l'époux est devenu majeur (3).

Quant aux enfants qui ont atteint l'âge de la majorité matrimoniale, ils n'ont ni consentement ni conseil à demander à leurs ascendants (4).

Le Code italien a supprimé les actes respectueux du droit français. Du rapport du garde des sceaux Pisadelli sur le projet du gouvernement, et des observations présentées au cours de la discussion devant les Chambres et

1. Art. 125 C. civ. ital.
2. Art. 108 C. civ. ital.
3. Art. 109 C. civ. ital.
4. Les ascendants ne conservent que le droit de faire opposition à leur mariage, s'il existe un empêchement légal, art. 82 C. civ. ital.

Frank Bernard   16 devant la commission, il résulte qu'on a considéré les actes respectueux comme des actes servant uniquement à aigrir les rapports des parents et des enfants (1).

Section II. — Groupe canonique.

Le droit canonique, qui avait exercé au moyen âge une action prépondérante sur le droit matrimonial de l'Europe occidentale, a vu peu à peu son influence diminuer, à partir du XVIe siècle, jusqu'au jour où les Codes modernes l'ont brutalement repoussé de leur sein. A peu près seules, deux législations ont fait exception à la règle générale, la législation espagnole et la législation portugaise. Ce sont les deux législations qui, aujourd'hui, en Europe, laissent au droit canonique l'empire le plus étendu en matière de mariage. Une tradition puissante et l'esprit profondément chrétien de ces populations ont su maintenir intacts les principes canoniques du Concile de Trente et réaliser l'alliance de la loi religieuse avec le droit séculier. C'est peut-être en matière d'intervention de la famille dans le mariage, que cet accord se manifeste le mieux, car c'est un des points sur lesquels l'entente a toujours été particulièrement difficile entre les deux législations.

Montrons de quelle manière l'harmonie a été obtenue et comment, notamment, en faisant de l'empêchement résultant de l'absence de consentement, un empêchement simplement prohibitif, la législation espagnole et la législation portugaise forment un groupe assez à part au milieu

1. Prudhomme, *op. cit.*, p. 24, note 3.

des législations européennes. Nous ne rattachons pas à ce groupe la législation écossaise que nous étudierons à côté du droit anglais, parce que l'Ecosse, bien qu'ayant une législation essentiellement libérale sur le point qui nous occupe, n'a pas adopté les principes canoniques du Concile de Trente et que le défaut de consentement des parents n'est même pas, comme en droit canonique, un empêchement prohibitif.

I. — *Législation espagnole* (1).

L'Espagne, ce « paradis de l'Eglise », suivant l'expression d'un jurisconsulte espagnol (2), est la vraie patrie du droit canonique. Sa législation a bien subi, comme toutes les législations européennes, l'influence germanique, surtout au VIIe siècle, quand fut publiée, sous le roi Egiza, la loi des Wisigoths (3). Le droit romain a bien eu, lui aussi, en Espagne, son moment de vogue, au XVIe siècle, lors de la publication des statuts généraux (*las Partidas*), et il a inspiré visiblement les *Leges de toro*, sous Ferdinand et Isabelle, ainsi que les *Recopilaciones* de Philippe II (4). Mais ces diverses influences ne persistè-

1. Consulter : Levé, *Code civil espagnol de 1889*, traduct et annot., Paris, 1890. — Lehr, *Eléments de droit civil espagnol*, 2 vol., Paris, 1880-1890. — De Villers, *Etude sur la législation espagnole* (part. organisat. judic. et droit pén.), Angers, 1886. — *Bull. législ. comp.*, 1884, p. 472. — *Revue de droit international*, 1887, p. 601. — *Leges provisionales del matrimonio*, Madrid, 1870. — *Rép. gén. dr. franç*, v° *Mariage*, n° 1731.

2. Valiente, *Apparatus jur. publ. hispan.*, t. II, c. 8.

3 « La moins barbare, la moins germanique des lois germaniques », suivant M. Gide (*Condition privée de la femme, op. cit.*, p. 328).

4. « Ce n'est pas peu d'honneur et de gloire pour les décisions

rent pas longtemps. On peut dire que le droit canonique régla en entier le droit matrimonial espagnol.

Les décrets du Concile de Trente sur le mariage furent promulgués le 15 juillet 1564, par la *cedula real* de Philippe II. Pendant trois siècles, le mariage fut considéré comme un acte essentiellement religieux, à l'occasion duquel le pouvoir civil n'avait pas à intervenir et dont les conditions de fond et de forme étaient du ressort exclusif des lois ecclésiastiques. Cet état législatif dura jusqu'à la Révolution espagnole de 1868.

A la chute d'Isabelle II, sous la régence du maréchal Prim, la loi provisoire du 18 juin 1870 introduisit en Espagne le mariage civil français et le rendit obligatoire (1). Cette loi n'eut pas des effets durables. Il se produisit en effet une réaction, après la restauration de la monarchie bourbonienne. Afin de pacifier les esprits, Alphonse XII promulgua, les 9 et 27 février 1875, deux décrets de loi rétablissant l'ancien état de choses et remettant en vigueur les canons de l'Eglise et les lois civiles antérieures à 1870 (2).

Au nombre de ces dernières était une loi du 18 juin 1862, qui avait revisé, sur le point spécial du consentement familial au mariage, les Pragmatiques de 1776 (3) et de 1803 (4). Elle avait limité aux fils âgés de moins de

des lois de mon pays que de les voir consacrées par les lois romaines si pleines de justice, de sagesse et de morale, » Sala, *Illustracion del derecho espagnol*, préface (cité par Anthoine de Saint-Joseph, *op. cit.*, t. I, introd., p. CIV).

1. *Annuaire de législation comparée*, 1873, p. 383.

2. *Ann. de législ. comparée*, 1876, p. 608.

3. La Pragmatique de 1776 avait imposé aux mineurs de 25 ans des deux sexes l'obligation d'obtenir le consentement familial.

4. La majorité matrimoniale des filles avait été abaissée à 23 ans pour les filles.

23 ans et aux filles mineures de 20 ans, l'obligation d'obtenir le consentement du père et avait abaissé à 20 ans la majorité matrimoniale pour les deux sexes, dans le cas où, à défaut du père, le consentement devait être donné par la mère ou par les grands-parents. Désormais, les autorités administratives ne pouvaient plus suppléer, que dans des cas très rares, au consentement paternel. Enfin, la loi de 1862 avait établi l'obligation, pour les fils âgés de plus de 23 ans et pour les filles ayant 20 ans révolus, de demander le conseil des père, mère ou aïeul, suivant les cas, en présence d'un notaire public ou ecclésiastique, et, en cas de refus, de surseoir de trois mois au mariage. Au reste, la violation de ces diverses dispositions ne rendait pas le mariage nul, mais il y avait une sanction pénale, l'emprisonnement correctionnel.

Les décrets de février 1875, qui abrogèrent la loi de 1862, eurent pour effet d'introduire, dans le droit espagnol, une double législation sur le mariage (1). Il y eut, dès lors, le mariage canonique, pour tous ceux qui ne déclaraient pas formellement ne pas appartenir à l'Eglise catholique, et le mariage civil, pour les autres (2).

Le Code civil espagnol du 24 juillet 1889 (3), a main-

1 *Revue de droit international*, 1887, p. 601 ; Glasson, *Mariage civil et divorce, op. cit.*, p. 297.

2. *Rev. de droit intern.*, 1887, 516.

3. Le projet de Code civil espagnol, déposé aux Cortès le 24 avril 1882, reçut la sanction législative le 6 octobre 1888 et fut promulgué le 24 juillet 1889. Quoique fait sur le modèle du Code Napoléon, il constitue une œuvre originale. Ses rédacteurs ont voulu concilier les principes modernes de la science juridique avec les dispositions coutumières espagnoles. Le Code espagnol est un monument législatif remarquable. Il contient quatre livres et 1.976 articles.

tenu cette dualité de forme et de législation. L'article 42 le dit expressément : « La loi reconnaît deux formes de mariage : le canonique que doivent contracter tous ceux qui professent la religion catholique et le civil » qui est réservé aux citoyens non catholiques. Le premier est régi par les constitutions de l'Eglise catholique et du Concile de Trente, reçues comme lois du royaume (1). Le second est réglementé par le Code civil. Toutefois, ces deux formes de mariage, ont un certain nombre de règles communes énumérées dans la Section II, du Titre du mariage. Parmi elles, figure l'obligation pour les futurs conjoints d'obtenir le consentement ou de solliciter le conseil de certaines personnes.

Il nous faut examiner comment le nouveau Code espagnol a réglementé l'intervention de la famille à propos du mariage. Cette réglementation est des plus simples. La loi distingue entre l'enfant majeur et l'enfant mineur.

Le mineur, c'est-à-dire la personne de l'un ou de l'autre sexe n'ayant pas 23 ans accomplis (2), ne peut se marier sans l'autorisation du père et, à son défaut, sans celle des personnes suivantes, et dans cet ordre : mère, ancêtres paternels et maternels, conseil de famille (3). Pour l'enfant naturel reconnu, il faudra l'autorisation de celui de ses parents qui l'a reconnu ; si tous deux l'ont reconnu, il suffit du consentement du père et, à défaut du

1. Art. 75 C. civ. esp. Le mariage canonique ne peut d'ailleurs être célébré qu'en présence d'un fonctionnaire civil chargé de l'inscrire immédiatement sur le « registre civil », art. 77 : il est donc, dans un sens, tout à la fois civil et religieux, ce qui donne satisfaction aux scrupules religieux des parties et aux exigences du droit civil moderne. V. *Répert. gén. dr. franç.*, v° *Mariage*, n° 1736.

2. Art. 320 C. civ. esp.

3. Art. 46, alin. 1, C. civ. esp.

père, de celui de la mère (1). Quant à l'enfant adopté, il demandera l'autorisation de son père adoptif, et, à son défaut, celle des membres de sa famille naturelle.

Lorsque l'enfant a atteint sa majorité, il doit néanmoins solliciter le consentement de son père, et, à défaut de père, celui de sa mère. Mais, s'il ne l'obtient pas, il peut faire célébrer son mariage trois mois après la demande (2).

Dans les cas où le consentement est exigé, l'enfant n'a aucun recours contre le refus de consentir (3). Par contre, si le mariage a été célébré sans le consentement requis, il ne sera pas nul, comme en droit français. Le défaut de consentement fait seulement subir aux conjoints certaines déchéances (4). Elles sont au nombre de trois : les conjoints sont réputés mariés avec une absolue séparation de biens ; aucun des époux ne pourra rien recevoir de l'autre par donation ou par testament ; si l'un des conjoints est mineur non émancipé, il ne prendra l'administration de ses biens qu'à sa majorité.

Le Code de 1889 a donc consacré la théorie canonique sur la nature de l'empêchement résultant de l'absence de consentement. Pour lui, l'empêchement est non pas dirimant, mais prohibitif. Il ne pouvait en être autrement, puisque la connaissance des actions en nullité du mariage des catholiques appartient, d'après le Code espagnol, aux tribunaux ecclésiastiques (5).

1. Art. 46, alin. 2, C. civ. esp.
2. Art. 47 C. civ. esp.
3. Art. 49 C. civ. esp.
4. Art. 50 C. civ. esp.
5. Art. 80 C. civ. esp.

II. — Législation portugaise (1).

La législation portugaise nè date que du XIIIᵉ siècle, époque à laquelle l'indépendance du Portugal fut proclamée. Tant que ce pays était demeuré uni à l'Espagne, il avait été soumis au *fuero juzgo*, c'est-à-dire à la loi wisigothe que des coutumes locales avaient modifiée sur plusieurs points. Après la désunion politique des deux pays, les souverains portugais firent paraître de nombreuses ordonnances. Recueillies au milieu du XVᵉ siècle par ordre d'Alphonse V (2), elles donnèrent naissance à la première codification qui fut faite en Europe. Plus tard parurent le Code dû au roi Manuel, en 1521, et la *Ordinatio Philippina* de Philippe II, en 1603, promulguée lors de la nouvelle union du Portugal avec l'Espagne.

Pendant plus de deux siècles, la législation portugaise fut contenue dans ces recueils. Elle subit moins que la législation espagnole, l'influence canonique. Les principes romains constituèrent la base presque exclusive du droit des ordonnances royales. Pourtant, en matière matrimoniale, le droit romain céda la place au droit théocratique. En même temps, le souci d'assurer la liberté individuelle fit établir moins de restrictions qu'en France, à la capacité civile des personnes.

Telle est aussi la marque distinctive du Code portugais de 1867. Ce Code qui exigea une élaboration de dix-sept

1. Consulter : Jordao, *Droit civil portugais, Rev. hist.*, t. III, p. 369. — Lepelletier, *Code civil portugais du 1ᵉʳ juillet 1867.* trad. et annot.. Paris, 1894. — Laneyrie et Dubois, *Code civil portugais du 1ᵉʳ juillet 1867*, trad. et ann., Paris, 1896 (publié par le Comité de législ. étrangère). — *Rép. gén. dr. franç.*, vᵒ *Mariage*, nᵒ 2361.

2. Ce Code fut achevé en 1446, sous le nom de *Codex Alphonsinus.*

3. V. Anthoine de Saint-Joseph, *op. cit.*, I, Introd. p. CIV.

ans, fut promulgué le 1er juillet 1867 et entra en vigueur le 22 mars 1868. Dans ses grandes lignes, il reproduit le Code civil français; mais il a de nombreuses solutions originales et l'ordre des matières est absolument changé (1). Sur plusieurs points le législateur français pourrait le consulter avec fruit (2).

La réglementation portugaise du consentement familial diffère profondément de la nôtre. Le législateur portugais admet. comme le législateur espagnol, l'existence de deux sortes de mariages, le mariage canonique régi par les lois ecclésiastiques et le mariage civil réglementé par la loi civile (3). Certaines dispositions sont communes aux deux formes de mariage, et parmi elles se placent celles relatives à l'intervention de la famille à propos du mariage.

La loi fait une distinction fondamentale entre les enfants majeurs de 21 ans et ceux qui ne le sont pas. Elle ne s'attache aucunement à la différence de sexe.

Les mineurs de 21 ans de l'un et de l'autre sexe doivent obtenir le consentement de leurs père et mère ou de ceux qui les représentent (4). En cas de dissentiment, l'avis du père est préféré. Si l'un ou l'autre des père et

1. Il comprend 2.538 articles, répartis en quatre parties (*Capacité civile — Acquisition des droits — Droit de propriété — Atteintes portées au droit de propriété*).

2. Par exemple, en ce qui concerne la personnalité des associations, l'indissolubilité du mariage et l'augmentation de la liberté testamentaire.

3. C. civ. port.. art. 1057 : « *Les catholiques célèbreront le mariage dans la forme établie par l'Eglise catholique. Ceux qui ne professent point la religion catholique, le célèbreront devant l'officier de l'état civil. sous les conditions et dans la forme établies par la loi civile.* »

4. Art. 1058 C. civ. portug.

mère est mort ou légalement empêché, le consentement de l'autre suffit ; toutefois, si la mère survivante s'est remariée et n'a point été confirmée dans l'administration des biens de l'enfant, le droit de consentir appartiendra au conseil de famille. A défaut des père et mère, le droit de consentir passe à l'aïeul qui exerce la tutelle, et, à son défaut, au conseil de famille (1). Aucune voie de recours n'est ouverte contre le refus d'autorisation (2).

Comme en droit espagnol, le mariage fait en violation des dispositions précédentes n'est pas nul. Sa validité ne peut être discutée. Seulement les délinquants sont soumis aux peines ci-après : le conjoint mineur non émancipé ne jouira de ses biens qu'à partir de sa majorité ; le mariage est réputé fait avec séparation de biens (3). Il y a là, en partie, la conséquence du principe que le mariage catholique ne peut être déclaré nul que par les tribunaux ecclésiastiques et dans les cas prévus par les lois de l'Eglise reçues en Portugal (4), et, en partie aussi, la conséquence du principe portugais de l'extention aussi complète que possible de la liberté individuelle.

Quant à l'enfant majeur de 21 ans, il n'a aucune autorisation à demander. Quel que soit son sexe, aucun acte respectueux n'est exigé pour prouver que le conseil des parents a été demandé ; aucun délai n'est prescrit pour forcer l'enfant à réfléchir. La législation portugaise se montre, sous ce rapport, beaucoup plus libérale encore que la législation espagnole.

1. Art. 1061 C. civ. portug.
2. Art. 1062 C. civ. portug.
3. Art. 1060 C. civ. portug.
4. Art. 1086 C. civ. portug.

Section III. — Groupe Germanique.

Nous appelons de ce nom les diverses législations européennes qui portent, en matière matrimoniale, le cachet germanique de leur commune origine. Dans ce groupe figurent l'Allemagne, l'Autriche, l'Angleterre et la Suisse.

Certes, au premier abord, il peut paraître arbitraire de ranger dans la même catégorie des législations si dissemblables sur des points fondamentaux de doctrine, d'unir ensemble, au risque de paraître les confondre, le génie de la race anglo-saxonne et le génie des peuples germains. Mais il ne faut pas perdre de vue que nous ne classons pas les diverses législations sur l'ensemble de leurs dispositions, mais uniquement sur un point particulier de doctrine. Or, il est certain qu'en ce qui concerne la réglementation du droit d'intervention de la famille dans le mariage, les quatre législations comprise dans ce groupe, présentent un caractère commun.

Dans ces législations la puissance paternelle est beaucoup plus une tutelle qu'une puissance, un *mundium* qu'une *potestas*. Elle apparaît comme une autorité morale et protectrice, respectant la liberté de l'individu. L'enfant est traité comme une personnalité indépendante (1). L'idée d'assurer la protection de chacun des membres de la famille préside à l'organisation du droit matrimonial. L'individualisme remplace ici l'autoritarisme des peuples latins.

1. Cf. Starcke, *La Famille dans les diverses sociétés,* Paris, 1898.

I. *Législation allemande* (1).

Nous n'entreprendrons point de montrer comment la France et l'Allemagne, après avoir constitué, pendant plusieurs siècles, un seul et même empire, après avoir été régies par des institutions à peu près identiques à l'origine, en sont arrivées à avoir aujourd'hui des institutions si distinctes. Nous ne pouvons que renvoyer sur ce point à la remarquable étude de M. Glasson sur l'histoire comparée du droit allemand et du droit français (2). Constatons avec l'éminent doyen que l'influence romaine a été beaucoup moins considérable en Allemagne qu'en France (3), que le droit allemand n'a pas connu la puissance paternelle des Romains et que lorsque le droit de Rome s'introduisit en Allemagne, loin de rendre l'autorité paternelle plus rigoureuse, il contribua encore à l'adoucir par l'introduction de l'émancipation (4). A aucune époque de l'histoire du droit allemand, on ne vit, comme en France, une fusion des divers éléments germaniques, romains ou canoniques. Le droit des an-

1. Consulter : Fœlix, *Du Droit privé de l'Allemagne, Rev. du droit franç. et étrang.*, t. V. p. 695 — Anthoine de St-Joseph, *op. cit.*, I, p. 14. — Glasson, *Les rapports du droit français et du droit allemand*, Paris, 1882. — Eod. auct., *La loi allemande du 6 février 1875 sur les actes de l'état civil et le mariage, Rev. crit.*, 1875, p. 512. — Lehr, *Elément du Droit civil germanique*, 2 vol., Paris, 1892. — De la Grasserie, *Projet du Code civil allemand*, Paris, 1893. — Eod. auctore, *Code civil allemand*, trad. et ann., Paris, 1897. — Meulenaere, *Code civil allemand*, trad. et ann., Paris, 1897. — Friedberg, *Das Recht der Eheschliessung*, Leipzig, 1865. — Stölzel, *Deutsches Eheschliessungsrecht*, Berlin, 1879.

2. Glasson, *Les rapports du droit français, op. cit.*

3. V. aussi Anthoine de St-Joseph, *op. cit.*, t. I, Introd, p. CXIII.

4. Glasson, *Les rapports du droit français, op. cit.*, p. 23.

ciens Germains resta toujours comme le fondement des diverses législations allemandes (1).

Au reste, cela n'empêchait pas ces législations d'être parfaitement différentes les unes des autres. La législation prusienne mérite une mention spéciale. En 1794, le 1er juin, fut mise en vigueur une codification assez complète, due au roi Frédéric-Guillaume II et appelée *Allegemeines Landrecht*. Dans le titre I de la IIe partie, consacré au mariage, nous trouvons le système suivant sur l'intervention familiale dans le mariage. Le consentement du père doit être demandé quel que soit l'âge de l'enfant. Au contraire, seuls les mineurs de 24 ans sont tenus de demander celui de la mère, des grands-parents ou du tuteur. L'enfant a un recours contre le refus de consentement ; il s'adresse au tribunal, qui le relève de ce refus si les motifs allégués ne paraissent pas plausibles. Sont considérés d'ailleurs comme motifs plausibles, les fautes graves ou les vices à reprocher à la personne avec laquelle l'enfant désire se marier, l'insuffisance des moyens de subsistance et enfin la probabilité que le mariage projeté fera le malheur de l'enfant (2).

En 1806, l'Empire d'Allemagne tomba et fut morcelé en un grand nombre de principautés et royaumes. L'anarchie législative devint complète. Toutefois, on put discerdiscerner bientôt des aspirations vives vers l'unité nationale et législative. L'union douanière ou *Zollverein* fut la première forme pratique de cette tendance unitaire : elle amena la rédaction d'un Code de commerce commun à tous les Etats de l'Allemagne. Quand l'Empire allemand eut réalisé, en 1870, son unité politique, il aspira à doter

1. Gide, *Etude sur la condition de la femme, op cit.*, p. 273.

2. V. pour plus de détails l'étude de M. Gonse, sur *La législation du mariage en Prusse : Bull. légis. comp.* 1872, p. 118 et s.

l'Allemagne de l'unité législative. Plusieurs lois applicables à tous les pays de l'Empire furent portées (1).

Parmi elles, figure la loi du 6 février 1875 sur la constatation de l'état des personnes et la célébration du mariage (2).

Bien que cette loi ait été abrogée par le Code allemand de 1896, nous devons entrer dans certains détails à son sujet : d'abord c'est elle qui régit encore actuellement l'Empire d'Allemagne et qui le régira jusqu'au 1er janvier 1900, époque de la mise en vigueur du nouveau Code allemand : ensuite c'est elle qui, la première, a réalisé l'unité législative allemande sur le consentement familial au mariage : elle a abrogé toutes les législations locales, notamment celles qui, comme le Code badois, prévoyaient les actes respectueux (3), celles qui exigeaient le consentement du père pendant toute la vie de l'enfant — Landrecht prussien, Code civil de Saxe, — celles enfin qui requéraient le consentement de la mère en même temps que celui du père.

D'après la loi de 1875, le consentement du père est exigé, pour le fils légitime, jusqu'à 25 ans révolus, pour la fille, jusqu'à 24 ans (4). Le consentement de la mère n'est requis qu'en cas de décès ou d'absence du père, ou s'il s'agit d'un enfant illégitime (5). Si le père et la mère sont décédés, l'enfant mineur de 21 ans (6) doit pro-

1. Par ex. le Code pénal militaire de 1872, le Code de procédure civile du 30 janvier 1877, le Code d'instr. criminelle du 1er février 1877.

2. V. le texte sous *Bull. législ. étrangère*, 1875, p. 219.

3. Les art. 151 à 155 du C. Napoléon maintenu dans les provinces rhénanes, ont été abrogés dès 1815.

4. Loi d'Empire du 6 févr. 1875, art. 29.

5. Loi de février 1875, art. 30.

6. La majorité de 21 ans est la majorité ordinaire d'après la loi

duire le consentement de son tuteur (1). En ce qui concerne l'enfant adoptif, l'adoptant est substitué au père naturel dans les législations qui lui donnent la puissance paternelle. En cas de refus du père ou de la mère, l'enfant majeur de 21 ans a le droit de recourir aux tribunaux et le jugement du tribunal pourra suppléer au consentement des parents. L'enfant majeur de 21 ans ou de 25 ans, suivant les cas, n'a besoin d'aucun consentement ni conseil. Les actes respectueux n'existent plus. Quant aux conséquences des unions contractées en violation des dispositions précédentes, elles sont déterminées par les lois locales (2) aux solutions fort différentes (3).

L'unité législative réalisée, quant au mariage par la loi de 1875 a été complétée sur tous les autres points de la législation par le Code civil allemand promulgué le 18 août 1896, pour entrer en vigueur le 1ᵉʳ janvier 1900 (4).

Fruit de plus de vingt ans de discussions et de délibérations (5), le nouveau Code allemand constitue comme

d'Empire du 17 mars 1875. Aux termes de l'art. 28 de la loi de février 1875, l'âge de la puberté légale est de 20 ans pour l'homme et de 16 ans pour la femme.

1. Loi de février 1875, art. 31.

2. Loi de février 1875, art. 36.

3. Pour plus amples détails sur la loi de 1875, v. *Bull. législ. comp.*, 1875 p. 113, et 1876, p. 251 ; *Rev. droit intern.* 1887, p. 593 ; Glasson, *Mariage civil et divorce, op. cit.*, p. 329 ; *Rev. crit.* 1875, p. 512.

4. « Considéré dans son ensemble le Code civil allemand est une œuvre d'art et il mérite d'être étudié avec attention. » Meulenaere, *op. cit.,* Introd. p. VI.

5. Il comprend 2.385 articles et 5 livres. Dans le livre IV consacré au droit de famille, la section 1 traite du mariage civil (article 1297 à 1588).

la dernière étape de la science juridique moderne (1).
Toutefois, sur la matière spéciale que nous étudions, le
Code de 1896 a peu innové. Il s'est référé le plus souvent à la loi du 6 février 1875. La réforme capitale qu'il
ait introduite a été l'abaissement de la majorité matrimoniale à 21 ans pour les deux sexes. Cette innovation
a été accomplie par un amendement de la dernière heure
voté après une longue discussion au Reichstag, à laquelle
neuf orateurs prirent part.

Exposons l'économie générale de la législation allemande, telle qu'elle résulte des art. 1304 à 1309 du
nouveau Code.

La personne dont la capacité de contracter est restreinte, c'est-à-dire la femme mineure de 21 ans (2) ou le
majeur interdit (3), de l'un et de l'autre sexe, a besoin
pour se marier du consentement de son représentant
légal (4). Ce représentant légal est, selon les cas, le
père, la mère, le tuteur, ou enfin le curateur chargé du
soin de la personne.

Mais une personne peut être pleinement capable de
contracter et pourtant n'être pas libre de se marier à son
gré. Cela arrive toutes les fois qu'un enfant mâle qui a
obtenu une déclaration de majorité se marie avant
l'âge de 21 ans (5). Cela a lieu encore lorsqu'une fille se

---

1. V. l'étude de Bufnoir, sur le droit de famille dans le Projet
du Code civil allemand (*Bull. légis. comp.* 1890, p. 679).

2. Art. 1303 C. civ. all. L'homme ne peut contracter mariage
avant sa majorité qui arrive à 21 ans (art. 2 et 106), ou plutôt (à
partir de 18 ans), s'il y a eu une déclaration de majorité (art. 3).
La femme au contraire peut contracter mariage à partir de 16 ans,
et même plutôt si elle a obtenu une dispense.

3. Art. 114 C. civ. all.

4. Art. 1304 C. civ. all.

5. Art. 1701 C. civ. all.

marie avant le même âge. Dans ces deux cas, l'enfant légitime a besoin pour contracter mariage du consentement de son père. A la place du père vient la mère si le père est décédé, s'il n'a pas les droits résultant de la paternité (1), s'il est absent ou enfin s'il est dans l'impossibilité permanente de déclarer sa volonté (2). L'enfant illégitime a besoin jusqu'à 21 ans du consentement de sa mère, même lorsque son père est décédé (3). Quant à l'enfant adoptif, le droit de donner son consentement nécessaire à son mariage, au lieu d'appartenir aux parents du sang, appartient à ceux qui l'ont adopté (4). Si les époux ont adopté l'enfant en même temps, ou si l'un a adopté l'enfant de l'autre, on applique les dispositions de l'art. 1305. Les parents du sang ne recouvrent pas le droit de donner leur consentement même lorsque le lien juridique résultant de l'adoption vient à cesser. Le consentement des parents ne peut être donné par représentant (5).

L'enfant peut-il se pourvoir contre le refus de consentir à son mariage? Il faut distinguer. Quand le refus émane du tuteur ou du curateur, le pupille a toujours le droit d'en appeler au tribunal des tutelles (6), qui suppléera le consentement lorsque l'intérêt du pupille réclamera le mariage (7). Mais quand le refus émane du père ou de la mère, le droit de l'enfant dépendra de son âge. Tant qu'il est mineur — et il ne peut être ques-

1. Art. 1305 C. civ. all.
2. Art. 1738 C. civ. all.
3. Le projet primitif fixait cet âge à 25 ans.
4. Art. 1306 C. civ. all.
5. Art. 1307 C. civ. all.
6. Art. 1304 C. civ. all.
7. Art. 4 C. civ. all.

tion ici que d'une fille âgée de plus de 16 ans et de moins de 21 ans — le consentement du père ou de la mère sera péremptoire. Au contraire, quand l'enfant est majeur, aux termes de l'art, 1308, C. all., le tribunal des tutelles devra suppléer le consentement, lorsqu'il est refusé sans cause grave. Mais cette disposition perd presque toute son efficacité, puisque l'âge fixé par l'art. 1305, ayant été abaissé à 21 ans, l'art. 1308 ne peut plus recevoir application qu'en ce qui concerne le mineur déclaré majeur. Encore faut-il supposer que la déclaration de majorité a été obtenue avant le projet de mariage, car elle exige elle-même le consentement des parents (1).

Quant à la sanction du défaut de consentement, elle n'est pas la même dans tous les cas. Lorsque le consentement devait être donné par le tuteur, ou curateur, ou par le père ou la mère agissant en qualité de représentant légal de l'enfant, le défaut de consentement entraîne l'annulation du mariage (2). Lorsqu'au contraire le père ou la mère étaient appelés à donner leur consentement par application de l'art. 1305, à l'enfant déclaré majeur âgé de moins de 21 ans, le défaut de consentement n'est pas une cause de nullité du mariage, il entraîne seulement certaines déchéances. C'est ainsi que le père et la mère peuvent refuser le trousseau, quand la fille se marie sans leur consentement (3). L'usufruit du père persiste, malgré le mariage (4). Enfin les parents peu-

---

1. Le tribunal organisé par la loi du 5 juillet 1875, (v. *Ann. législ. étrang.* 1876, p. 241) n'est autre que le tribunal de bailliage.
2. Art. 1331 C. civ. all.
3. Art. 1621 C. civ. all.
4. Art. 1661 C. civ. all.

vent enlever la réserve à l'enfant, sauf certaines distinctions (1). L'obligation d'obtenir le consentement familial
est donc, dans le droit allemand, tantôt un empêchement simplement prohibitif, tantôt un empêchement
dirimant.

II. — *Législation autrichienne* (2).

Les canons et les décrets du Concile de Trente sur le
mariage ont été reçus en Autriche. Pendant deux siècles,
la législation canonique a gouverné en souveraine la
matière du mariage. L'autorité séculière n'intervenait que
pour édicter des peines contre les mariages contractés
par des mineurs sans l'autorisation des père, mère et
tuteur, et pour annuler les fiançailles conclues par eux
sans cette autorité (3). Mais, à la fin du XVIIIe siècle, le
pouvoir séculier s'insurge nettement contre l'autorité
ecclésiastique. Par une Patente célèbre de Joseph II,
parue en 1783, fut posé le principe du mariage civil.
Empruntant aux civilistes français leur subtile doctrine,
cette Patente sépare le contrat civil de mariage du sacrement. Le mariage, étant considéré, en soi, comme un
contrat civil, les formes de ce contrat, ainsi que les droits
et obligations qui en naissent, « reçoivent leur essence
« leur force et leur détermination des lois de notre Etat. »

1. Art. 2333 C. civ. all.
2. Consulter : Rittner, *Oesterreichisches Eherecht*, Leipzig, 1876 ;
De Clercq, *Code civil de l'Empire d'Autriche* (trad. t. III de la collection des *Lois civiles des États modernes* de Foucher), Paris, 1836 —
Anthoine de St-Joseph, *op. cit.*, p. 14. — *Répert. gén. de droit franc.*,
v. *Mariage*, n° 1475.
3. Friedberg, *Das Recht der Eheschliessung*, Leipzig, 1865. p. 140.

Ainsi s'exprime la Patente (1) ; et pour prouver son droit de réglementation, elle établit des conditions de validité différentes de celles du droit canonique ; au nombre de celles-ci, se trouve l'obligation pour le mineur d'obtenir, à peine de nullité du mariage, le consentement de ses père et mère (2).

L'acte législatif de 1783 fut le point de départ de longues hostilités entre l'Eglise et l'Etat, qui amenèrent, en ce siècle, des changements profonds dans la réglementation du mariage des enfants de famille.

Sous l'Empereur François Ier, fut promulgué le Code civil du 1er juillet 1811 (3). Il abroge le droit commun antérieur et notamment la première partie du Code, publiée en 1786, sous Joseph II, ainsi que la Patente de 1783.

Toutefois, en matière de consentement familial, il reproduit à peu près les principes et la réglementation contenue dans la Patente de Joseph II. Les enfants mineurs des deux sexes, c'est-à-dire, ceux qui n'ont pas 24 ans accomplis (4), doivent, pour se marier, obtenir le consentement de leur père légitime (5). La mère n'est pas appelée à consentir, contrairement à la presque totalité des législations ; il faut peut-être voir là une conséquence de la règle autrichienne que le

1. Friedberg, *op. cit.*, p, 142.

2. Toutefois les formes du mariage restèrent celles établies par le Concile de Trente. V. Esmein, *Mariage en droit canonique. op. cit.*, t. I. p. 45.

3. Précédé de courtes dispositions préliminaires, il comprend trois parties (Personnes — Choses — Règles communes aux personnes et aux choses). Le chap. II de la première partie est consacré au mariage (art. 44 à 136).

4. Art. 49 C. civ. autrich.

5. Art. 21 C. civ. autr. L'âge de la puberté légale est de 14 ans pour les deux sexes, art. 48.

droit d'éducation de l'enfant appartient au père seul (1). Si le père est mort ou incapable d'exercer la puissance paternelle, le droit de consentir ne passe ni à la mère, ni aux ascendants, il est exercé par l'autorité judiciaire, après une déclaration du tuteur ou du curateur (2) ; toutefois, il est loisible à la mère ou aux ascendants dont le consentement n'a pas été obtenu, de refuser la dot (3). En cas de refus de consentir, le mineur peut se pourvoir devant le juge compétent (4). Le Code énumère les motifs légitimes pour refuser le consentement : le défaut de revenus suffisants, les mauvaises mœurs prouvées ou notoires, une maladie contagieuse ou une infirmité contraire au but du mariage dans la personne de celui avec lequel le mineur veut contracter mariage (5). La sanction de ces dispositions était dans le Code autrichien, la nullité du mariage ; mais un décret aulique du 8 août 1831 a cessé de considérer l'obligation du consentement comme une condition essentielle de validité du mariage. Les règles sur l'obtention du consentement judiciaire du mariage des mineurs sont tracées par les art. 190 à 192 de la Loi sur la procédure non contentieuse du 9 août 1854, n° 208. Quant aux majeurs, ils n'ont d'autorisation à demander à personne.

Le Code de 1811 qui s'était incliné devant les prescriptions ecclésiastiques, en ce qui touche les formes du

---

1. Art. 49 C. civ. autr.

2. V. Fœlix, *Traité de droit intern. prive*, t. II. p. 418.

3. Art. 52 C. civ. autr.

4. Art. 53 C. civ. autr.

5. Un décret du 21 octobre 1814, n° 1105, décide que le consentement d'un père juif demeure nécessaire pour la validité du mariage de son fils devenu chrétien.

mariage (1), s'était mis en désaccord avec le droit canonique sur la réglementation du consentement familial. Cette législation fut vivement combattue par le clergé catholique sous les règnes de François Ier et de Ferdinand Ier (2). Après de longs pourparlers entre le pouvoir impérial et la cour de Rome, un Concordat, conclu le 18 août 1855, abolit cette législation. Dans l'art. 10 du Concordat, furent rétablies les juridictions ecclésiastiques en ce qui touche les causes matrimoniales, et furent remises en vigueur, pour le mariage des catholiques, les prescriptions du Concile de Trente (3). En exécution du Concordat, une loi du 8 octobre 1856, réorganisa les juridictions ecclésiastiques, qui eurent la connaissance de tout ce qui est relatif au mariage, sauf en ce qui regarde les effets civils qui furent laissés à la compétence du juge civil.

Depuis, un nouveau changement s'est produit. Le Concordat de 1855 a été dénoncé peu de temps après le Concile du Vatican. Les juristes autrichiens prétendirent que le Concile du Vatican ayant proclamé l'infaillibilité du pape, il y avait eu modification dans la capacité de l'un des contractants du Concordat. Une loi du 25 mai 1868 a remis en vigueur les dispositions du Code de 1811. Elle a été complétée par une autre loi du 9 avril 1870, concernant le mariage des personnes ne professant aucune des religions reconnues par l'Etat.

---

1. Le mariage doit être célébré par le ministre de la religion des contractants, art. 75, et, spécialement pour les catholiques, par le curé assisté de deux témoins.

2. V. Friedberg, *op. cit.*, p. 147 ; Glasson, *Mariage civil, op. cit.*, p. 397 ; Chantrel, *Annales ecclésiastiques*, vol. 1846-1866, p. 194 et suivants.

3. V. Esmein. *Mariage en droit canonique, op. cit.*, t. I, p. 50.

Appendice : Législation hongroise (1)

Nous ne pouvons quitter la législation autrichienne sans dire un mot d'une législation voisine, la législation hongroise, sur laquelle les trois lois matrimoniales de 1894 ont appelé l'attention des jurisconsultes.

Jusqu'à ces dernières années, le droit matrimonial hongrois était un des plus confus et des plus compliqués de l'Europe. En effet, si le Code autrichien de 1811 a été promulgué en Hongrie le 29 novembre 1852, cette promulgation n'a été faite qu'avec cette réserve, que les lois antérieures sur le mariage des catholiques romains et grecs, resteraient en vigueur (2). Or depuis, les Eglises se sont multipliées ; chaque communion a eu sa réglementation spéciale ; on a observé ainsi jusqu'à neuf régimes différents quant aux conditions de validité du mariage.

La loi XXXI de 1894 (3) est venue mettre un terme à cet imbroglio législatif. Voici ses principales dispositions sur le consentement familial.

Les mineurs, c'est-à-dire les personnes âgées de moins de 24 ans (4), ont besoin, pour se marier, du consentement de leur représentant légal. La loi explique quel est celui des parents qui doit être considéré comme le représentant légal (5).

1. Consulter : *Bull. législ. comp.*, 1884, p. 520. — Ernest Lehr, *La nouvelle législation hongroise sur l'état civil et le mariage civil : T. de droit intern. privé*, 1895, p. 751 et s. — *Rép. gén. dr. franç.*, vº *Mariage*, nº 1556.

2. Anthoine de St-Joseph, *op. cit.*, t. I, introd. p. CXLV.

3. Mise en vigueur le 1er octobre 1885.

4. Loi XX de 1877, art. 1.

5. Loi XXXI de 1894, art. 8 à 10.

Alors même que le représentant légal a donné son consentement, l'enfant mineur ne peut se marier sans avoir obtenu, en outre, l'autorisation de celui de ses père et mère, qui a qualité pour la donner. Seulement l'empêchement résultant du défaut d'autorisation sera tantôt prohibitif, tantôt dirimant. Il aura ce dernier caractère, si l'enfant n'a pas 20 ans accomplis (1). Il sera au contraire simplement prohibitif, si l'enfant mineur a plus de 20 ans.

III. — *Législation anglaise* (2)

Le droit anglais présente aujourd'hui des divergences de vue bien caractéristiques avec le droit français. Pourtant, à une certaine époque, les deux législations ont été fort rapprochées l'une de l'autre. C'était au XIIIe siècle. Dans les deux pays, le droit offrait de tels caractères d'affinité, qu'il paraissait être le produit d'un même état juridique et social. Les grands principes de la législation étaient les mêmes. A côté des institutions féodales et civiles, se plaçait un droit coutumier presque identique chez les deux peuples. Enfin les éléments romains et canoniques avaient pénétré à doses presque égales, les deux

1. Loi XXXI de 1894. art. 16.
2. Consulter : Westoby, *Résumé de la législation anglaise*, Paris, 1853. — Pavitt, *Le droit anglais codifié*, Paris 1885. — Anthoine de St-Joseph, *op. cit*, t. II, p. 208. — Ernest Lehr, *Éléments du droit civil anglais*, Paris, 1885. — Lambrechts, *Dict. prat. du droit comparé*, v° *Angleterre* (IIIe fasc.) — Colfavru, *Du mariage en Angleterre et aux Etats-Unis*. Paris, 1868. — Glasson, *Histoire du droit et des instit. polit. civiles et jud. de l'Angleterre*, 6 vol., Paris. 1883. — Gonse, *Du mariage et du contr. de mar. en Anglet. et aux Etats-Unis*, Bull. législ. comp.. 1875, p. 83. — Buffe, *La comparaison de la législ. franç. avec la législ. anglaise*, Disc. de rentrée, Rennes, nov. 1877.

législations (1). Mais ces traits communs commencèrent
à s'estomper à partir du XIIIᵉ siècle et finirent par disparaître dans les siècles suivants. Des divergences d'abord
faibles, ensuite profondes, amenèrent bientôt une séparation radicale dans les conceptions juridiques des deux
pays.

C'est que, d'une part, l'influence saxonne représentée
par le *common-law* (2) a grandi librement en Angleterre,
tandis qu'en France, l'élément germanique contenu dans
le droit coutumier, était sans cesse combattu par les principes romains. C'est que d'autre part le droit anglais a
résisté aux influences étrangères (3), qui ont pénétré le
droit français.

La législation anglaise est une législation nationale,
portant le cachet d'une forte originalité (4). La tradition

1. Glasson, *op. cit.*, t. I, préface, p. XIII.

2. C'est l'ensemble des coutumes complétées et corrigées par la
jurisprudence. Les premières lois anglo-saxones en ont formé la
base. avec le Code d'Albert-le-Grand (874-901).

3. « Le légiste anglais estime les lois non pas tant parce qu'elles
sont bonnes, que parce qu'elles sont vieilles ; et s'il se voit réduit
à les modifier en quelque point, pour les adapter aux changements
que le temps fait subir aux sociétés, il recourt aux plus incroya-
bles subtilités, afin de se persuader qu'en ajoutant quelque chose
à l'œuvre de ses pères, il ne fait que développer leur pensée et
compléter leurs travaux. N'espérez pas lui faire reconnaître qu'il
est novateur ; il consentira à aller jusqu'à l'absurde, avant que
de s'avouer coupable d'un si grand crime. C'est en Angleterre
qu'est né cet esprit légal qui semble indifférent au fond des choses, pour ne faire attention qu'à la lettre, et qui sortirait plutôt
de la raison et de l'humanité que de la loi. La législation anglaise
est comme un arbre antique sur lequel les légistes ont greffé sans
cesse les rejetons les plus étrangers, dans l'espérance que, tout en
donnant des fruits différents, ils confondront du moins leur feuil-
lage avec la tige vénérable qui les supporte. » De Tocqueville, *De
la démocratie en Amérique*, Paris, 1835, t. II, p. 173.

4. « Les Anglais n'ont jamais voulu codifier leurs lois pour éviter

du passé est élevée à la hauteur d'un dogme législatif.
Alors même qu'il s'agit de satisfaire aux besoins impérieux
d'une civilisation nouvelle, on ne rompt pas avec le passé,
on ne modifie pas l'esprit général des lois antérieures ; on
se contente de corriger ces lois jusqu'à ce qu'elles s'adap-
tent aux milieux nouveaux, dans lesquelles elles doivent
fonctionner (1).

Cela explique que l'Angleterre ait toujours gardé dans
sa législation, un des traits dominants du droit saxon, le
respect de la liberté individuelle.

Ce caractère individualiste du droit anglais est particulièrement remarquable dans la législation matrimoniale. Les Anglais ont beaucoup exalté le mariage. Ils
l'ont considéré comme le fondement du droit de famille.
C'est d'une main timide que de tout temps, on a touché
aux lois matrimoniales, tant on a craint de compromettre
cette institution par une réglementation trop rigoureuse.

Les principes canoniques avaient pénétré profondément
le *common-law* en cette matière. Pendant plusieurs siècles,
la loi anglaise n'exigea pour la validité du mariage, que
le consentement mutuel des parties, échangé devant un
ecclésiastique : il n'était point question du consentement
des parents.

Un bill rendu sous Georges II, en 1753, fut le premier

l'envahissement de l'esprit autoritaire du droit romain du Bas-
Empire, et pour ne pas sacrifier le vieux fonds de libertés germaniques et chrétiennes qui se personnifient dans le *common-law*. »
Claudio Jannet, *Les Etats-Unis contemporains*. Paris, 1889, t. I,
p. 298. Toutefois le besoin de codification qui s'est fait sentir dans
tous les Etats de l'Europe commence à pénétrer en Angleterre.
V. de curieux détails dans le *Times* des 8 et 9 février 1865 et la conclusion du livre de M. Pavitt, *op. cit.*, p. 229.

1. V. Gide, *Condition privée de la femme, op. cit.*, p. 237.

acte législatif réglementant l'intervention de la famille
dans le mariage. Il applique rigoureusement le principe
de la loi romaine sur le consentement familial : la sanction du défaut de consentement n'est autre que la nullité
absolue du mariage, nullité qui n'est couverte ni par le
temps, ni par le décès des parties. Plusieurs mariages qui
avaient duré vingt-cinq ans et même plus, furent annulés. Des protestations violentes s'élevèrent, qui aboutirent,
après de longues années de luttes et de discussions, à
faire réformer la législation.

Ce fut l'Act du 18 juillet 1823 de Georges IV (1), qui
accomplit cette réforme, complétée par deux statuts de
Guillaume IV, portés en 1836 (2). Ces lois qui avaient une
portée générale et réglaient les formes de célébration et
les conditions de validité du mariage anglais, sont encore
aujourd'hui en vigueur.

L'Angleterre n'a pas consacré le principe du mariage
contrat purement civil admis dans la plupart des Etats
européens (3). Après une éphémère apparition sous le
protectorat de Cromwell, le mariage civil a fait place à une
législation originale et ingénieuse. Tous les mariages sont
soumis à une publicité préalable devant l'autorité civile,
mais leur célébration peut avoir lieu soit devant certains
ministres du culte, soit devant l'officier de l'état civil avec

1. Stat. 4 Geo. IV, c. 76.
2. Stat. 6 et 7 Guill. IV, c. 85.
3. « Les Anglais ont pensé qu'ils abaisseraient le mariage et ris-
queraient de lui faire perdre une partie de sa dignité, s'ils sépa-
raient, comme l'a fait notre loi, l'union civile du mariage religieux.
Pour donner satisfaction à tous le législateur anglais s'est borné à
laisser le choix entre l'un et l'autre. » Glasson, *Histoire, op. cit.,*
t. VI, p. 113.

pleine liberté quant au choix, et égale validité quant aux effets (1).

Nous devons brièvement énumérer les diverses formes de célébration du mariage, car les règles sur le consentement familial changent, nous le verrons, suivant la forme employée. Il faut distinguer si le mariage est célébré par l'Eglise d'Angleterre, ou hors l'Eglise officielle.

Dans le premier cas, le mariage *par bans* est la forme normale. Précédé de trois publications à l'Eglise, il est célébré dans la paroisse du domicile de l'une des parties contractantes. Le mariage *par licence* est celui qui exige une autorisation émanée, soit de l'archevêque ou de l'évêque de la province, soit de l'inspecteur de l'enregistrement des actes de l'état civil — en cas de mariage civil — permettant la célébration dans la paroisse ou dans le district où l'une des parties ne réside que depuis 15 jours. Quant au mariage *par licence extraordinaire*, il est réservé à certaines classes privilégiées — les pairs — et à quelques grands dignitaires de l'Etat. On peut cependant le permettre à d'autres personnes, mais alors pour motifs graves. Il a pour effet de rendre valable la célébration du mariage à toute heure du jour et de la nuit et dans tout endroit.

Les mariages faits hors l'Eglise d'Angleterre, les *non conformist marriages*, demandent une procédure spéciale. Les futurs donnent avis du mariage qu'ils se proposent de contracter, au *registrar* de leur district (2). Celui-ci leur délivre, 21 jours après, s'il n'y a pas eu opposition, un certificat qui permet de célébrer le mariage dans l'o-

1. Depuis 1867, les causes matrimoniales sont de la compétence exclusive du juge séculier.

2. Il faut 7 jours au moins de résidence dans le district.

ratoire de la confession à laquelle ils appartiennent. Le *registrar* y assiste. Enfin les époux peuvent aussi se présenter dans les bureaux du *registrar* pour contracter civilement mariage par le seul prononcé de certaines paroles (1).

Comment est réglée l'intervention de la famille dans ces différentes formes de mariage ?

En principe, les mineurs de 21 ans (2). quel que soit leur sexe et quelle que soit la forme de célébration, devront obtenir le consentement de leur père (3). A défaut du père, ils s'adresseront au tuteur. et, à défaut du tuteur, à la mère non remariée (4). Si la mère est remariée, la justice nommera un tuteur *ad hoc*. Le mineur qui n'a ni père, ni tuteur, ni mère, n'a aucun consentement à demander.

Il doit seulement affirmer sous serment sa situation. Lorsque le père, le tuteur et la mère se trouvent dans l'impossibilité de manifester leur volonté. — Aliénation mentale. absence, voyage au delà des mers, etc..., — la justice peut permettre de passer outre.

La preuve que le consentement requis a été donné, n'a pas besoin d'être faite par un acte solennel, comme en droit français. Dans le mariage par bans, elle résulte du

---

1. V. Lambrechts, *op. cit.*, p. 17.
2. Blacktone. *Commentaires*, t. I, p. 463.
3. Stat. 26 Geo. II, c. 33.
4. Le père seul est consulté. Nous croyons qu'il y a là une persistance des principes féodaux qui ont conservé dans plusieurs branches du droit anglais. une influence prépondérante. Cette disposition se comprenait sous l'empire du *common-law*, qui confondait la personne de sa femme avec celle du mari. Elle est devenue anormale depuis l'Act de 1882 qui émancipe la femme d'une manière à peu près complète. V. sur ce point, Gide *Condition*, *op. cit.*, p. 259.

silence de la personne appelée à consentir. Le consentement est présumé si le père, ou le tuteur, ou la mère ne fait pas publiquement défense de procéder aux publications de bans. Pourtant cette présomption n'a pas lieu pour les mineurs qui sont en tutelle de chancellerie *chancery wards*. Pour les mineurs ordinaires, si l'opposition des parents n'est fondée sur aucun motif raisonnable, on peut en appeler à la Cour de chancellerie, qui supplée au consentement (1). Dans le mariage par licence, la preuve tirée du silence de l'ascendant ou du tuteur ne suffit plus. Le mineur doit affirmer sous serment qu'il a obtenu le consentement requis (2).

L'inobservation de ces règles entraîne des conséquences différentes suivant les cas. Le mariage par bans contracté malgré l'opposition des parents ou du tuteur, est radicalement nul. Mais si, pour une raison quelconque, l'ascendant n'a pas formulé son opposition avant la célébration du mariage, celui-ci est inattaquable (3). Il n'y a donc nullité pour défaut de consentement au mariage, qu'autant qu'il y a eu opposition formelle au mariage. Dans le mariage par licence, l'enfant a pu faire une fausse déclaration de majorité, ou encore il a pu affirmer mensongèrement que le consentement requis avait été obtenu. Quel sera le sort du mariage ? Il sera valable ; seulement l'enfant perdra, au profit de son conjoint, s'il est innocent, et des enfants à naître, tous les avantages pécuniaires découlant du mariage (4).

1. La Cour de chancellerie peut même allouer des dommages-intérêts au mineur pour le préjudice que le retard a pu lui causer.
2. V. *Bull. légis. comp.*, 1875. p. 80.
3. Stat. 4 Geo. IV, c. 76, § 16 et 23.
4. Glasson, *Histoire, op. cit.*, t. IV, p. 173.

Les veufs et veuves, bien que mineurs de 21 ans, n'ont pas de consentement à demander pour leur second mariage : le premier mariage les a complètement et définitivement émancipés.

Les enfants naturels n'ont pas davantage besoin d'un consentement quelconque. La loi anglaise n'admettant la reconnaissance des enfants naturels, ni directement, ni par mariage subséquent, ceux-ci n'ont ni père, ni mère, aux yeux de la loi. Le consentement de leur tuteur n'est même pas essentiel.

Ces dispositions si libérales du droit anglais sont d'abord une conséquence des principes canoniques (1) encore puissants dans la législation matrimoniale anglaise (2) Elles sont aussi un effet des conceptions germaniques persistantes sur l'indépendance des enfants à l'égard de la famille et sur la puissance paternelle. On sait qu'en Angleterre, l'autorité paternelle est l'objet du respect extérieur de tous. Le fils donne communément à son père le titre de *monsieur*, et il garde toujours envers lui, dans les rapports mondains, la déférence la plus grande. Mais, en fait, les enfants ont toujours joui, dans la civilisation anglo-saxonne, de la plus grande indépendance. L'enfant devient de bonne heure une person-

---

1. C'est ainsi que l'âge de la puberté légale est l'âge canonique de 12 ans pour les filles et de 14 ans pour les garçons.

2. Le stat. 26 de Georges II, déclarant nul le mariage des mineurs de 21 ans, contracté sans consentement (c. 33), a été abrogé, nous l'avons vu, par les stat. de Georges IV et de Guillaume IV. Le défaut de consentement n'entraîne plus, par lui-même, la nullité du mariage. mais la loi punit le mineur par la sequestration d'une partie de ses biens ; encore cette dernière peine est-elle, paraît-il, plus comminatoire qu'effective.

nalité distincte de celle de ses parents (1). Le droit anglais encourage cette tendance. Il paraît vouloir développer rapidement chez l'enfant l'initiative individuelle. Aussi voyons-nous le législateur anglais peu soucieux d'établir un mode rigoureux d'intervention de la famille à propos du mariage.

Au droit anglais se rattachent trop intimement la législation de l'Ecosse et celle des Etats-Unis pour que nous passions ces législations complètement sous silence.

Appendice I : Législation écossaise (2).

En Ecosse, à côté des mariages réguliers, précédés de publications, célébrés par le ministre du culte et consentis par la famille, on reconnaît le mariage irrégulier.

Ce mariage irrégulier n'est soumis à d'autres formes et conditions que le consentement mutuel des époux. Aucun cérémonial religieux ou civil, aucun témoin, aucun acte, aucun consentement n'est exigé. L'intention, chez les futurs époux de s'unir actuellement — *verba de præsenti* — suffit pour constituer le mariage ; et les fiançailles — *verba de futuro* — se transforment en vrai mariage par la seule cohabitation.

---

1. Montesquieu constate déjà que de son temps, en Angleterre, « les filles abusaient souvent de la loi pour se marier à leur fantaisie sans consulter leurs parents .» *Esprit des lois*, p. 428.

2. Consulter : *Le mariage en Ecosse, Themis*, t. VIII, 2ᵉ part., p. 249 et s. — *Des prétendus mariages de Greetna-Green, Rev. Fœlix*, t. IV, p. 7 et s. — Lawrence, *Etude de législ. comparée sur le mariage. Rev. droit intern.*, p. 68. — *Rép. gén. droit français*, v° *Mariage*, n° 1669.

C'est le type de la législation libérale par excellence. Le droit canonique lui-même est dépassé. Dans ce droit, le défaut de consentement des parents était un empêchement prohibitif. Ici, il n'y a empêchement ni dirimant, ni prohibitif. En vérité des amendes frappent les conjoints ainsi mariés, mais ces amendes légères sont considérées bien moins comme une peine que comme un moyen légal de faire constater le mariage.

Cette forme de mariage peut être employée non seulement par les Ecossais, mais aussi par les Anglais, car la loi anglaise pose le principe qu'on peut se marier valablement en suivant les formes et modes usitées dans le pays où l'on se trouve. Ce principe explique les célèbres *mariages de Greetna-Green*, qui devinrent si fréquents depuis le bill de 1753 de Georges II. Ce bill soumettait le mariage anglais à des formes et conditions rigoureuses. Les dispositions de ce statut n'étant pas applicables en Ecosse, les Anglais mineurs quant au mariage, pour lever tous les obstacles que leurs parents mettaient à leur mariage, se rendaient à Greetna-Green, le premier village de la frontière écossaise. Là, dans la première maison du village, chez un forgeron, ils échangeaient leur consentement et étaient valablement mariés. Le forgeron, qui servait de témoin, monta une véritable entreprise matrimoniale et réalisa de gros bénéfices (1).

Aujourd'hui le mariage de Greetna-Green est tombé en désuétude. La législation anglaise étant revenue à une réglementation plus libérale en matière de consente-

1. Ce mode de mariage a été longtemps très répandu en Angleterre. Lord Brougham raconte qu'à une certaine époque le président du Conseil, le lord chancelier et le lord du sceau privé s'étaient tous trois mariés à Greetna-Green. V, Gonse, *Bull. législ. comp.* 1875, p. 92.

ment familial au mariage, le voyage à Greetna-Green n'a plus sa raison d'être. D'ailleurs, un Act du 31 décembre 1856, connu sous le nom d'Act de lord Brougham, exige à peine de nullité, que les deux époux dont le mariage se forme *solo consensu*, soient domiciliés en Ecosse depuis au moins 20 jours.

On a proposé plusieurs fois l'unification des législations matrimoniales de l'Angleterre et de l'Ecosse. Ce projet qui aboutira sans doute un jour, n'a pas trouvé jusqu'ici un accueil favorable auprès du Parlement (1).

Appendice II : Législation des Etats-Unis (2).

Les Etats-Unis de l'Amérique du Nord constituent un groupement d'Etats qui conservent en principe, leur autonomie législative. Le gouvernement fédéral a des pouvoirs limitativement déterminés ; et ce n'est que dans la limite de ces pouvoirs qu'il peut légiférer pour les Etats particuliers. Or la législation matrimoniale est en dehors de sa compétence. Chaque Etat réglemente à sa guise le mariage. Aussi voyons-nous la législation se diversifier à l'infini et changer avec chaque Etat.

Toutefois, il faut reconnaître qu'il existe une certaine uniformité entre ces diverses législations. Cela tient à ce qu'elles ont une base commune, la loi coutumière an-

1. V. *Rev. droit intern.* 1870, p. 71.

2. Consulter : Stimson, *American statute law,* 2 vol., Boston, 1886. — Carlier, *Du mariage aux Etats Unis,* Paris, 1860. — Colfavru, *Du mariage et du contrat de mariage en Angleterre et aux Etats-Unis,* Paris, 1868. — De Tocqueville, *De la démocratie en Amérique,* Paris, 1835. — Claudio Jannet, *Les Etats-Unis contemporains,* 2 vol., Paris, 1889. Gonse, *Du mariage et du contrat de mariage en Angleterre et aux Etats-Unis, Bull. législ. comp.,* 1875, p. 83. — *Répertoire général du droit français,* vº *Mariage,* nº 1794. — Paul de Rousiers, *La vie américaine,* in-4, Paris (Bibliothèque de la *Science sociale*).

glaise le *common-law*. Nous ne voulons pas entrer dans le détail de leurs dispositions respectives, contentons-nous de donner une idée d'ensemble de ces législations particulières.

Les principes qui régissent le mariage aux Etats-Unis, sont ceux qui régissaient le *common-law*, dans le droit antérieur au bill de 1753 de Georges II. Le mariage est un contrat purement consensuel. Il y a mariage valide quand les parties échangent un consentement libre et mutuel, alors même que ce consentement n'est point suivi de cohabitation, ni accompagné du consentement de la famille.

En général, ce consentement s'échange devant un ministre de la religion. Le mariage civil proprement dit n'existe pas. Mais comme les confessions religieuses sont particulièrement nombreuses aux Etats-Unis, la loi oblige les futurs à demander une licence au greffier de la Cour du district, qui vérifie si le ministre du culte désigné est compétent pour la célébration. Cette obtention de licence n'est d'ailleurs pas prescrite à peine de nullité (1).

Quant à l'intervention de la famille à propos du mariage, elle est aussi réduite que possible. Le législateur a voulu favoriser le plus possible le mariage. Pourtant le consentement des parents au mariage des mineurs est dans le vœu de la loi. Les statuts indiquent que les enfants mâles, âgés de moins de 21 ans ou de moins de 18 ans (2), et les filles au-dessous de 18 ans ou de 16 ans, suivant les pays (3), doivent obtenir le consentement de

---

1. Claudio Jannet, *op. cit.*, p. 17.

2. Dans l'État *de Massachussetts*. (Loi du 18 mai 1894, *Ann. législ. étrang.*, 1895, p. 910).

3. 18 ans en Nevada et 16 ans en South-Carolina et Maryland.

leurs père, mère, ou tuteur (1). Mais ces dispositions ne paraissent pas rigoureusement sanctionnées. Aucun statut ne prononce la nullité du mariage. A New-York seulement, les tribunaux peuvent prononcer la dissolution du mariage, si une femme âgée de moins de 14 ans s'est mariée sans le consentement requis. En général, des peines peu sévères sont portées contre les délinquants (2).

Dans plusieurs Etats (3), la loi fait défense au magistrat ou au ministre du culte de marier des mineurs sans le consentement des parents ou tuteurs. Des peines frappent le magistrat ou le ministre contrevenants, ainsi que l'époux mineur.

Les Etats de Virginia et de West-Virginia ont des statuts qui décident que lorsqu'une femme mineure se marie sans le consentement de son père, de sa mère ou de son tuteur, la Cour peut nommer une tierce personne qui prendra l'administration et la jouissance des biens de la femme jusqu'à la cessation de son incapacité ou jusqu'à sa majorité.

Au reste, quand le consentement est requis, il suffit qu'il soit donné devant un magistrat, un ministre du culte ou un témoin quelconque. Il peut même n'être que tacite et résulter de la non-opposition des parents.

Nous aurons l'occasion de revenir sur cette législation dans la partie critique de notre travail, lorsque nous étudierons les réformes que l'on pourrait utilement introduire dans notre droit. Constatons seulement, pour l'instant, que cette législation est d'accord avec les mœurs

1. Stamson, *Op. cit.*, art. 611, § 6110.
2. *Rép. gén. dr. franc.*, vᵒ *Mariage*, nᵒ 1837).
3. *Sic* dans les Etats de New-Hamphire, Maine, Connecticut, Massachussetts, New-Jersey, Pensylvanie, Alabama et Vermont.

des pays où elle s'exerce. L'enfant est émancipé de bonne heure aux Etats-Unis (1). On comprend donc que la loi ne se montre pas plus exigeante que les mœurs et qu'elle n'impose pas le consentement des père et mère pour le mariage des enfants.

IV. — *Législation suisse* (2).

Chaque canton de la Suisse a, en principe, sa législation propre. C'est ainsi que le canton de Genève est régi par le Code civil français modifié par des lois postérieures (3), le canton de Vaud par un Code civil promulgué le 11 juin 1819 (4), celui des Grisons par un Code civil paru en 1862, celui de Zurich enfin, par un Code civil mis en vigueur en 1887. Toutefois, en plusieurs matières, il y a uniformité de législation pour tous les cantons suisses. Cela arrive lorsqu'une loi fédérale a réglementé un point de droit.

La loi fédérale du 24 décembre 1874 (5), concernant l'état civil et le mariage, est venue donner cette unifor-

1. On consultera avec fruit, sur ce point, Paul de Rousiers, *La vie américaine, op. cit.*

2. Consulter : Flammer, *Le droit civil de Genève*, 1875.—Rippert, *Le Code civil du canton de Vaud*, Lausanne, 1892-94. — Ernest Lehr, *Le Code civil de Zurich de 1887*, trad. Paris, 1890.—Raoul de la Grasserie, *Le Code civil du canton des Grisons*, Paris, 1893. — *Le Code civil du canton de Glaris*, trad. et ann. : *Ann. législ. étrang.*, 1875 — Solis, *Le droit fédératif suisse*, trad. par Borel, 4 vol., Berne, 1892-94. — *Guide pour les officiers de l'état civil suisse*, publ. par le départ. de l'Intérieur, Berne. 1881.

3. V. Anthoine de Saint-Joseph, *op. cit.*, t. IV, p. 186.

4. Le Code civil du canton de Vaud a été revisé par une loi du 3 décembre 1881, qui l'a mis en rapport avec les nouvelles lois fédérales.

5. Mise en vigueur le 1er janvier 1876.

mité à la réglementation de l'intervention familiale dans le mariage. Cette loi a adopté les principes généraux de la législation française, quant au mariage civil obligatoire et à la sécularisation des registres de l'état civil ; mais en ce qui concerne le consentement des parents au mariage des enfants, la loi de 1874 a fait subir à la législation française d'importantes modifications.

L'âge de la majorité matrimoniale a été abaissé. De plus, il est devenu le même pour les deux sexes. Hommes et femmes sont majeurs, dès qu'ils ont 20 ans révolus (1). Les personnes mineures ne peuvent se marier sans l'autorisation de leurs parents. Il ne s'agit ici que des ascendants au premier degré. Les aïeuls et aïeules n'ont jamais à intervenir. D'ailleurs, les père et mère n'ont pas cumulativement, comme en droit français, le droit de consentir ; ils ne l'ont que privativement. Ce droit n'est dévolu qu'à celui des parents qui exerce la puissance paternelle, c'est-à-dire au père normalement, et, à défaut du père, à la mère. Quand il n'y a ni père, ni mère, ou quand ils sont l'un et l'autre dans l'impossibilité de manifester leur volonté, on a recours au tuteur, et non aux ascendants et au conseil de famille, comme en droit français.

De plus, le refus de consentement, quand il émane du tuteur, n'est pas péremptoire. L'enfant mineur et son futur conjoint peuvent interjeter recours auprès de l'autorité tutélaire supérieure.

Enfin l'enfant majeur de 20 ans n'a plus, quel que soit son sexe, aucun consentement ou conseil à demander. La législation suisse a supprimé la nécessité de l'acte respectueux.

1. Loi du 24 décembre 1874, art. 27.

Cette réglementation si libérale de l'intervention de la famille dans le mariage, est bien en conformité avec les traditions germaniques du droit helvétique. Elle est d'accord aussi avec la conception suisse de la puissance paternelle, sorte de tutelle surveillée par le gouvernement cantonal au moyen d'une autorité tutélaire d'un caractère tantôt administratif, tantôt judiciaire, suivant les cantons.

TROISIÈME PARTIE

EXAMEN CRITIQUE [1]

> « *Omnes homines natura sunt pares, in*
> « *is quæ pertinent ad corporum sustenta-*
> « *tionem et prolis generationem* ».
>
> Saint Thomas d'Aquin.

Nous arrivons au terme de nos recherches. Nous avons suivi le développement de la théorie du consentement familial au mariage à travers les siècles et les pays. Il nous reste à tirer des faits recueillis un principe et un enseignement. On connaît la parole de Bacon : *vere scire per causas scire.* La maxime s'applique plus spécialement aux sciences proprement dites. Néanmoins, elle est aussi d'une vérité féconde dans le domaine du droit. Étudier une institution juridique, ce n'est pas seulement préciser ses

1. Consulter : Duchesne, *Examen comparatif des principes qui régissent le mariage suivant le droit civil français, le droit romain, le droit canonique,* Paris, 1844. — Paul Bernard, *Histoire de l'autorité paternelle en France,* Montdidier, 1863. — Boistel, *Le droit dans la famille,* Paris, 1864. — Cadet, *Le mariage en France, statistisque et réformes,* Paris, 1870. — Daniel, *Le mariage chrétien et le Code Napoléon,* Paris, 1870. — Giraud-Teulon, *Les origines du mariage et de la famille,* Genève et Paris, 1884. — Paul Gide, *Étude sur la condition privée de la femme,* 2e édit., avec notes d'Esmein, Paris, 1885. — Letourneau, *Évolution du mariage et de la famille,* Paris, 1888. — Georges Leloir, *Code de la puissance paternelle,* 2 vol. Paris, 1892. — Chauvin, *Des droits du père sur la personne de ses enfants légitimes,*

origines, suivre ses vicissitudes, exposer son mécanisme actuel, c'est encore rechercher ses bases rationnelles et trouver sa place dans l'ensemble des lois civiles et naturelles. Le jurisconsulte n'est pas seulement le chercheur d'institutions disparues et l'interprète du droit actuel. Il a une mission plus haute. Il doit signaler au législateur les défauts de la loi et indiquer les changements qu'elle aura à subir dans un avenir prochain. S'il ne sait pas, en dernière analyse, se dégager des contingences présentes, pour remonter au droit universel, dont les diverses législations sont des applications spéciales à un pays et à une époque (1), il fait œuvre incomplète.

C'est surtout dans le droit matrimonial que la nécessité d'élargir l'horizon s'impose. « Le droit, a dit M. Lefebvre, ne saurait suffire à gouverner toute la conduite humaine, même doublé de l'économie politique » (2). Cette pensée est d'une vérité saisissante appliquée aux institutions

thèse, Paris, 1893.— Louis Bridel, *Le droit des femmes et le mariage*, Paris, 1893. — Drucker, *De la protection de l'enfant*, thèse, Paris, 1894. — Allègre, *Le Code civil commenté à l'usage du clergé*, 2 vol. Paris 1888.— Tétu, *La puissance paternelle*, Paris, 1895. — Bonjean, *Enfants révoltés et parents coupables*, Paris, 1895.— Roth, *Traité de droit naturel, theorique et appliqué*, t. II et III, 1893-96. — Loubat, *Des formalités du mariage*, Paris, 1897.— Blanc du Collet, *Commentaire de la loi du 20 juin 1896*, Paris, 1897.— Paul Nourrisson, *Etude critique sur la puissance paternelle*, Paris, 1898. — Taudière, *Traité de la puissance paternelle*, Paris, 1898. — Starcke, *La famille dans les diverses sociétés*, Paris, 1898. — Gallois, *La protection de l'enfance maltraitée*, thèse, Paris, 1899.

1. Montesquieu définit la loi en général, « la raison humaine en tant qu'elle gouverne tous les peuples de la terre » ; et il ajoute : « Les lois politiques et civiles de chaque nation ne devraient être que des cas particuliers où s'applique cette raison humaine ». *Esprit de lois*, t. I, liv. 1, chap. III.

2. Lefebvre, *Leçons d'introduction à l'histoire du droit matrimonial français*, Paris, 1899, p. 8.

matrimoniales et familiales. En cette matière, le droit positif ne peut être séparé des mœurs et des croyances (1). Sans l'appui de la morale et de la philosophie, les lois civiles sont impuissantes à faire régner l'ordre au foyer domestique. Le législateur en a eu l'intuition quand il a inséré au Code ces préceptes de haute morale : les époux se doivent mutuellement fidélité, secours, assistance (2) ; le mari doit protection à sa femme, la femme obéissance à son mari (3) ; l'enfant à tout âge, doit honneur et respect à ses père et mère (4).

Nous essaierons, dans cette étude critique, de formuler les idées générales et directrices que l'examen des législations anciennes et modernes nous a révélées juridique et que la raison philosophique confirme, sur le rôle juridique des ascendants dans la formation du mariage ; cela nous permettra d'apprécier l'œuvre de la législation française.

Nous quitterons ensuite le domaine des conceptions spéculatives et doctrinales, pour aborder le champ des applications pratiques ; nous indiquerons les réformes qu'il serait désirable de voir introduire dans notre législation.

1. « Il est nécessaire de faire une attention constante à l'ensemble des mœurs et des croyances autant que du droit, si l'on veut prendre une idée juste de l'état et du régime de la famille à chaque époque et mieux s'expliquer la teneur réduite des lois positives qui s'y réfèrent. » Lefebvre, *op. cit.*, p. 9.

2. Art. 212 C. civ.

3. Art. 213 C. civ.

4. Art. 371 C. civ.

CHAPITRE PREMIER

FONDEMENT RATIONNEL ET LIMITES DU DROIT D'INTERVENTION
DE LA FAMILLE A PROPOS DU MARIAGE

Nous abordons, dans ce chapitre, l'examen de la question capitale que soulève cette étude. Aujourd'hui le problème est nettement posé.

Les uns affirment que le principe d'autorité a fait son temps : l'individu n'est-il pas un être souverain, qui a, avant tout, des droits? Il faut supprimer l'autorité domestique, dans toutes ses manifestations, comme on supprimera, plus tard, l'autorité sociale.

D'autres soutiennent qu'il n'y a pas d'autorité légitime en dehors de celle de l'Etat. La puissance paternelle est une forme juridique transitoire, vieillie ; elle doit céder la place aux pouvoirs publics qui protègeront les diverses individualités toutes placées vis-à-vis d'eux sur le même taux. L'Etat sera substitué au père de famille en ce qui concerne le consentement au mariage.

Pour certains esprits, le principe autoritaire doit l'emporter sur le principe libéral. Le père de famille doit être juge absolu de la convenance du mariage de son fils, comme l'Etat est maître souverain d'apporter tous les obstacles qu'il lui plaît à l'union matrimoniale, pure création du droit positif.

D'autres enfin — et nous sommes de ceux-là — considèrent le *pouvoir* et la *liberté* comme des principes d'ordre

supérieur, essentiellement respectables. Il faut une autorité dans la famille, comme il faut une autorité dans la
société. Mais cette autorité n'est légitime qu'autant
qu'elle est limitée aux *devoirs* dont elle garantit l'accomplissement, et qui en justifie l'existence. Il faut qu'elle
apparaisse comme un pouvoir non tyrannique, mais protecteur.

Faisons application de ces principes en matière de
consentement au mariage. Montrons que le droit de consentir reconnu aux parents par la loi française, repose
sur un fondement rationnel. Nous déterminerons ensuite
les limites que les données philosophiques et les besoins
économiques doivent apporter au droit des parents.

Section I. — Légitimité de l'intervention familiale.

Etant donnée la conception française de la famille et du
mariage, conforme, dans ses grandes lignes — si nous faisons abstraction de la croyance au sacrement, — à la raison philosophique et sociale, nous disons que l'intervention des parents à propos du mariage des enfants s'impose
en bonne législation. Il suffit, pour le démontrer de rappeler quelques-uns des principes fondamentaux de notre
droit de famille : le mariage est une association, la plus
importante de toutes que l'on ne doit pas contracter
avec légèreté ; — il faut une autorité dans la famille, et ce
sont les personnes investies de cette autorité qui doivent
logiquement autoriser le mariage ; — l'enfant, à tout âge,
doit honneur et respect à ses parents, et, par conséquent
doit les consulter sur son projet de mariage.

Reprenons une à une ces différentes propositions.

I

L'union monogame, telle qu'elle est sanctionnée par notre droit, répond assez bien à l'idée d'une *association* entre les époux (1).

Ce n'était pas la conception du droit romain. La belle définition du mariage : *viri et mulieri cunjunctio, individuam vitœ consuetudinem continens* (2), ne répondait pas à la réalité : le mari n'était pas l'associé de son épouse, il en était le maître ; il absorbait la personnalité de sa femme *in manu* et de ses enfants. Dans le droit germanique, la conception égalitaire était en germe : le sentiment inné de la double parenté paternelle et maternelle prédisposait à une notion plus humaine et plus juste de l'union conjugale (3). Mais il faut arriver au christianisme pour voir cette notion se préciser, prendre corps, devenir le fondement du droit matrimonial actuel (4). Les livres saints ont dit : *Erunt duo in carne una* (5). Ce principe est resté

1. La définition donnée par Huc, nous semble particulièrement précise : « Le mariage est une société perpétuelle légalement formée entre deux personnes de sexe différent dans le but de créer une famille légitime. » *Comment. théor. et prat. du Code civil*, t. II, n° 9. Portalis a défini en ces termes le mariage : « La société de l'homme et de la femme qui s'unissent pour perpétuer leur espèce, pour s'aider par des secours mutuels à porter le poids de la vie et pour partager leur commune destinée. » Voy. Demolombe, *Traité du mariage*, t. I, n° 1.

2. *Institute*, § 1, *de patria potestate*, liv. I, tit. IX.

3. Tacite constate : « *Venire se laborum periculoramque sociam,* etc.

4. « L'Eglise lutta, le mariage resta victorieux. C'est un des plus grands services que l'Eglise ait rendus à la civilisation moderne. » Troplong, *Traité du mariage*, préf. p. 5.

5. La Genèse appelle la femme la compagne de l'homme, *adjutorium simile sibi* (II, 18). Saint Paul écrit : « *Viri debent diligere uxores suas ut corpora sua : qui suam uxorem diliget seipsum diliget. Viri, diligite uxores vestras sicut Christus dilexit Ecclesiam et seipsum tradidit pro ea* ».

la pierre de touche de la conception française (1).

C'est qu'il constate l'ordre naturel des choses. L'homme et la femme en se mariant associent à perpétuité leur existence. Ils se donnent un droit mutuel sur leur corps (2). Ils mettent en commun leur activité physique pour subvenir aux charges du ménage, *ad sustinenda onera matrimonii*, et leur activité intellectuelle pour s'entr'aider et se soutenir dans les misères morales de la vie (3). Il y a donc bien entre les époux association véritable, union complète et franche des corps, des intérêts, des sentiments, *consortuum omnis vitæ* (4).

Or, si, en tant qu'état, le mariage doit être considéré comme une association, en tant qu'acte il doit être réglé comme un contrat (5). Le droit canonique avait appliqué strictement la notion de contrat au mariage, en considérant

.1. Le foriste béarnais a une expression saisissante : « *Le mari et la femme*, dit-il, *sont deux causes dans une même chair.* » l'or de Morlaas, art. 335, p. 200. Plusieurs Coutumes contiennent cette pensée : « *Mari et femme ne font qu'un.* »

2. « Le contrat conjugal a pour effet un échange naturel de personnes qui se donnent l'une à l'autre en vue de former par leur union non seulement une seule société, mais un même principe de vie. » Allègre, *Le Code civil commenté*, Paris, 1888, t. I, p. 184. Voy. aussi Roth, *Traité de droit naturel*, Paris, 1893, t. II, p. 12. — Saint Paul a des expressions énergiques pour exprimer cette idée : « *Mulier sui corporis potestatem non habet, sed vir. Similiter autem et vir sui corporis potestatem non habet, sed mulier.* » Cor., chap. VII, V, 4.

3. « C'est dans cette communauté de vie que l'homme et la femme développent les dons de l'intelligence et de l'âme dont Dieu les a doués et apprennent qu'en travaillant au perfectionnement des autres, on travaille à son propre perfectionnement. » Laurent, *Droit international*, t. IV, p. 373.

4. Modestin, Dig. *l. 1, de ritu nugliarum*, XXIII, 2.

5. Le mariage peut être envisagé soit comme état, *in facto*, il répond à l'idée d'association ; comme acte, *in fieri*, il est le contrat donnant naissance à cette association. Voy. Allègre, *Code civil commenté, op. cit*, t. I, p. 124 et 209.

le consentement mutuel des parties comme essentiel et
suffisant pour la formation du mariage. Nos anciens juristes
ne tiraient pas les mêmes conclusions du principe. mais
ils en avaient adopté l'idée générale. Pothier désigne
l'union conjugale sous le nom de *contrat de mariage* (1).
Cette conception est restée celle du législateur français et
des auteurs modernes (2).

Nous en tirons cette conclusion : le mariage, comme
tout contrat, réclame de la part des contractants, une
volonté libre et éclairée. Voilà pourquoi nous approuvons la fixation légale d'un âge au-dessous duquel les
enfants sont présumés avoir une volonté trop faible et
trop peu clairvoyante pour contracter seuls un mariage,
comme pour faire seuls les autres actes de la vie civile.
« Comme il y a un âge pour l'étude des sciences, il y en
a un pour bien saisir la connaissance du monde. Cette
connaissance échappe à la jeunesse qui peut être si facilement abusée par ses propres illusions, et trompée par
des suggestions étrangères » (3). Le mineur ne pourra
donc pas plus se marier sans autorisation, qu'il ne peut
passer seul un contrat de société (4).

Ces vérités sont si simples, si intelligibles qu'elles

1. Voici sa définition du mariage : « Un contrat revêtu des
formes que les lois ont prescrites. par lequel un homme et une
femme, habiles à faire ensemble ce contrat, s'engagent récipro-
quement l'un envers l'autre à demeurer toute leur vie ensemble
dans l'union qui doit être entre un époux et une épouse. » *Traité
du contrat de mariage*, n° 3.

2. Grotius énonce cette idée que le mariage est un contrat de
droit naturel qui se forme, comme tous les contrats, par le consentement des époux.

3. Portalis, *Exposé des motifs*. Séance du 16 ventôse an XI (Locré,
t. III, p. 91).

4. Cf. Cadet. *Le mariage en France*. Paris, 1870, p. 207.

n'auraient même pas besoin d'être rappelées, si le mariage ne se présentait sous un jour un peu spécial. C'est qu'en effet, l'homme devient physiquement capable d'engendrer et la femme susceptible de concevoir, plusieurs années avant l'âge de la majorité normale, avant l'âge de 21 ans. La loi française a fixé la puberté légale à l'âge de 15 ans pour les filles et de 18 ans pour les garçons (1), retardant sur l'âge de la puberté naturelle. On pourrait s'appuyer sur cette réglementation et venir dire : l'enfant doit se marier librement dès qu'il y est sollicité par la nature, dès qu'il est pubère.

On oublierait que le mariage n'a pas seulement pour fin la satisfaction de la passion amoureuse mais qu'il a aussi et surtout pour but de fonder une famille (2). Qui veut contracter mariage doit être non seulement capable de procréer des enfants, mais encore capable de les élever et de les diriger ! (3).

De plus, le mariage est l'union des personnes et des âmes (4) pour la vie en commun, l'association la plus

---

1. Art. 144 C. civ. Voy. la discussion que ce point souleva au Conseil d'Etat, à la séance du 26 fructidor an I X, (Fenet, t. IX, p. 5).

2. « Le mariage en soi ne consiste pas dans le simple rapprochement des deux sexes. Ne confondons pas à cet égard, l'ordre physique de la nature qui est commun à tous les êtres animés, avec le droit naturel qui est particulier aux hommes. » Portalis, *Exposé des motifs* (Fenet, t. I, p. 22).

3. « Un père quand il engendre et nourrit ses enfants ne fait en cela que le tiers de sa tâche ; il doit des hommes à son espèce ; il doit à la société des hommes sociables ; il doit à l'Etat des citoyens. Tout homme qui peut payer cette triple dette et ne le fait pas, est coupable. » Rousseau, *Emile*, p. 22.

4. Comme l'a chanté le poète, l'amour conjugal est
Fait du souffle mêlé de l'homme et de la femme
Des frissons de la chair et des rêves de l'âme !...

intime qu'on puisse imaginer entre deux individus (1).
On protège l'enfant qui fait un contrat quelconque ; ne
doit-on pas protéger l'enfant qui se marie ? L'idée d'association, de contrat appliquée au mariage justifie donc
l'intervention obligatoire de la famille relativement au
mariage des mineurs (2).

Il faut aller plus loin. L'état de mariage constitue la
plus importante des associations ; partant, le contrat de
mariage est le plus important des contrats. Et qu'on le
remarque, ceci est vrai non seulement au point de vue
individuel, mais encore au point de vue social (3). On
conçoit donc que le législateur tienne à entourer la conclusion de ce contrat de garanties spéciales ; la fixation
d'une majorité quant au mariage plus tardive que la majorité normale, apparaît, en soi, comme légitime. Notre
législateur a cru ne devoir prendre cette mesure qu'en
ce qui concerne le fils. Celui-ci arrive plus tardivement
que la fille à son complet développement intellectuel et
physique (4) ; d'autre part, il se soumet moins volontiers

1. Cf. Roth, *Traité de droit naturel*, Paris, 1893, t. II, p. 13.
2. « La loi a beau déclarer que le mariage peut avoir lieu à l'âge
de quinze ou de dix-huit ans, il n'en est pas moins vrai que les
enfants de cet âge sont incapables de comprendre la gravité des
engagements qu'ils contractent. Il faut donc suppléer à leur incapacité, il faut les couvrir. » Laurent, t. II, n° 311.
3. Le mariage est la base de l'édifice familial et social. L'Exposé
des motifs du Code civil le constate : « Législateurs, a dit Portalis,
les familles sont la pépinière de l'Etat et c'est le mariage qui forme
les familles. » Locré, t. III, p. 12.
4. « La nature se développe plus rapidement dans un sexe que
dans l'autre... Une fille qui languirait dans une trop longue
attente perdrait une partie des attraits qui peuvent favoriser son
établissement, et souvent même elle se trouverait exposée à des
dangers qui pourraient compromettre sa vertu, car une fille ne
voit dans le mariage que la conquête de sa liberté. On ne peut avoir

aux directions familiales, pourtant si utiles en matière de mariage. Voilà qui justifie amplement l'établissement au regard du fils, de la majorité matrimoniale de 25 ans. Cette majorité, d'ailleurs, est celle qui est adoptée pour d'autres actes particulièrement importants de la vie de l'enfant, son adoption (1) et son entrée dans les ordres (2). D'aucuns blâment notre Code (3). Nous croyons qu'il a sagement décidé (4).

II

L'enfant qui n'a pas atteint son complet développement physique, moral et intellectuel ne doit pas se marier sans l'autorisation d'une personne qui le protègera. Quelle sera cette personne ? Ici encore, il faut faire appel aux principes généraux de notre droit matrimonial.

De ce que le mariage, dans notre civilisation, repose sur l'idée de communauté de vie, d'association entre époux, nous déduisons deux nouvelles conséquences, relativement au consentement familial : le père et la mère ont une autorité égale sur le mariage de l'enfant ; en cas

les mêmes craintes pour notre sexe, qui n'est que trop disposé au célibat et à qui l'on peut malheureusement adresser le reproche de fuir le mariage, comme de fuir la servitude et la gêne. » Locré, t. III, p. 97.

1. Art. 346 C. civ.

2. D'après les décrets du 18 février 1809 et du 28 février 1810, les fils qui n'ont pas 25 ans révolus et les filles qui n'ont pas 21 ans accomplis ne peuvent entrer dans les ordres, ni prononcer des vœux, sans le consentement de leurs parents.

3. Voy. not. Loubat, *Des formalités du mariage simplifiées par la loi de* 1896, Paris, 1897, p. 156.

4. Colfavru, *Du mariage et du contrat de mariage, op. cit.*, introd., p. XXVII.

de conflit, la prédominance reste au père, chef naturel de l'association conjugale.

A

Les conjoints sont des associés : ils jouissent de *droits égaux*. Les traditions romaines et germaniques n'étaient pas en ce sens. Mais les principes chrétiens, fondateurs du droit matrimonial français, établissaient cette égalité. La femme n'est plus *loco filiæ* par rapport à son mari ; elle est sa compagne, son égale, *adjutorium simile sibi*. « Les époux *se doivent mutuellement* fidélité, secours, assistance, dit l'art. 212 ». La femme occupe le même rang que le mari au foyer domestique, Elle a le droit au même respect et à la même déférence que lui, de la part des serviteurs et des enfants.

Les enfants ! C'est surtout par rapport à eux que se manifeste l'égalité entre l'homme et la femme. Ne sont-ils pas l'œuvre commune des époux ? Ils appartiennent physiquement à l'un et à l'autre ; ils doivent dépendre légalement de l'un et de l'autre. Tandis qu'à Rome, la seule parenté civile fut longtemps la parenté parternelle, l'agnation, dans notre droit, le lien du sang fonde le lien civil. La parenté est double. Les enfants sont *communs*, dit-on dans le langage courant. Le langage est d'accord ici avec la nature. Il est d'accord, aussi, avec la loi. Les droits et les devoirs de la mère à l'égard des enfants sont, en principe, les mêmes que les droits et les devoirs du père. Une revue des textes est-elle nécessaire ? Qu'on prenne seulement deux articles, les art. 203 et 372. Dans le premier, on verra que « les époux *contractent ensemble*, par le fait seul du mariage, l'obligation de nourrir, entretenir et élever les enfants. » Dans le second, on lira que « l'enfant reste sous *leur autorité* jusqu'à sa majorité ou son émancipation ». Cette autorité, conséquence des devoirs d'éducation et de surveillance communs aux deux époux, réside aussi bien sur la tête de la mère que sur celle du père (1). C'est l'idée féconde et capitale du droit de famille français (2). Il n'y a plus de puissance *paternelle* au sens romain du mot (3). Loysel le disait déjà dans les Institutes Coutumières : « Droit de puissance *paternelle* n'a lieu » (4). C'est vrai plus encore dans notre droit actuel. Le *dominium* du père sur ses enfants a été remplacé par une autorité simplement protectrice. Dès lors, on ne pouvait refuser à la mère, compagne et associée du père, une part de cette autorité. Le Code impose à la mère, comme au père, le droit d'éducation et de surveillance ; la mère devait avoir, comme le père, le droit de correction (5) et celui de consentement au mariage (6).

Toujours, en effet, les mêmes devoirs appelleront les mêmes droits. L'enfant a besoin, nous l'avons vu, d'être protégé et conseillé spécialement pour la conclusion d'un contrat d'où dépendra le bonheur ou le malheur de toute sa vie (7). Qui lui donnera protection et conseil ? Ses

1. Voy. Lefebvre, *op. cit.*, p. 31.

2 « Il n'existe pas de puissance exclusivement paternelle : la puissance appartient à la fois au père et à la mère. » Ahrens, *Philosophie du droit*, 1860.

3. Aussi Louis Bridel (*Le droit des femmes et le mariage*, Paris, 1893, p. 146) exprime-t-il le désir que le mot de *puissance paternelle* soit remplacé par celui d'*autorité parentale*.

4. Loysel, *Institutes Coutumières*, liv. I, t. I, nˢ 27, édit. Laboulaye, t. I, p. 82.

5. Art. 375 C civ.

6. Art. 148 C. civ.

7 Voy. Laurent, t. II, n° 312; Chauvin, *Des droits du père sur la personne de ses enfants légitimes* p. 169, note 11, *op. cit.* — « Les mariages sont de toutes les actions de la vie celles des-

parents. Mais ceux-ci, pour remplir efficacement leur mission protectrice, ont besoin d'une autorité (1). Il fallait prévoir le cas où l'enfant mépriserait les justes conseils de ses père et mère. Trop souvent l'esprit de résistance et d'indépendance se manifeste chez l'enfant. Il ne suffit pas toujours de faire appel à son bon sens et même à son cœur. Il faut une autorité pour lui imposer ce qui lui est utile (2). Voilà pourquoi le besoin de protection de l'enfant mineur appelle nécessairement un droit de consentir chez les père et mère, droit égal, en principe, chez les deux parents, tous deux titulaires de l'autorité familiale. Aussi l'art. 148 porte-t-il que les fils et les filles

quelles dépend le bonheur et le malheur de la vie entière des époux. » Portalis, *Exposé des motifs* (Locré, *op. cit.*, t. II, p. 382).

1. « L'intérêt de l'enfant considéré comme membre du corps social est le fondement du devoir d'éducation et d'autorité qui est nécessaire pour l'accomplir. » Paul Bernard. *Histoire de l'autorité paternelle*, Montdidier, 1863. — « De ce devoir (d'éducation) résulte nécessairement pour les parents, tant que leur enfant n'est pas encore en état lui-même de faire usage de son corps et de son esprit, outre le soin de le nourrir et de l'élever, le droit de le diriger. » Kant, *Eléments métaphysiques de la doctrine du droit*. Part. I, ch. 2, sect. 3, tit. 2 § 28 (trad. Barni, Paris, 1854).

2. L'autorité paternelle est dans l'ordre même de la nature. « Le droit et le pouvoir des pères et mères, a dit Locke, est fondée sur l'obligation qui est imposée par Dieu et par la nature, aux hommes comme aux autres créatures, de conserver ceux à qui ils ont donné naissance, jusqu'à ce qu'ils soient en état de se conserver eux-mêmes. » *Du gouvernement civil*, ch. V, p. 113. C'est dans le même sens qu'on a défini l'autorité paternelle « une autorité que Dieu donne à l'homme en le faisant père. » Dupouloup, *De l'éducation*, t. I, p. 40. Nous approuvons une disposition du tribunal du Pux du 10 décembre 1869 (D. 1., 70, 3, 74) ainsi conçu : « Attendu que les droits qui dérivent de la puissance paternelle sont antérieurs à toute législation et ont leur source dans la nature. » Voy. Allègre. *Code civil commenté*, p. 256, 269. *op. cit.* Nourrisson, *Etude critique sur la puissance paternelle*, p. 15, *op. cit.*; *Contra* : Roger Miles, *Nos femmes et nos enfants*. Paris, 1893.

mineurs « ne peuvent contracter mariage *sans le con-sentement de leurs père et mère.* » Nous le disons haute-ment : la règlementation française est supérieure, sur ce point, à la règlementation romaine et à la théorie germa-nique ; elle l'emporte, pour la même raison, sur les légis-lations modernes de l'Allemagne (1) et de la Suisse (2).

B

Cette conception traditionnelle dans le droit français de communauté des enfants à l'égard du père et de la mère — communauté de droits comme de devoirs, — se heurte, dans la pratique, à une règle essentielle, à la *nécessité d'assurer l'unité de direction* dans la famille.

Il faut un chef dans toute association. Dans une asso-ciation composée de deux personnes, il faut nécessaire-ment qu'une des personnes associées ait voix prépondé-rante sur l'autre. Autrement, aucune décision ne pourrait être prise.

A qui devait-on donner cette voix prépondérante dans l'association conjugale ? La raison indiquait le mari (3).

Celui-ci est le chef naturel de la famille. Il est le pro-tecteur de sa femme (4) et de ses enfants, ayant reçu la force en partage. Il a des devoirs impérieux à remplir auprès d'eux. Les droits sont corrélatifs des devoirs.

1-3. Le père seul est appelé à consentir, d'après les art. 1304 et 1701. C. civ. all. — Même législation en Autriche, art. 21 C. civ. autr. « Dans une société de deux, toute délibération, tout ré-sultat deviendrait impossible si l'on n'accordait la prépondérance au suffrage de l'un des associés. La prééminence du sexe a partout garanti cet avantage au père ». Portalis, *Exposé des motifs* (Locré, *op. cit.*, t. III, p. 98).

2 Loi du 24 décembre 1874.

4 *Est caput mulieris*, selon l'expression énergique de Saint Paul.

L'autorité maritale et l'autorité paternelle découlent de ces devoirs. Notre ancien droit, après avoir dit : *duo in unum*, ajoutait : *sed vir caput*, marquant ainsi la prépondérance du mari. Cette prépondérance, d'ailleurs, n'est pas abandonnée au libre arbitre du mari. Elle lui est imposée. Le Code lui défend de déroger « aux droits qui résultent de la puissance maritale sur la personne de la femme et des enfants » (1). Il ne peut donc renoncer par avance au rôle pour lequel la nature l'a fait.

La prérogative du mari dans l'exercice du pouvoir domestique se manifestera quand il s'agira pour les père et mère de consentir au mariage des enfants. Le consentement sera bien demandé à l'un et l'autre : les deux parents devront délibérer et décider sur l'opportunité du mariage, et, s'ils sont du même avis, leur volonté s'imposera à l'enfant. Mais s'ils sont d'un avis différent, le vouloir du père décidera. Ce que la raison commandait, le législateur l'a ordonné. « En cas de dissentiment, le consentement du père *suffit*. » Ainsi s'exprime l'art. 148. Le principe est bon. Mais notre Code ne l'a-t-il pas poussé trop loin ? Nous aurons bientôt l'occasion de le rechercher. Pour le moment, nous restons sur le terrain des principes. Il nous suffit d'avoir montré que les données rationnelles exigeaient que la mère eût autorité au même titre que le père sur le mariage de l'enfant, mais qu'en cas de désaccord entre les parents, le droit du père fût supérieur à celui de la mère.

III

Une troisième base fondamentale de notre droit de

1. Art. 1388 C. civ.

famille, c'est l'obligation pour l'enfant de manifester, à tout âge, une *absolue déférence* à ses père et mère.

Nous avons vu que l'autorité des parents est dans le vœu de la nature, qu'elle est légitime. C'est dire qu'elle est respectable. Les personnes qui en sont revêtues ont droit au respect et à la déférence de ceux sur lesquels elle s'exerce. Mais un jour vient où l'enfant, ayant atteint son développement physique et moral, n'a plus besoin d'appui. Ce jour-là, l'autorité paternelle disparaît, car disparaît la faiblesse de l'âge qui l'avait rendue nécessaire. L'effet ne peut survivre à la cause. Mais le respect filial persiste. Conséquence du fait de la paternité et de la maternité, ce respect participe de la nature perpétuelle des liens du sang. Qu'un jour vienne où les parents vieux et infirmes aient besoin à leur tour de l'aide de leurs enfants, ceux-ci, devenus protecteurs après avoir été protégés, n'en sont pas moins tenus d'entourer d'une respectueuse déférence les auteurs de leurs jours.

Ce principe de morale s'est transformé en règle de droit. L'art. 371 dispose que « *l'enfant à tout âge, doit honneur et respect à ses père et mère* » (1). Portalis indique la portée de cet article, quand il dit : « Il a paru utile aux mœurs de faire revivre cette espèce de culte rendu par la piété filiale, au caractère de dignité, et pour ainsi dire de majesté, que la nature elle-même semble avoir imprimé sur ceux qui sont pour nous, sur la terre, l'image et même les ministres du Créateur » (2).

Au sortir de la période révolutionnaire, pendant

---

1. Voy. le commentaire de cet article dans Boistel, *Le droit dans la famille*, Paris, 1864, p. 168.

2. *Exposé des motifs*, procès-verbal du 19 ventôse an XI (Locré, *Esprit du Code*, t. III. p. 93).

laquelle l'autorité paternelle et le respect filial avaient
été ridiculisés et bafoués, les attaques des philosophes
naturalistes et des écrivains du XVIIIᵉ siècle, jointes à
l'action des lois menaçaient de dissoudre les liens de
famille (1). On sentit le besoin de restaurer l'autorité
dans la famille et d'affermir le respect. Le législateur de
1804 jugea utile d'insérer dans le Code certaines dispositions destinées à sanctionner le précepte moral contenu dans l'art. 371.

Dans l'ancienne France, on avait peu besoin de recourir
à ces moyens coercitifs. L'autorité des père et mère était
généralement entourée d'un grand respect. La doctrine
chrétienne qui avait si fortement marqué son empreinte
sur les institutions et les mœurs familiales, suffisait à
maintenir chez les enfants, le sentiment du respect. On
sait que dans les classes élevées, le principe *honora
patrem tuum et matrem tuam* (2) comportait des sanctions
légales, l'exhérédation et les lettres de cachet. Dans les
classes populaires, la force des croyances religieuses rendait moins utiles les dispositions législatives, en cette
matière (3).

Les rédacteurs du Code civil n'ont pas voulu s'en
tenir au précepte général et vague de l'art. 371. Ils ont
formulé des règles plus spéciales, destinées à assurer
l'efficacité du précepte. L'art. 205 dispose que les enfants
doivent des aliments à leurs père et mère qui sont dans
le besoin. L'art. 336 exige que l'adopté requiert le conseil
de ses père et mère avant de se donner en adoption.

1. Paul Nourrisson, *op. cit.*, p. 26.
2. Deut.. V, 16.
3. Paul Bernard, *Histoire de l'autorité paternelle en France*, *op. cit.*
p. 279.

L'art. 151, qui nous ramène à notre sujet, oblige l'enfant majeur à demander, quel que soit son âge, le conseil de ses père et mère.

La jurisprudence a fait, elle aussi, des applications du principe posé par l'art. 371. Elle a décidé que l'enfant ne pouvait être admis à la preuve des mauvais traitements imputés à son père (1). Avant la loi du 17 avril 1832, elle décidait que l'enfant ne pouvait exercer la contrainte par corps contre ses père et mère (2).

Il faut reconnaître que ce sont là des sanctions assez faibles du principe de l'art. 371. Nous regrettons que le législateur n'ait pas donné une portée plus efficace au devoir de respect filial. Rien n'empêche aujourd'hui un fils de porter contre ses père et mère une accusation tendant à les déshonorer (3), ni de participer à la délibération du conseil de famille qui destitue le père d'une tutelle pour inconduite notoire (4). Le législateur eut pu armer les parents d'un droit destiné à provoquer la soumission des enfants par l'espérance ou par la crainte, voire même par l'intérêt ; il eut pu leur reconnaître la faculté d'exhérédation, au moins partielle. Il n'en a rien fait. La portion disponible du patrimoine des père et mère est fort restreinte par elle-même. Elle est encore diminuée par ce fait qu'ils n'ont pas le droit de composer à leur gré le lot de chaque enfant (5).

1. Nîmes, 12 fructidor an XII, Dalloz, *Rep.* v⁰ *Mariage*, n⁰ 687.

2. Bastia, 31 août 1876, Dalloz, *Rep.* v⁰ *Puissance paternelle*, n⁰ 19-1.

3. Voy. Dalloz, *Rep.* v⁰ *Puissance paternelle*, n⁰ 22.

4. Cass., 16 décembre 1829, Dalloz, *Rep.* v⁰ *Puis., patern.*, n⁰ 78.

5. La jurisprudence applique ici très strictement l'art. 832 qui ordonne l'égalité du partage en nature. Cf. Glasson, *De l'autorité paternelle*, rapport présenté au Congrès de la Société d'Economie sociale, le 14 juin 1889.

En raison même de leur insuffisance, on doit maintenir avec un soin jaloux les dispositions législatives procédant de l'art. 371.

Utiles au début du siècle, elles sont indispensables aujourd'hui. Le respect filial est en voie de diminution. Le fait n'est pas niable. Les causes en sont plus difficiles à trouver. Elles sont complexes. L'affaissement des principes religieux paraît être une des principales. La grande industrie, qui a servi de dissolvant pour la famille ouvrière (1), n'y est pas étrangère. Peut-être aussi les lois qui tendent à substituer l'Etat au père de famille dans l'exercice de ses droits et l'accomplissement de ses devoirs (2), sont-elles en partie responsables de cet état de choses. Quoi qu'il en soit, il est indispensable, dans la société actuelle, de maintenir soigneusement les règles qui forcent les fils à faire acte de respect à l'égard des parents.

Nous croyons que le législateur de 1896 a eu raison de repousser un amendement de M. Charles Ferry (3), demandant la suppression pour le fils à partir de 25 ans accomplis, pour la fille à partir de 21 ans accomplis, de l'obligation de solliciter le consentement, non seulement de leurs aïeuls et aïeules, lorsque leurs père et mère sont décédés ou dans l'impossibilité de manifester leur volonté, mais même celui de leurs père et mère (4).

1. Paul Nourrisson, *op. cit.*, p. 114.

2. V. certaines dispositions des lois scolaires et de la loi du 24 juillet 1889.

3. L'amendement fut repoussé à la Chambre des députés par 308 voix contre 208. *J. Off*. Chambre des députés, séance du 2 avril 1895, p. 1176.

4. M. d'Haussonville a proposé la même réforme dans un article sur l'*Inconduite*, *Revue des Deux-Mondes*, 1er janvier 1897. Voy. aussi Blanc du Collet, *Comment de la loi du 20 juin 1896*, *op. cit.*, p. 54 et s.

M. Bertrand avait rejeté cet amendement au nom de la commission chargée d'examiner le projet de loi de M. l'abbé Lemire. Il avait montré qu'il y avait là une grave atteinte portée au principe même de la famille et au respect filial, en même temps qu'un danger pour l'enfant (1). L'intérêt de celui-ci est en effet d'accord ici avec son devoir. Il consultera avec profit ses parents, dont l'expérience et l'affection sauront attirer son attention sur ses véritables intérêts (2). Il arrivera plus d'une fois que l'enfant « s'abstiendra d'un mariage qu'il aurait contracté s'il n'avait pas rencontré cet obstacle que sa piété filiale ne lui permet pas de franchir (3). »

On a voulu combattre la théorie française, en l'opposant aux législations étrangères. Certes, ces législations ont repoussé, avec un ensemble qui impressionne, notre acte respectueux. Mais si leur exemple offre souvent d'utiles enseignements, ce n'est pas en cette matière.

Nous avons en effet un point faible dans notre tempé-

1. « Avec l'amendement proposé, les parents pourraient parfois ignorer même le projet de mariage et le mariage lui-même. Ce serait en conséquence, enlever, dans ce cas, aux père et mère, non seulement la faculté d'accorder ou de refuser leur consentement, mais, ce qui est plus grave encore, la possibilité d'appeler l'attention de leurs enfants sur l'importance de l'acte qu'ils se proposent d'accomplir, et sur les conséquences qu'il pourra avoir dans l'avenir non seulement pour le conjoint directement intéressé, mais pour les père et mère eux-mêmes. » Rapport de M. Bertrand, annexe n° 841 au procès-verbal de la séance du 17 juillet 1894.

2. Voici en quels termes le tribun Gillet exprimait cette idée, dans la séance du 21 ventôse an XII : « La surveillance et le consentement (des parents) sont une garantie de plus pour les destinées qui doivent se joindre à celles de leur famille. C'est une protection souvent efficace que ces destinées acquièrent contre les périls dont elles peuvent se trouver environnées. » Fenet, t. 1, p. 312.

3. Glasson, *Le mariage civil et le divorce*, op. cit., p. 345.

rament national. Madame de Staël nous le signale : « Ce qui manque le plus en France, dit-elle, c'est le sentiment et l'habitude du respect » (1). Ne cherchons donc pas à affaiblir le peu qui nous en reste. Un auteur étranger a pu constater que, chez les jeunes Français, « le sentiment du respect n'a pas été développé dans les âmes » (2). C'est tristement exact. Il appartient à l'éducation privée d'y remédier ; mais le législateur doit faciliter la tâche à l'éducateur. Les lois peuvent avoir une action utile sur les mœurs (3). Sans doute le *quid leges sine moribus* part d'un principe vrai ; pourtant son observation stricte serait décevante. S'il est vrai que ce qui fait la force d'un peuple, ce sont ses mœurs plutôt que ses lois (4), il ne faut pas oublier que les mauvaises lois peuvent, avec le temps, pervertir les mœurs, tandis que les bonnes lois finissent par avoir une action régénératrice sur elles.

Que le législateur français ne se laisse pas impression-

1. Mme de Staël, *De l'Allemagne*, IIIe Partie, Chap. III.

2. M. Glasson, dans un rapport présenté le 14 juin 1889 au Congrès de la Société d'Economie sociale, cite les paroles que lui disait un Chinois de distinction venu en France pour s'instruire des choses de l'Occident : « J'admire vos travaux publics, vos chemins de fer, vos télégraphes, vos canaux, vos routes, l'organisation de votre justice, la comptabilité de vos finances, le commerce, l'industrie, la propriété, mais deux choses me paraissent compromises, l'autorité paternelle et la famille ».

3. C'est ce que pensaient les rédacteurs du Code civil. « Législateurs, disait Bigot-Préameneu, dans la séance du 15 ventôse an XI, le but que l'on s'est toujours proposé dans le Code civil est de régénérer et de perfectionner les mœurs publiques en maintenant l'autorité légitime des père et mère. » Fenet, t. I, p. 299.

4. « La législation la mieux faite sera inefficace si elle ne trouve pas un solide appui dans les mœurs publiques et privées de la nation. » Taudière, *Traité de la puissance paternelle*, *op. cit.*, p. 137.

ner par l'exemple des peuples voisins! Qu'il se garde de supprimer ce qui fortifie le respect filial, dans un pays où la liberté tend sans cesse à dégénérer en licence (1).

Qu'il assure, au contraire, à l'autorité paternelle l'indépendance et la dignité ! C'est son devoir. C'est même son intérêt. Du jour où le respect de l'autorité paternelle aurait disparu, le respect de l'autorité sociale ne tarderait pas lui-même à s'effacer. « Toute la force des Etats, a dit M. Oscar de Vallée, est dans l'obéissance volontaire des citoyens, et il est bien difficile d'avoir des citoyens qui respectent les lois, quand les enfants sont dispensés d'obéir à leurs pères » (2).

De l'ensemble de ces considérations nous concluons que l'intervention de la famille s'impose, mais à des degrés inégaux, soit durant la minorité de l'enfant pour le protéger, soit après sa majorité comme sanction du respect filial.

Section II. — Limites de l'intervention familiale.

Nous venons de voir que le principe d'autorité reste dans le temps présent, ce qu'il était jadis, un des fondements de l'ordre social et familial.

1. « C'est surtout dans un Etat libre qu'il faut donner un grand ressort à l'autorité paternelle, parce que c'est d'elle que dépendent principalement la conservation des mœurs et le maintien de la tranquillité publique. » Malleville, au Conseil d'Etat.

2. « Que deviendrait l'obéissance aux magistrats, si celle qui est due aux pères venait à se perdre, et quelle subordination politique et civile espérer là où serait méconnue la subordination naturelle et filiale? » Portalis. *Introduc. au Code civil du royaume de Sardaigne* (collection Foucher), Paris 1844, p. CXI. Voy. aussi Rapport de M. Givelet à l'Assemblée des catholiques de 1891, Paris, 1891.

Mais il importe, aujourd'hui plus qu'autrefois, de déterminer sa véritable portée, de le réduire à ses justes proportions, de peur que la constatation de ses tyranniques abus, ne fasse rejeter le principe lui-même. Trop longtemps, autorité a été synonyme d'absolue puissance, dans le langage, et de domination arbitraire, dans la réalité. Ainsi s'explique la réprobation dans laquelle les générations actuelles tiennent le mot et la chose.

Au reste, notre législation est en partie responsable de l'hostilité actuelle des esprits à l'égard de la puissance paternelle sous toutes ses formes.

Les rédacteurs du Code civil étaient épris d'idéal. Nous ne les en blâmons pas. Mais ils étaient doués en même temps d'un optimisme un peu naïf. Imbus des principes philosophiques et humanitaires qui s'étaient emparés des esprits après la tourmente révolutionnaire, ils voyaient dans le père de famille l'homme parfait « auquel, les enfants sont soumis, mais qui n'écoute, lui, que la voix de la nature, la plus douce et la plus tendre des voix... ; dont la magistrature a moins pour objet d'infliger une peine que de faire mériter le pardon » (1).

Pénétrés de tels sentiments généreux et élevés, nos législateurs ont organisé la puissance paternelle comme si tous les pères répondaient au type idéal qu'ils s'étaient forgé. Pour eux, les parents coupables et oublieux de leurs devoirs constituaient une minorité infime et négligeable. Ils n'ont pas voulu s'en occuper. *De minimis non curat pretor !* Les mœurs privées devaient suffire, selon eux, pour maintenir le bon ordre dans la famille. Ils ont eu trop confiance dans cette voix de la nature qui, hélas,

1. Projet du gouvernement, Fenet, t. I, p. 504.

est couverte parfois chez les parents, par le cri plus fort des passions.

C'est ainsi qu'une lacune existait dans le Code civil : il n'y avait aucun contrepoids à l'absolutisme de la puissance paternelle (1).

La lacune était grave. La raison, la morale, l'intérêt social exigent en effet qu'un contrôle soit exercé sur l'autorité paternelle (2).

Le Code pénal apporta un léger remède (3). Plus tard, la loi du 7 décembre 1874, sur la protection des enfants employés dans les professions ambulantes, et la loi du 24 juillet 1889 sur la déchéance de la puissance paternelle (4), essayèrent de combler la lacune de notre législation. A notre avis la tentative fut vaine (5). On dépassa le but en posant le principe de la déchéance totale obligatoire de la puissance paternelle (6).

C'est parce que notre législation n'a pas su apposer de justes limites à l'autorité domestique qu'on attaque si vigoureusement aujourd'hui le principe même de cette autorité.

Nous n'avons pas à faire la théorie complète des bornes qui doivent être assignées au droit des parents. Nous

1. Taudière, *op. cit.*, p. 139.

2. Demolombe, t. IV, n° 367 ; Leloir, *op. cit.*, t. I, n° 5.

3. En introduisant deux causes de déchéances : mort civile et excitation habituelle de mineurs à la débauche, art. 335 C. pén.

4. Voy. Nillus, *Comment. de la loi du 24 juillet 1889, France judiciaire*, 1er part., t. XV, p. 225.

5. « Une réforme s'impose pour abroger cette législation *du tout ou rien* ». Nourrisson, *op. cit.*, p. 246.

6. Il est encore vrai de dire, même depuis la loi de 1889, « qu'il n'est aucun pays où l'enfant soit moins protégé qu'en France, contre les excès de la puissance paternelle ». Pradines, *Bull. de législ. comp.*, 1880, p. 130.

voulons simplement indiquer ici les limites que les données du droit naturel, d'une part, et les exigences sociales, d'autre part, rendent nécessaires, en ce qui concerne le droit légitime d'intervention de la famille dans le mariage.

§ 1. — *Données du droit naturel.*

Le droit naturel pose un certain nombre de principes qui nous serviront à limiter l'intervention des parents à propos du mariage des enfants.

I

Le mariage n'est pas une création de la loi civile, mais une institution du droit naturel.

On ne peut nier que la nature ait mis, en nous, l'inclination au mariage. Nous disons l'inclination au mariage, et non pas seulement le désir du rapprochement sexuel. C'est qu'en effet la société conjugale est dans le vœu de la nature. Elle répond à nos besoins matériels et à nos aspirations morales.

L'homme et la femme, pris en eux-mêmes, sont des êtres incomplets. La séparation des sexes en est la cause. S'ils se recherchent mutuellement, c'est afin de se compléter. L'homme a la force et la volonté : il lui manque la douceur et la patience. Il trouvera ces qualités dans sa compagne. Retenu par ses goûts et ses occupations au dehors, il a besoin de sa femme pour les paisibles travaux de l'intérieur (1) : *non est bonum esse hominem solum* (2). La

1. Cf. Albert Millet, *Manuel du citoyen français*, p. 63.
2. Genèse, cap. 2, v. 18.

femme, de son côté, a, en partage, la faiblesse, la *fragilitas sexus* dont parlaient nos anciens. Elle a besoin d'un protecteur. Ses fonctions de mère et de nourrice lui interdisent pendant une partie de sa vie, tout travail pénible : comment, livrée à elle-même, subviendrait-elle à ses besoins et à ceux de ses enfants ?

L'union durable de l'homme et de la femme répond aussi aux secrets instincts du cœur et de l'esprit. Il y a chez l'homme le besoin de l'épanchement, l'instinct de l'affection (1); les jouissances de la vie de famille sont celles qui paraissent en harmonie la plus parfaite avec son organisation physique (2) et morale (3).

Le mariage est encore dans l'ordre de la nature comme destiné à perpétuer l'espèce (4). « Le mariage, a dit Cambacérès, est la loi primitive de la nature, ou plutôt, c'est

1. « Etre aimé, a dit Mme de Girardin, c'est être compris, c'est être béni, c'est être consolé, c'est être heureux ; c'est marcher avec un guide protecteur dans les sentiers périlleux de ce monde, guide charmant qui détourne les ronces loin de vous... C'est avoir un ami à qui l'on ose tout dire, parce qu'on lui laisse tout deviner; être aimé enfin, c'est vivre de confiance, d'affection, de délices ; c'est avoir trouvé le bonheur ! »

2. D'après le docteur Casper (*De l'influence du mariage sur la durée de la vie humaine*, 1835) la mortalité des hommes mariés de vingt à trente ans serait onze fois plus faible que celle des célibataires du même âge.

3. « C'est au sein de la famille, loin de toute pensée égoïste que l'homme civilisé passe les meilleurs moments de sa vie ». Starcke, *La famille primitive*, Paris, 1891, p. 269. — « Je suis toujours persuadé que le vrai bonheur de la vie est dans un mariage bien assorti ». La Rochefoucault, lettre du 17 mars 1762 à M. Kirchberger.

4. « La simple cohabitation rendra possible la procréation de l'enfant. Mais le bien de cet enfant exige que ses parents fassent précéder du contrat matrimonial l'œuvre de la génération, afin que les père et mère vivent de longues années ensemble et puissent ainsi remplir plus efficacement leur devoir de veiller au développement physique, moral et intellectuel de l'enfant ». (Roth, *op. cit.*, p. 23).

la nature en action » (1). Il en conclut que le célibat est
un vice que le législateur doit poursuivre. C'est peut-être
aller trop loin (2). En tous cas, le mariage apparaît certainement comme un fait primordial, antérieur à toute
société (3). Sa nature même le prouve (4) et l'histoire le
confirme (5).

Or, si le mariage dépend de la loi naturelle avant de
dépendre de la loi civile, il faut conclure qu'il y a pour
l'homme un droit au mariage, comme il y a pour lui un
droit à la vie (6). Sans doute, ce droit est limité par celui
de ses semblables. La société qui représente l'intérêt
commun peut imposer des bornes au droit de chacun. Mais
ces bornes ne seront légitimes qu'autant qu'elles seront
strictement nécessitées par l'intérêt général. « Il est, a
dit Paul Gide, un principe longtemps méconnu, mais hau-
tement proclamé par la science contemporaine. C'est qu'il
n'est pas au pouvoir du législateur de dénier à un être

1. Rapport de Cambacérès sur le projet de Code civil (Fenet,
t. I, p. 104).

2. Il est vrai qu'il ajoute aussitôt : « C'est moins par des moyens
violents qu'il doit combattre que par des moyens doux et insensi-
bles ». Fenet, *op.* et *loc. cit.* La vraie doctrine du droit naturel sur
ce point peut être résumé par cette proposition : « A tous le droit
au mariage, à personne le devoir ». Voy. Allègre. *Code civil, op. cit.*,
t. I, p. 123.

3. « Les législateurs humains n'ont point inventé ce contrat, le
plus ancien et le plus universel de tous et dont l'origine est due à
Dieu lui-même ». Demolombe, *Traité de mariage*, t. I, n° 3. Voy.
aussi Laurent, t. II, n° 260, et Huc, t. II, n° 9.

4. « *Inest in eo sacrum et religiosum quodam* », Encyclique de Léon
XIII, du 20 février 1880. Le sceptique Montaigne lui-même appelle
le mariage une liaison religieuse et dévote (*Essais*, liv. I, chap.
XXIX).

5. Gide, *Condition privée de la femme, op. cit.*, p. 19.

6. « Avant tout le mariage est un engagement du droit naturel.
La société civile l'entoure de solennités, l'adopte et le sanctionne,

humain le libre exercice des facultés dont l'a doué la nature, pourvu qu'il en fasse un honnête usage » (1).

Et le savant professeur montre que la loi positive méconnaît ce principe lorsqu'elle porte atteinte à la capacité naturelle d'une personne (2).

Nous concluons que la loi civile fait violence à la loi naturelle quand elle gêne inutilement le libre exercice du droit de se marier (3). Le législateur méconnaît son devoir, quand il met au mariage d'autres obstacles que ceux qui sont impérativement commandés par une nécessité sociale (4). Ce principe nous servira pour attaquer l'empêchement dirimant actuel résultant du défaut de consentement des parents. Il nous servira aussi à combattre

mais il ne tire point d'elle son origine ; il existait avant elle. Il existerait hors d'elle et indépendamment d'elle. Le contrat civil qu'elle y ajoute ne constitue pas plus le mariage que l'acte de naissance ne constitue la filiation, ou l'acte de décès la mort : il n'en est que la preuve ». Portalis, *Code civil de Sardaigne, op. cit.,* Introd., p. CI.

1. Paul Gide, *Condition privée de la femme. op. cit.,* p. 460.

2. La loi naturelle, dit M. Glasson, « existait avant nous et nous survivra. Le législateur humain ne peut pas non plus y échapper, et lorsqu'il promulgue ses lois, il ne doit jamais oublier qu'il n'est que le délégataire de la loi morale. S'il ne se conforme pas à cette loi, il ne fait sous la forme du droit qu'un acte de violence ». *Eléments de droit français,* pp. 7 et 8.

3. « Le mariage est l'exercice d'un droit naturel. Si la loi civile règle ce droit, elle ne doit pas le gêner inutilement par des formalités sans raison suffisante et par des obstacles d'argent. » Abbé Lemire, *J. Off.,* Chambre des députés annexe 643 au proc. verb. de la séance du 21 mai 1894. — « Ce n'est pas seulement un droit, c'est un devoir pour chaque homme de tirer le meilleur parti possible de toutes les forces physiques et morales dont Dieu l'a doué, et les lois qui le condamnent à laisser quelqu'une de ses forces inertes et stériles sont toujours, quelque prétexte qui les colore, des lois injustes et funestes ». Gide. *op.* et *loc. citat.*

4. « Où étiez-vous pouvoirs publics, lorsque Dieu instituait le mariage et lui donnait le sceau de la souveraine puissance ?... La

l'obligation de l'acte respectueux en ce qui concerne les aïeuls et aïeules.

II

Le droit naturel proclame aussi que l'enfant a une *personnalité distincte* de celle de ses père et mère, et égale en principe à la leur. Les parents ne peuvent avoir aucun droit de puissance sur l'enfant ; ils n'ont qu'un *pouvoir tutélaire plus étendu que le pouvoir d'un tuteur ordinaire.*

Cette affirmation peut paraître hardie, dans un pays où la *patria potestas* a régné longtemps en souveraine. Si on regarde de plus près, on constate qu'elle est conforme aux vraies données de la raison.

Tous les individus sont égaux devant la loi naturelle. Aucun d'eux n'a de droits sur aucun : il n'a que des devoirs ; ou s'il a un droit, c'était seulement celui d'accomplir son devoir. Le devoir des parents est de mener l'enfant au terme de son développement physique et moral (1). La tâche n'est pas aisée ; l'enfant sent en lui une impulsion qui le pousse à s'augmenter, à se développer (2) ; il

famille vous précède, constituée, unifiée, affermie par Dieu, avant que les hommes aient songé à vous délivrer le mandat de gouverner la chose publique, afin de vous apprendre que le mariage en tant qu'il est union, n'a pas besoin de votre concours, que son essence est impénétrable et inviolable ; qu'aucune puissance humaine ne peut empêcher les volontés de l'homme et de la femme de se joindre à la puissance divine pour former le lien conjugal...» Père Monsabré, 4e Confér. à Notre-Dame, 1887.

1. « Les enfants en tant que personnes, ont droit, comme avantage inné, aux soins de leurs parents jusqu'à ce qu'ils soient capables de se conserver eux-mêmes. » Kant, *Eléments métaphysiques de la doctrine du droit*, Part. I, ch. 2, Sect. 3, tit. 2, § 28 (trad. Barni, Paris, 1854).

2. Cf. Henri Secrétan, *La société et la morale*, Paris, 1897.

veut tout s'approprier ; et l'égoïsme individuel deviendrait vite chez lui la seule force dirigeante, si la société ne réduisait brutalement ses appétits, en même temps que la raison et la conscience, dirigées par l'éducation, ne lui apprenaient à ne rechercher que les satisfactions qui sont compatibles avec celles d'autrui et avec sa nature propre : l'éducation devient ainsi la grande force sociale. Or, l'éducation se fait à l'école, dans la rue, partout, mais surtout dans la famille. C'est au père, c'est à la mère qu'incombe le devoir de présider au développement de la personnalité physique, intellectuelle et morale de l'enfant ; et nous avons vu que pour atteindre cette fin, ils avaient besoin d'une autorité. Mais l'autorité — et voilà le point essentiel à retenir — ne fait pas disparaître la personnalité de l'enfant. Cette personnalité n'est pas absorbée ; elle est seulement dirigée (1).

Ces notions étaient à peu près inconnues des sociétés anciennes. Elles ont fait leur apparition définitive dans le monde avec la civilisation chrétienne. Saint Thomas a dit : *Omnes homines natura sunt pares, in his quæ pertinent ad corporum sustentationem et prolis generationem* (2).

C'est dire qu'en ce qui concerne le mariage, l'enfant a des droits primordiaux. Le père n'a pas le pouvoir de marier l'enfant contre son gré. Tout le monde est d'accord sur ce point. A-t-il le pouvoir d'empêcher le mariage ? Ici on hésite. Des distinctions sont introduites. Nous verrons bientôt ce qu'il faut en penser. Constatons, pour le moment, en nous bornant aux généralités, que si l'individualité de l'enfant a le droit de se manifester, c'est

1. Cf. Drucker, *De la protection de l'enfant,* thèse, Paris, 1894, p. 9 ; Pradier-Fodéré, note sur Grotius, *Du droit de la guerre et de la paix,* Paris, 1867, liv. II, ch. V. §4.
2. Saint Thomas, 22, q. 104, a. 6,

surtout en matière de mariage. Le mariage est dans toute la force du terme, une affaire personnelle. Quintilien avait raison de dire : « *Nusquam libertas tam necessaria quam in matrimonio est* » (1). M. Laurent, à son tour, constate que « c'est le plus grand bien de l'homme qui est en jeu, la liberté. Il arrive un âge où il (l'enfant) doit être libre de gouverner sa personne et de diriger sa destinée. L'homme peut abuser de sa liberté, dit-on, soit. C'est à ses risques et périls. Mieux vaut la liberté avec ses excès, qu'une servitude éternelle » (2).

Nous nous résumons. L'enfant n'appartient ni au père, ni à la mère. Il n'est la chose de personne. Tant qu'il n'est pas devenu homme, il doit être protégé. Aux parents incombe ce devoir (3). Un droit est le corrolaire indispensable de ce devoir. Mais que l'on ne l'oublie pas l'intérêt de l'enfant est la commune mesure de ce droit, comme de ce devoir.

Il faut tirer la conclusion de ce principe. La doctrine individualiste absolue qui poursuit la suppression de la puissance paternelle dans toutes ses manifestations, est contraire à la nature même de l'homme, être sociable (4). Elle répugne particulièrement à notre organisation sociale et à notre tempérament national. Nous ne devons pas nous approprier la conception germanique, qui

1. Quintilien, *Declam.*, 257.

2. Mais nous repoussons, comme trop absolue, cette opinion du même jurisconsulte : « De droits proprement dits, le père n'en a pas. Le vrai droit est à l'enfant ; le père n'a que des devoirs ». Laurent, t. IV, n° 258.

3. C'est en ce sens qu'on a pu dire : « Les père et mère ne sont dès l'origine, vis-à-vis de leur enfant, ni des propriétaire, ni des créanciers ; ils sont des débiteurs ». Accolas, *Manuel de droit civil*, t. I, V, 385.

4. Cf. Giraud-Teulon, *op. cit.*, p. 478.

tend à confondre l'autorité du père avec le droit de tutelle. Le père n'est pas un simple tuteur. Le lien du sang
crée entre lui et son enfant un lien civil, qui est plus que
la tutelle ordinaire, mais qui est moins que la puissance.
Ce que nous voulons ce n'est pas supprimer le pouvoir
des parents en matière de mariage ; c'est seulement réprimer les abus de ce pouvoir, ne pas laisser notamment
le mariage du fils de 24 ans à la discrétion absolue de
ses ascendants.

§ 2. — *Exigences sociales et économiques.*

Après avoir placé la réglementation française du consentement familial au mariage en face des données du
droit rationnel, nous avons conclu qu'une protection plus
efficace devait être assurée à l'enfant à l'encontre des
parents qui négligent leurs devoirs ou abusent de leur
autorité.

Il nous reste à examiner si la théorie des art. 148 et s.
est en conformité avec l'organisation actuelle de la société et de la famille (1). Nous constaterons qu'à ce point
de vue encore, la nécessité se fait sentir d'une limitation
des droits excessifs du père de famille.

1. « Les faits sont nos maîtres ; ils disposent de nous, malgré
nous. On tenterait infructueusement de séparer l'existence d'un
peuple des conditions mêmes de cette existence. Si une juste
appréciation de l'esprit général du siècle dans lequel ils vivent, si
une connaissance approfondie des habitudes et des opinions de la
nation à la tête de laquelle ils se trouvent placés, n'éclairent les
hommes d'Etat, qui aspirent à lui donner des lois, leurs efforts
seront frappés d'impuissance et ils auront bâti sur le sable. » Portalis, *Introd. au Code civil de Sardaigne* (collect. Foucher), Paris,
1844, p. III.

Deux faits sociaux s'imposent à notre attention :

I. L'évolution de la famille dans un sens individualiste, d'où naît l'obligation d'adapter notre législation à cette nouvelle forme familiale.

II. La crise qui sévit sur le mariage, d'où la nécessité de dégager la procédure matrimoniale de ce qui la complique inutilement.

I

La forme de la famille a changé souvent dans le cours des siècles. Elle continue a évoluer aujourd'hui. Que sera-t-elle demain ? Il faudrait être prophète, pour le dire. Contentons-nous d'être observateur. Constatons seulement les *modifications survenues dans l'organisation de la famille française* pendant le siècle qui finit.

Au moment de la confection du Code civil, la famille avait depuis longtemps perdu son caractère de famille patriarcale. Elle n'était même plus la famille souche ou quasi-patriarcale, la famille fortement constituée de l'ancienne France (1). Mais elle avait conservé un de ses traits d'autrefois. La solidarité entre ses membres survivait aux phénomènes sociaux qui l'avaient établie. La puissance paternelle — ce ciment de la famille — avait perdu pendant la période révolutionnaire presque toute sa force cohésive ; mais avait survécu son ascendant moral. Si elle avait cessé d'être une puissance redoutée, elle était restée du moins une autorité respectée. La famille demeurait unie autour de son chef, non plus par force ou par intérêt, mais par tradition et par respect.

1. Sur les divers types de famille, voy. Champault, *Un exposé abrégé de la science sociale,* dans le *Mouvement social,* août 1894.

De nos jours, l'évolution individualiste se dessine nettement. La famille se désunit. Ses membres se dispersent.
La traditionnelle solidarité de la famille française tend à
disparaître. Pourquoi ?

C'est d'abord parce que le sentiment du devoir, sous
toutes ses formes, devient chaque jour moins puissant :
le sentiment du devoir familial ne pouvait faire exception à la règle commune. Les habitudes de respect se
sont affaiblies, en même temps que se sont affaiblis les
principes religieux. Le père moins respecté a voulu demander à la violence ce que la loi et les mœurs ne lui
donnaient plus. On l'a vu abuser de sa force. L'autorité
publique a dû intervenir. Du coup, la puissance paternelle a cessé d'être, pour beaucoup, une autorité respectable. La famille s'en est trouvée plus désunie.

En même temps, les conditions matérielles nouvelles
de l'existence favorisaient la désagrégation de la famille.

La grande industrie, remplaçant le travail en famille
par le travail dans les usines et manufactures, éloigne
le père et la mère du foyer domestique, qu'ils ne réin-
tègrent même pas toujours pour les repas. La demeure
familiale ainsi désertée n'offre plus le confort et les avantages qu'on y recherche. Le mari, en y rentrant le soir, ne
fait qu'y trouver les soucis de la paternité. Il prend l'habitude d'y rester le moins possible ; et le jour où des
discussions s'élèvent, il trouve tout naturel de se mettre
à l'abri des querelles et embarras domestiques, en laissant là femme et enfants.

Les enfants deviennent, dans ces familles, des êtres
gênants. Aussi sont-ils placés de bonne heure en apprentissage ; il ne viennent que de loin en loin visiter le domicile des parents. Le jour où ils croient augmenter leur

salaire en s'éloignant, ils n'hésitent pas à quitter la ville natale et à se soustraire à toute direction paternelle.

Les parents eux-mêmes changent de résidence sous le moindre prétexte. Ils abandonnent volontiers les enfants aux aïeuls, qui se déchargent eux aussi, dès qu'ils le peuvent, du lourd fardeau mis dans leurs mains débiles. C'est ainsi qu'en peu d'années, les membres de la famille se sont dispersés et s'ignorent les uns les autres.

Le mouvement de dispersion des membres de la famille a commencé dans la classe ouvrière. Elle a gagné ensuite les classes rurales. L'enfant des champs quitte de bonne heure le toit paternel pour la ville. Les petites communes aujourd'hui se dépeuplent, tandis que les grandes villes augmentent de population. La crise agricole n'est pas étrangère à ce mouvement. Les fils qui ne trouvent plus auprès de leur père un travail rémunérateur, vont se louer au loin. Les communautés agricoles entre membres d'une même famille sont de jour en jour plus rares.

Les familles aisées n'ont pas échappé à la tendance commune. Les fils, au sortir du collège, à 17 ou 18 ans, sont envoyés dans les grandes villes, compléter leur instruction. Ils passent sans transition de l'internat sévère à la liberté absolue ; et trop souvent, ils sont perdus pour leur famille. En même temps, les mœurs anglaises et américaines, pénétrant dans notre société, n'ont fourni que trop d'applications pratiques aux principes individualistes semés par la Révolution. Les jeunes gens des deux sexes visent à échapper le plus tôt possible à la contrainte paternelle.

On pourrait assigner beaucoup d'autres causes au mouvement individualiste qui désagrège la famille. On pourrait montrer le fâcheux effet des bourses trop répandues dans l'enseignement secondaire, du service militaire obligatoire de trois ans, etc. Mais l'intérêt de la question est bien moins dans la recherche des causes du phénomène social que nous analysons, que dans la constatation même de ce phénomène. Or, il n'est pas douteux que de nos jours, la famille *instable* ou *inconsistante* (1) tend à remplacer la famille stable et cohésive, et que l'émancipation prématurée de la jeunesse est entrée dans les mœurs.

Et alors on se demande si une aussi grave modification dans la constitution de la famille, ne doit pas entraîner un changement dans la législation. On s'aperçoit que la théorie actuelle de l'intervention familiale à propos du mariage ne répond plus aux exigences de la vie nouvelle, qu'en particulier, l'obligation de demander le conseil des aïeuls et des aïeules ne se justifie plus sous le régime de la famille dispersée.

II

D'un autre fait social nous tirerons une conclusion identique. On assiste en France, depuis de longues années, à une véritable *crise du mariage*. La faveur populaire ne s'attache plus à l'union légitime. Le concubinage fait chaque jour d'inquiétants progrès. Dans les centres ouvriers et les agglomérations urbaines, l'union libre est élevée à la hauteur d'une institution. Les classes dirigeantes elles-mêmes, qui avaient conservé

1. Ce type de famille tient le milieu entre le type *patriarcal*, qui développe chez les jeunes les qualités de subordination, et le type *particulariste* qui développe en eux l'esprit d'initiative et a aussi pour résultat de réduire la famille au simple ménage. C'est d'ailleurs vers ce dernier type de famille que paraît évoluer la civilisation moderne.

jusque-là, soit par principes, soit par tradition, le culte de l'union matrimoniale, commencent à s'en affranchir (1).

Cherchons à préciser les faits, à en déterminer les causes et à formuler la leçon qui s'en dégage.

A

La statistique, ce « bilan de la civilisation » (2), fait à ce sujet de désolantes *constatations*.

Au commencement du siècle, le nombre des mariages était plus considérable qu'aujourd'hui, proportionnellement à la population. On comptait 8 mariages par an pour 1.000 habitants. Le taux annuel est à peine de 7,6. Il s'est même abaissé à 7 en 1890. Le nombre des mariages diminua surtout à partir de 1851. Une légère augmentation se manifesta de 1855 à 1858. Puis le mouvement décroissant reprit, pour s'accentuer de 1884 à 1890. Le nombre des mariages était de 289.555, en 1884. En 1890, il n'était plus que de 269.332, soit une diminution de 20.000 en six ans. Sans doute, la statistique des sept dernières années est plus consolante : un léger mouvement d'amélioration paraît se manifester. En 1897, il y a eu 291.462 mariages, contre 290.171 en 1896, et 282.218, en 1895. Mais il ne faut pas se réjouir trop vite.

Dans ces totaux figurent les mariages contractés par

1. On nous assure qu'il circule des communications imprimées par lesquelles M. X... et Mlle Z... font part à leurs amis de leur *union libre.*

2. « La statistique est au corps social ce que la physiologie est au corps humain ; elle analyse les fonctions de la vie des peuples, signale le diagnostic de ses infirmités et, si elle ne trouve pas toujours le remède, elle indique du moins le point où il faut l'employer : c'est le bilan de la civilisation. » *Annuaire de l'Economie politique,* 1847, p. 177.

des époux divorcés. Or, ces mariages sont naturellement plus nombreux à mesure que les divorces se multiplient (1) ; et on sait que le nombre des divorces va grossissant d'année en année. En 1897, il a été de 7.460, alors qu'il n'était que de 7.051 en 1896, de 5.457 en 1890, et de 1.657 en 1884. Si donc le nombre des mariages célébrés augmente, celui des mariages rompus augmente aussi (2). Le nombre des gens mariés, en définitive, n'est pas accru. Il y a moins de stabilité qu'autrefois dans l'union matrimoniale. Les unions sont plus nombreuses, soit. Mais si elles durent moins longtemps, où est le profit ? Il est purement négatif, si l'on en juge par la statistique sur la natalité.

Le nombre des naissances diminue d'une manière tristement régulière (3). La dernière statistique accuse 859.107 naissances pour l'année 1897, alors que l'année

---

1. « Les divorces prononcés chaque année viennent en déduction du nombre des mariages. On peut dire que le mariage diminue par tous les bouts. » Jules Simon, dans le *Petit Journal* du *Temps* d'août 1892.

2. En 1887, il y eut 277.060 mariages célébrés contre 267.375 mariages dissous ; en 1888, on compta 276.848 mariages célébrés et 269.634 mariages dissous. En 1890, il arriva même ce fait étrange que 269.332 mariages furent célébrés, tandis que 284.428 mariages furent dissous, ce qui donna un excédent de 15.096 mariages dissous ! V. Bonjean, *op. cit.*, p. 143.

3. En juin 1893, M. Edouard Le Roy poussait déjà au Parlement le cri d'alarme : « Le chiffre des naissances se réduit de plus en plus. En moins de dix ans, il a décrû de cent mille !

En 1883 le total des naissances a été de		937.944
En 1884	—	937.758
En 1885	—	924.558
En 1886	—	912.338
En 1887	—	899.333
En 1888	—	882.639
En 1889	—	880.579
En 1890	—	838.059 »

précédente en avait fourni 865.586. Il a suffi d'une année pour baisser de 6.479 le nombre des naissances. Le chiffre de l'année 1897 est le plus faible qui ait jamais été enregistré en France, en dehors des années 1871 (année de la guerre) et 1890 (année de la grippe). Et encore dans le total des naissances figurent les naissances illégitimes, chaque année plus nombreuses, et qui se sont élevées, en 1897, au chiffre de 75.989, soit environ le dixième des naissances légitimes.

Ces constatations sont la meilleure preuve que la nuptialité française est en baisse. Le mariage subit une crise, qui met en péril notre avenir national.

Tandis que les peuples voisins voient augmenter d'année en année chez eux le nombre des mariages et par suite, celui des naissances, notre population reste désespérément stationnaire ; et, pour un peuple, ne pas augmenter, c'est décroître.

Voici le tableau comparatif, fait en 1890, du nombre des mariages par 1000 habitants, pour quelques pays de l'Europe occidentale :

Hongrie	10,1
Autriche	9,2
Prusse	8,5
Angleterre	7,9
Italie	7,6
France	7

Le chiffre comparé des naissances dans les divers pays, donne un résultat plus douloureux encore pour notre amour propre national. Tandis que la moyenne, dans les nations voisines (1) varie entre 35 à 40 naissan-

1. Nous empruntons à la *Gazette de l'Allemagne du Nord* les détails statistiques suivants, concernant l'Allemagne : En 1896, le nombre

ces par an pour 1000 habitants, tandis que certains peuples atteignent le chiffre de 49,4 (Russie), 42,9 (Hongrie), la France, après avoir atteint, vers le milieu du siècle, le chiffre de 27, a vu sa proportion descendre à 24, puis à 23. Elle est actuellement de 22 (1).

L'heure est donc grave pour notre pays. C'est une question de vie ou de mort qui se pose pour lui. A toute époque, le problème de la population a dominé les problèmes sociaux. Mais de nos jours, l'équilibre des nations armées en masse, qui caractérise la paix contemporaine, met la question de la natalité et partant, de la nuptialité, au premier rang des préoccupations politiques (2).

Nous savons, d'autre part, que la dépopulation tarit insensiblement les sources de la richesse (3), en même temps qu'elle fait baisser le niveau intellectuel et moral d'un peuple (4).

B

Quelles sont les *causes* de la *crise viricole,* comme on

des mariages s'est élevé à 443.107, contre 414.248 en 1895 et 408.066 en 1894. Il y a eu 8,19 mariages sur 1.000 habitants ; le nombre des naissances a été de 1.979.747, contre 1.841.644 en 1895 et 1.904.297 en 1894. Il y a donc, en Allemagne, une hausse bien certaine du nombre des mariages et des naissances. La conséquence est que, dans la seule année 1896, la population s'est augmentée de 815.875 âmes.

1. *Le mouvement de la population française en 1897*, dans la *Réforme sociale*, t. XXXVI, p. 933.

2. « La question de la natalité se pose dans tous les domaines ; elle intéresse aux points de vue moral, social, économique et politique ; elle tiendra bientôt un rang exceptionnel dans les préoccupations contemporaines. » V. Secrétan, *op. cit.*, p. 380.

3. Secrétan, *op. cit.*, p. 374.

4. Cf. Cadet, *Le mariage en France, statistique, op. cit.*

l'a appelée, et de la crise matrimoniale qui sévissent en France ? Voilà ce que se demandent tous les esprits soucieux de l'avenir de notre race (1) ! Nous ne pouvons faire ici l'énumération complète de ces causes (2). Cela nous détournerait de l'objet spécial de notre travail. Pourtant nous devons en indiquer quelques-unes.

Le *malthusianisme*, qui compte de moins en moins d'adeptes en doctrine, gagne de plus en plus du terrain dans l'ordre des faits. Si l'on ne croit plus à l'exactitude de la loi célèbre que Malthus promulguait en 1798, touchant la progression arithmétique des produits du sol et la progression géométrique des habitants de la terre, on met pourtant en œuvre ses théories. Trop de ménages suivent scrupuleusement ses conseils (3). Les époux restreignent volontairement le nombre de leurs enfants, non, certes, dans un but d'intérêt social ou de philanthropie, mais pour un motif de brutal égoïsme. Les enfants coûtent cher à élever (4). Pourquoi s'imposer cette charge ? N'a-t-on pas assez des charges, impôts et contributions de toutes choses qu'on ne peut éviter? Puis le besoin de s'élever dans l'échelle sociale fait préférer une descendance restreinte, mais riche, à une descen-

1. Pour étudier ces causes et chercher les remèdes, il s'est fondé, il y a quelques années, sous la présidence de M. Jacques Bertillon, une alliance nationale pour l'accroissement de la population française. V. le *Compte-rendu des travaux de l'exercice 1897-98*, 1 broch. in-8, Paris, 1898.

2. Voy. Arsène Dumont, *Dépopulation et civilisation*, Paris, 1890.

3. Depuis le début du siècle, le nombre des naissances pour un mariage est allé sans cesse en décroissant. Sous le premier empire, il était de 3.93 ; en 1880, il était descendu à 3.09 ; il n'était plus, en 1887, que de 2,96. Voy. Arsène Dumont, *Dépopulation et civilisation*, op. cit., p. 75.

4. Voy. Henri Mazel, *Un remède à la dépopulation*, Réforme sociale, 1er oct. 1898.

dance nombreuse et modeste. Les lois successorales et le partage forcé en nature ne sont peut-être pas étrangers aussi à l'accroissement des mœurs malthusiennes dans notre pays. Or, la limitation de la natalité dans le mariage conduit à l'abandon du mariage lui-même. L'un des buts principaux du mariage, la procréation des enfants, venant à disparaître, l'institution même du mariage est menacée.

De fait, on tend de plus en plus à se marier tard et même à ne pas se marier du tout. M. Arsène Dumont incrimine en France la démocratie actuelle qui provoque le phénomène qu'il appelle la *capillarité sociale,* et qui n'est autre que l'ascension irrésistible des couches basses vers les honneurs, la fortune et le pouvoir (1). Il pose ce principe que les progrès de la natalité sont en raison inverse de la capillarité sociale (2). Et après avoir indiqué des remèdes plus ou moins chimériques, il en arrive à cette conclusion décevante qu'on peut « présager pour l'avenir un abaissement encore plus considérable de la natalité générale » (3).

Mieux vaut peut-être dire, avec M. Jules Simon : « C'est *l'absence de morale* qui diminue le nombre des mariages ; c'est l'absence de morale qui augmente le nombre des divorces ; c'est l'absence de morale qui supprime un nombre incroyable d'enfants dans les unions clandes-

---

1. « Guidée par un instinct infaillible et fatal, chaque molécule sociale s'efforce, avec toute l'énergie qui peut lui rester disponible, sa conservation une fois assurée, et sans se soucier de ses semblables autrement que pour les dépasser, à monter sans cesse vers un idéal lumineux qui la séduit et l'attire. Plus le foyer est ardent et brillant, plus cette capillarité sociale est active et dévorante. » Arsène Dumont, *Dépopulation et civilisation, op. cit.,* p. 106.

2. Arsène Dumont, *op. cit.,* p. 130.

3. Arsène Dumont, *op. cit.,* p. 83.

tines ; c'est l'absence de morale qui diminue de plus en plus le nombre des enfants dans les unions légitimes! » (1). On nie cette influence de la morale sur la nuptialité et la natalité (2). C'est nier l'évidence même. On a toujours constaté qu'avec le relâchement des mœurs, dans un pays, coïncidaient une diminution des naissances et une augmentation des divorces. Au reste, la raison le dit. Quand, dans un individu, le désir de jouissance et d'égoïsme a fait perdre la notion du devoir, cet individu n'a qu'un but : se dégager de tout lien. Il ne contracte pas mariage, ou, s'il est marié, il cherche à rompre un engagement qui l'assujettit à des devoirs multiples. Il lui faut l'union libre, dégagée de tout lien légal (3). La réforme des mœurs dans notre pays serait donc particulièrement efficace en cette matière.

Le législateur a aussi sa part de responsabilité dans la crise matrimoniale (4). Il a encouragé l'union libre en plaçant sur un pied de presque égalité, les enfants légitimes et les enfants naturels. Il a préparé la décadence du mariage civil en permettant sa dissolution sous le plus futile prétexte. La loi de 1884 a porté un coup grave au mariage civil. La justice rend chaque jour ce coup plus

1. *Petit Journal* du *Temps,* d'août 1892.

2 Secrétan, *op. cit.,* p. 349.

3. « Là où la femme a perdu sa pudeur, où la licence des mœurs et la facilité des divorces ont déshonoré le mariage, on a vu bientôt le sentiment de dignité personnelle s'effacer chez le citoyen comme chez l'homme privé, et la corruption cachée d'abord au sein des familles, envahir de proche en proche, le corps social tout entier. » Paul Gide, *Condition privée de la femme. op. cit.,* p. 6.

4. « Par la faute du législateur, avec la complicité, avec presque l'excitation de la justice, l'union libre remplace peu à peu le mariage. Elle détruit la famille. Elle livre sans défense l'homme à l'alcoolisme, la femme à la prostitution et l'enfant aux vices précoces. » Cornély, dans le *Figaro* du 17 décembre 1898.

violent encore en accordant le *divorce* avec une déplorable
facilité (1). Il est exact de dire qu'aujourd'hui le divorce
par consentement mutuel est toléré dans la pratique
judiciaire. Qu'on prenne garde! Si le juge ne réforme ses
mœurs et le législateur ses lois, le divorce qui a commencé la *débandade* de la famille, l'achèvera promptement (2).

La *complication de la procédure matrimoniale* est bien
faite, enfin, pour éloigner du mariage les individus de la
classe laborieuse, pauvres de temps et d'argent. La loi
française est formaliste à l'excès. C'est un reste d'ata-
visme romain. Or, si le formalisme en toute matière est
un défaut, en matière matrimoniale, c'est un vice. Il
éloigne d'une institution au sort de laquelle est lié le sort
de la famille et de la société. Les jeunes gens qui veulent
fonder une famille marchent au milieu des écueils que le
législateur semble avoir multipliés à plaisir (3) sous leurs

1. La chambre des divorces du tribunal de la Seine a prononcé
pendant une seule de ses audiences du mois de décembre 1898,
94 divorces.

2. Le législateur de 1884 eût dû se rappeler les conséquences
qu'avait eues la loi du 20 septembre 1792, promulguant le divorce.
Dès le 2 novembre 1796, Villiers, au Conseil des Anciens, s'écriait :
« Rien n'est plus contraire à la morale et à la société. C'est un
scandale alarmant qu'il est du devoir du législateur de faire cesser. » — « Il faut, disait Philippe Delville, faire cesser ce marché
de chair humaine que les abus du divorce ont introduit dans la
société. » Cité par Boujean, *op. cit.*, p. 129. Un courant hostile au
divorce commence à se manifester dans l'opinion publique, au
théâtre (*Le Berceau*, de Paul Hervieu) et dans la presse (*Le Bilan
du divorce*, série d'articles de Hugues Le Roux, dans le *Figaro*, 1898
et 1899).

3. « En vérité, le législateur n'aurait pas été plus prodigue de
précautions, s'il se fût agi d'un acte dangereux pour la société. »
Legoyt, *Des conditions d'accroissement de la population française.*

pas. Les écrivains ont souvent signalé les côtés tristes ou plaisants (1) du rigorisme de la loi.

Pour se faire une idée de l'étendue des entraves accumulées sur le seuil du mariage, il faut se rappeler, par exemple, que les publications peuvent être nécessaires dans huit communes. Cela arrive quand chacun des époux, ayant un domicile matrimonial distinct de son domicile légal, a deux ascendants domiciliés séparément. Comme la loi exige deux publications à huit jours d'intervalle, cela fait un total de seize publications pour un seul mariage.

Veut-on un autre exemple ? Si l'un des futurs ne retrouve pas son acte de naissance ou s'il ignore le lieu où il est né, il devra produire un acte de notoriété. Cet acte contient déclaration faite par sept témoins des prénoms, noms, professions domiciles du futur époux et de ses père et mère, s'ils sont connus, le lieu et autant que possible l'époque de sa naissance et les causes qui empêchent d'en rapporter l'acte. Il est dressé par le juge de paix du canton de la naisssance ou du domicile, puis soumis à l'homologation du tribunal de l'arrondissement dans lequel doit se célébrer le mariage. Le futur, s'il n'est pas indigent, poursuit lui-même l'homologation ; il s'adresse presque nécessairement à un avoué ou à un agent d'affaires, intermédiaire coûteux (2).

Spécialement en ce qui concerne l'intervention de la famille, l'excès des formalités amène des lenteurs et des frais inutiles. Ainsi les futurs qui ont perdu leurs père et mère, mais qui ont leurs aïeuls et aïeules paternels

---

1. Voy. not. Francisque Sarcey, dans ses *Grains de bon sens*, *Figaro* du 12 juillet 1898.

2. Voy. Loubat, *op. cit.*, p. 12.

et maternels, vont avoir chacun quatre consentements à demander ou quatre actes respectueux à faire notifier, et cela, quel que soit leur âge (1).·

Sans vouloir exagérer la portée de cette cause de diminution des mariages, nous devons cependant constater que trop souvent les ouvriers rebutés par ces formalités, sont amenés à vivre dans une situation irrégulière (2).

Cet état de choses ne pouvait échapper à la clairvoyance des esprits charitables. Une société s'est fondée en 1826, à Paris, sous le titre de *Société charitable de Saint-François-Régis pour faciliter le mariage des pauvres*. D'abord restreinte au département de la Seine, cette œuvre, qui répondait à une véritable nécessité sociale, s'est répandue vite dans les départements, et à l'étranger (3). Puis, à

1. La législation française est, de toutes les législations actuelles, la plus formaliste. Un fait historique mérite d'être. cité Le mariage civil introduit par la France dans les provinces germaniques, fut maintenu après incorporation de ces provinces aux États prussiens, par le Congrès de Vienne ; mais une ordonnance du 15 avril 1855 décida : « Afin de supprimer *certaines formalités aussi importunes que vaines, dont les lois françaises avaient entouré la conclusion des mariages* et qui répugnaient aux mœurs allemandes. les articles 70, 72, 151 et 15 du Code civil sont abrogés. »

2. Il est utile de rappeler ce que disait M. Edouard Le Roy dans l'exposé des motifs de sa proposition de loi de juin 1893 : « Loin de faciliter le mariage, la législation de l'an IV l'entrave considérablement : l'obligation d'une résidence prolongée dans le même lieu, l'exigence du consentement ou de l'avis des parents dans tous les cas, la formalité des publications multiples, etc..., sont autant d'obstacles accumulés devant celui qui aspire à contracter une union régulière. Quand ils n'empêchent pas le mariage ils le retardent et le rendent ainsi moins fécond. Alors qu'en Angleterre l'âge moyen de ceux qui se marient est de 25 ans pour les garçons et de 24 ans pour les filles, il est en France de 29 pour les premiers et de 25 pour les secondes. A Paris, on se marie plus tardivement encore. »

3. Voy. de Péierin. *Tract sur l'Œuvre du mariage des pauvres*, Nîmes, 1898.

côté de la Société de Saint-Régis, se sont fondés dans les villes où l'œuvre n'existait pas où était insuffisante, des *Comités des mariages* émanant de la Société de Saint-Vincent-de-Paul (1). Ces diverses organisations ont trouvé dans les lois du 10 décembre 1850 et du 20 juin 1896 des auxiliaires précieux, mais leur action reste plus utile que jamais. Pourtant, elles ne disposent que de faibles ressources. Plusieurs d'entre elles recevaient autrefois une allocation du département et de la ville (2) : pourquoi ce subside ne serait-il pas rétabli et ne deviendrait-il pas général ? Combien de sociétés sont soutenues par les pouvoirs publics, qui ne présentent pas un si haut intérêt social (3) !

Leur utilité est révélée par le nombre toujours croissant de leurs clients et l'importance de leurs travaux. C'est à Paris que l'œuvre est particulièrement florissante. En plus de la Société de Saint-Regis, il y a 26 Comités des mariages et 3 Sous-comités (4). Or, un de ces Comités, celui du XVIIe arrondissement, a réalisé, à lui seul, de 1873 à 1877, 2.500 mariages (5). En 1897,

1. V. *L'œuvre du mariage des pauvres*, publié en 1876, par la Société de Saint-Vincent-de-Paul. Aujourd'hui, sur 379 chefs-lieux d'arrondissement que comptent la France et l'Algérie, 130 possèdent une société de Saint-Régis ou un Comité de mariage.

2. Par exemple, celles de Lyon et de Lille. Voy. Cadet. *op. cit.*, p. 51.

3. « Une association qui agit aussi largement sur la constitution de la famille parmi les classes ouvrières n'appartient plus seulement au domaine de la charité chrétienne, elle devient une institution sociale. » Audiganne, *Les ouvriers du nord de la France (Revue des Deux-Mondes*. 1851, 2e trim., p. 903).

4. Il s'est formé aussi, à Paris, une *Société du mariage civil*. voy. brochure documentaire, janvier 1893.

5. *Compte-rendu du Congrès international des Sociétés de Saint-François Régis et des Comités des mariages, tenu à Bruxelles en 1897,* br., Bruxelles, 1898, p. 29.

l'ensemble de ces Comités,ont formé 2.604 mariages et légitimé 1270 enfants. En 1898, le nombre des mariages réalisés a atteint le chiffre de 2.861 ; 1.390 enfants ont été légitimés (1). Nous avons sous les yeux la statistique de la Société de Saint-Régis de Bruxelles. On sait qu'en Belgique, la procédure matrimoniale est plus simple qu'en France. L'utilité de l'Œuvre des mariages y est donc moindre ; et pourtant grâce aux soins de cette œuvre, 3.115 mariages ont été réalisés dans la seule année 1896 ; le bienfait de la légitimation a été procuré à 1.557 enfants (2). L'Œuvre du mariage des pauvres devient de plus en plus une véritable succursale des bureaux de l'état civil (3). Sans le secours de cette œuvre,

---

1. Ces chiffres sont extraits des statistiques officielles des Comités des mariages, que nous avons pu nous procurer grâce à l'obligeance de M. Paul Bonnet, l'éminent président des Comités des mariages de Paris. Voici d'autres détails statistiques puisés à la même source, relatifs à l'année 1898 : Dans le XIIe arrondissement, pour 139 mariages réalisés et 102 enfants légitimés, 489 actes de l'état civil ont dû être produits, qui ont nécessité l'envoi de 688 lettres ou bordereaux. Dans le XIIIe, mariages réalisés : 300 ; enfants légitimés, 208 ; actes produits : 1.997. Dans le XIVe, mariages réalisés : 284 ; enfants légitimés : 118 ; actes produits : 1.139. Dans le XVIIIe, mariages réalisés : 336 ; enfants légitimés : 190 ; actes produits : 1.423.

2. Pendant ses soixante années d'existence, elle a fait 70.000 mariages et légitimé 35.000 enfants. Voy. *Compte-rendu du Congrès international*. *op*. et *loc. cit*. Pendant la seule période écoulée de 1876 à 1882, elle a dû se procurer 84.468 pièces et pour les obtenir, écrire 46.739 lettres ou bordereaux. V. *Compte rendu des travaux de la Société de Saint-Régis de Bruxelles de 1876 à 1882*, Bruxelles, 1884, p. 10. A Vienne, en 1896, l'Œuvre des mariages a réalisé 925 mariages et légitimé 1.817 enfants.

3. « Le chef de bureau de l'état civil de Reims me disait, l'an dernier, qu'il fallait bien reconnaître que, sans la Société de Saint-François Régis, le chiffre des mariages enregistrés chaque année dans sa mairie, serait certainement réduit de plus de 20 0/0. »

les indigents et les ouvriers seraient fréquemment dans l'impossibilité de se procurer les actes indispensables à leur mariage.

C

De l'ensemble de ces considérations, une idée importante se dégage : le mariage subit une crise en France ; la natalité est comprise. Or, comme il importe à la prospérité, disons-le mot, à l'existence même de notre pays, que le nombre des enfants légitimes augmente, il est nécessaire d'*activer la constitution des familles*, d'encourager le mariage. Il faut notamment simplifier le plus possible notre procédure matrimoniale, débarrasser le seuil du foyer domestique de tous les obstacles inutiles qu'une législation formaliste y a accumulés. Il faut, en un mot, continuer l'œuvre du législateur de 1896, en réduisant au strict nécessaire l'intervention de la famille dans le mariage.

Rapport de M. Givelet lu au Congrès international de Bruxelles de 1897.

CHAPITRE II

« Il faut perfectionner nos lois civiles si nous voulons
qu'elles restent pour le monde des leçons et des modèles
de justice et de raison. » Ces paroles d'un savant professeur (1) auraient dû être entendues depuis longtemps de
notre législateur, en matière de consentement familial
au mariage ; on aurait évité ainsi l'humiliante nécessité
dans laquelle nous nous trouvons à l'heure actuelle, de
suivre les législations étrangères, au lieu de les guider.

Notre orgueil national est la cause éloignée de cette
blessure d'amour-propre. Trop longtemps a duré notre
contentement de nous-mêmes, en voyant nos Codes faire,
au début du siècle, l'admiration des peuples civilisés et
être partout appliqués ou imités (2). Nous n'avons pas
pris garde que nos imitateurs étaient souvent nos maîtres.
Ils s'inspiraient de nos lois ; mais, en même temps ils
les corrigeaient. Aujourd'hui, nous devons, sous peine
de perdre définitivement notre supériorité civilisatrice,
profiter à notre tour de l'expérience des autres peu-

1. Boissonade, *Le nouveau Code civil italien comparé au Code Napoléon, Rev. prat.*, 1868, t. XXVI, p. 67.

2. « En France, nous faisons trop de nos propres institutions la
mesure du mérite de celles des autres nations que nous classons
dans notre estime et dans l'échelle de la civilisation, selon qu'elles
s'en éloignent ou s'en rapprochent davantage. » Foucher, *Code
civil de l'Empire russe*, Paris, 1841, introd., p. VI.

ples (1). Nous devons leur reprendre, pour ainsi dire, ce que jadis nous leur avons donné (2).

La comparaison des lois étrangères avec la nôtre est particulièrement instructive en matière de consentement des parents au mariage. On a pu s'en convaincre par l'exposé de la théorie spéciale à chaque peuple. La réglementation française apparaît comme la moins libérale et la plus formaliste. Les législations étrangères qui en ont pris l'esprit n'en ont pas pris la lettre. D'autres n'ont même pas voulu en prendre l'esprit. Cette simple remarque fait présumer que la théorie française a des défauts sérieux. De fait, elle en a un particulièrement grave : elle n'est pas en harmonie avec les nouveaux besoins de la société et les progrès de la science (3). La loi du 20 juin 1896 a pu atténuer ce défaut, elle ne l'a pas supprimé.

Beaucoup d'excellents esprits sont d'accord sur le principe. Mais l'accord cesse dès qu'on passe à l'application. Quelles réformes sont souhaitables ? Les réponses varient avec le point de vue auquel on se place. Les

1. « Grâce à la connaissance des législations étrangères, les lois des peuples s'améliorent les unes par les autres... C'est avec la sécurité d'une expérience déjà faite en pays étranger qu'une nation peut modifier ses lois. » Guillouard, lettre préface au *Code civil portugais* de Lepelletier, Paris, 1894.

2. V. Paul Gide, *Revue historique*, 1866, p. 392 ; Huc, *Le Code civil italien et le Code Napoléon*, 2e édit , Paris, 1868, t. I, p. 3. « Le législateur, plus que tout autre, en ce temps de libre-échange législatif, doit puiser dans le fonds commun des nations les institutions nouvelles qu'il jugera utiles et que son pays pourra s'assimiler. » Raoul de la Grasserie, *Code civil mexicain*, Paris, 1896, avertiss., p. 5.

3. « Notre Code civil a bientôt 90 ans d'existence et on vieillit vite, au XIXe siècle, les institutions et les hommes. Autour de nous, les législations inspirées par le Code civil, ont été remaniées et améliorées... On a refondu les lois civiles en les mettant en harmonie avec les mœurs nouvelles... » Guillouard, *op.* et *loc. cit.*

adversaires de l'autorité paternelle poursuivent la suppression de toute prérogative paternelle et veulent que le droit de consentir passe à l'Etat. D'autres demandent seulement qu'on abaisse la majorité matrimoniale du fils à 21 ans. Certains réclament la suppression du consentement en ce qui concerne les enfants matériellement abandonnés (1) et les enfants naturels. D'autres enfin, dominés par le désir de la simplification à outrance, sollicitent l'abrogation absolue de la demande de conseil (2).

Nous rejetons ces diverses réformes, les unes, parce qu'elles menacent l'existence même de l'autorité paternelle, les autres, parce qu'elles sont contraires aux principes fondamentaux de notre droit matrimonial.

Toutes, peut-être, ont ce caractère commun de vouloir copier trop servilement les législations étrangères, sans se préoccuper assez de notre tradition nationale. La tendance est fâcheuse (3). Si le droit comparé est chose utile, n'oublions pas, cependant, que « les lois doivent être tellement propres au peuple pour lequel elles sont faites, que c'est un grand hasard si celles d'une nation peuvent convenir à une autre (4) ». On doit apporter la plus

1. Taudière, *Traité de la puissance paternelle,* Paris, 1898.

2. Voy. l'amendement déposé par M. Charles Ferry sur la proposition de loi de l'abbé Lemire, ann. n° 841, au procès-verbal de la séance de la Chambre des députés du 17 juillet 1894. Cf. *suprà,* p. 300.

3. « Nos sociétés modernes sont anciennes. En traversant les siècles, elles se sont développées selon les lois spéciales qui président aux progrès et à la décadence des Etats. C'est folie que de vouloir détruire ce qui est l'œuvre du temps, plus encore que celui des hommes, et reconstituer l'édifice social sur des ruines, avec des décombres. » Portalis, *Introd. au Code civil de Sardaigne,* Paris, 1844, p. XXII.

4 Montesquieu, *Esprit des lois,* liv. I, chap. 3.

grande circonspection à l'étude des législations étrangères (1). C'est avec un esprit respectueux de la forme
sociale d'une nation et conservateur de sa tradition, que
les réformes doivent être entreprises (2). Il faut aussi
savoir se borner aux réformes indispensables. Un débor-
dement législatif est redoutable, car il submerge la législation, la rend obscure et incertaine (3).

Nous ne croyons pas nous éloigner de ces règles de
bonne législation en proposant trois modifications à la
théorie actuelle du consentement familial au mariage.

Nous demandons :

I. La transformation de l'empêchement dirimant résultant du défaut de consentement en un empêchement
simplement prohibitif ;

II. Le recours de l'enfant assisté de sa mère contre le
refus injuste de consentir du père ;

III. L'abrogation de l'acte respectueux à l'égard des
aïeuls et aïeules.

Loin de nous la pensée d'apporter ici des réformes
complètement élaborées, précisées dans leurs moindres
détails, prêtes, en un mot, à passer dans nos lois. Nous

---

1. « Les lois d'un empire doivent être en rapport avec les différentes populations qui le composent, avec l'état, la division et la
production du sol. » Foucher, *Code civil de l'Empire russe*, Paris,
1841. introd., p. VI.

2. Burke, le grand homme d'Etat de l'Angleterre, a écrit que
pour opérer une réforme, la première règle à suivre était « de ne
rien inventer ». *Œuvres complètes*, t. II, p. 358.

3. On doit se garder d'imiter les légistes américains qui, d'après
Claudio Jannet, en 1874, dans l'Etat de Massachusetts, ont rendu
814 bills, parmi lesquels il y avait 150 lois générales. Or, 21 lois
ont été amendées dans la même session et 25 autres dans la session
suivante. V. Claudio Jannet, *Les Etats-Unis contemporains*, 4e édit.,
Paris, 1889, t. I, p. 308.

n'avons d'autre ambition que de formuler quelques *desiderata*, d'indiquer certaines directions générales pour l'œuvre législative de demain.

Section I. — Transformation de l'empêchement dirimant actuel en empêchement prohibitif.

On connaît la sanction de la théorie française du consentement familial au mariage. Le Code civil, après avoir, dans les art. 148 à 150 et 156, prescrit le consentement et créé un empêchement prohibitif, transforme, dans l'art. 182, cet empêchement prohibitif en empêchement dirimant. Il édicte la nullité du mariage contracté sans le consentement des père et mère, des ascendants ou du conseil de famille, dans les cas où ce consentement était nécessaire. La valeur de cette disposition nous paraît discutable. Nous nous demandons si notre législation ne gagnerait pas en logique et en simplicité, en imitant certaines législations étrangères, en faisant de l'absence du consentement familial un empêchement simplement prohibitif, ou tout au moins en restreignant dans des limites plus étroites l'annulabilité du mariage. Montrons d'abord l'*utilité* de notre réforme, nous établirons ensuite sa *légitimité*.

I

La réforme, il faut l'avouer, aurait surtout une portée théorique. En effet, un nombre très restreint de mariages sont célébrés sans le consentement requis. Pourtant, il n'est pas impossible de citer des exemples d'unions conclues en contravention des art. 148 à 150. L'affaire de la demoiselle Sommaripa a eu, au début du siècle, un long retentissement; le père fit prononcer la nullité d'un mariage qui avait duré vingt-un ans (1). On peut citer d'autres exemples de mariages annulés pour défaut de consentement des parents (2).

Notre réforme ne serait donc pas dépourvue de toute *utilité pratique* : elle éviterait la rupture d'un mariage que souvent la morale et l'intérêt des époux et des enfants commandent de maintenir.

Au reste, dans un pays où, comme en France, le divorce est admis et fait des progrès alarmants, il est de bonne législation de restreindre le plus possible les cas de nullité de mariage : on remédie ainsi à l'instabilité des mariages et des familles.

Enfin, quand une législation n'ignore pas le mariage religieux — et notre législation ne l'ignore pas, puisqu'elle le prohibe dans un cas (3), — il est du devoir de cette législation de chercher à faire disparaître les conflits de

1. En 1733, la demoiselle Sommaripa, alors à Constantinople, épousait un français, Emile Gaudin, après avoir obtenu le consentement de sa mère, mais sans avoir obtenu ni demandé celui de son père, bien qu'elle fût mineure. Les mariés étant rentrés en France, il ne s'éleva aucune réclamation sur la validité du mariage, jusqu'en 1814, époque à laquelle le sieur Sommaripa attaqua le mariage de sa fille. La Cour de cassation donna gain de cause au père. Cass. 4 avril 1817, S. 1817. 1. 304.

2. Voy. not. Trib. Seine, 20 janv. 1877, *Journ. dr. intern. privé*, 1878, p. 164; Trib. Seine, 12 juin 1879, *Journ. dr. int. privé.* 1879, p. 486; Trib. Seine, 4 août 1880, *Journ. dr. intern. privé*, 1880, p. 478; Rouen, 13 juillet 1880, *Journ. dr. intern. privé.* 1881, p. 256 et note : Trib. Seine, 7 juillet 1881, *Journ. dr. intern. privé*, 1882. p. 308 et la note; Trib. Seine, 26 avril 1887, *Journ. dr. intern. privé*, 1887, p. 476.

3. Art. 199 et 200 C. pén. Voy. not. sur ce point, Allegre, *Droit civil*, *op. cit.*, t. I, p. 150.

l'autorité civile avec l'autorité ecclésiastique ; elle doit éviter de multiplier sans besoin les situations dans lesquelles le mariage religieux subsiste — c'est le cas ici, — tandis que le mariage civil a disparu.

Cet empêchement dirimant est de date relativement récente dans notre droit. Sa transformation en empêchement prohibitif ne serait, en quelque sorte, qu'un retour à la vieille tradition nationale. On se rappelle que du Xe au XVIe siècle, la doctrine canonique qui n'était autre, en matière matrimoniale, que la doctrine civile française, avait considéré cet empêchement comme seulement prohibant. Au XVIe siècle, quand le pouvoir royal voulut réglementer ce point de législation il conserva lui-même le caractère prohibitif de cet empêchement. Il faut arriver jusqu'au XVIIe siècle, pour assister à la transformation indirecte de cet empêchement prohibitif en empêchement dirimant, grâce à la fiction du rapt de séduction.

Le souci des mésalliances avait été la cause dominante de ce changement législatif (1). Aujourd'hui la cause ne peut plus être invoquée. Notre société n'est plus divisée en castes, ni en ordres. Aux yeux du législateur, la mé-

---

1. Louis XIII, dans l'Ordonnance de 1629, qui a été comme le point de départ de la théorie du rapt de séduction, déclare vouloir « empêcher qu'à l'avenir plusieurs *familles de qualité ne fussent alliées à des personnes indignes* ». Plus tard, dans la Déclaration de 1730, Louis XV vise ces « *alliances indignes* qui flétrissent l'homme et causent la ruine de plusieurs *familles illustres* ». Enfin le jurisconsulte Boucheul écrit : « Si les enfants *ne se mésallient pas*, et qu'au contraire, ils épousent des personnes dignes de leur alliance et chez qui il ne se rencontre aucune tache de mœurs ou de condition, *la raison des ordonnances ne s'y rencontrant pas*, l'on autorise ces sortes de mariages, parce que l'on considère en ce cas le refus des père et mère comme un simple caprice ». Sur la Coutume du Poitou, art. 260, nomb. 14.

Frank Bernard22

salliance n'existe plus. Le principal motif de l'établissement de l'empêchement dirimant a donc disparu. N'est-
ce pas le cas de faire intervenir la vieil adage : *cessante
causa, cessat effectus?*

II

On a dit que des raisons nouvelles, d'ordre juridique,
exigeaient son maintien. Engageons la discussion et éta-
blissons la *légitimité* de notre réforme.

La nullité édictée par l'art. 182 est une nullité relative.
Seuls peuvent l'invoquer la personne dont le consentement était nécessaire, et l'époux qui avait besoin de ce
consentement.

Distinguons les deux hypothèses.

A

Supposons d'abord que la nullité est demandée par la
personne qui devait consentir. Quel raisonnement cette personne va-t-elle tenir pour légitimer son droit ?

Elle nous répond par la bouche de Portalis : les parents, « vengent leur propre injure en exerçant cette action ; ils font plus : ils remplissent un devoir. La loi re-
quérait leur intervention dans le mariage pour l'utilité
même des époux. Ils satisfont au vœu de la loi, ils répondent à sa confiance, en cherchant à réparer par la voie de
la cassation le mal qu'ils n'ont pu prévenir par les voies
plus douces d'une tendre surveillance » (1). On n'est pas

---

1. *Exposé des motifs* (Locré, t. IV, p. 511, n° 44). — Les
auteurs se bornent, en général, à reproduire ces motifs. Voy.
Laurent, T. II, n° 456; Aubry et Rau, t. V, § 462, p. 75 ; Merlin,
Répert., v° *Empêchement de mariage*, § 4, art. 7 ; Duranton, t. II,
n° 295 ; Demolombe, t. III, n° 271.

peu surpris d'entendre un raisonnement si faible sortir du cerveau d'un homme qui passe pour un jurisconsulte éminent. Comment a-t-il osé dire qu'une mesquine idée de vengeance pouvait assurer un droit aussi rigoureux que celui de faire rompre un mariage ? D'ailleurs, si le législateur avait cru devoir se faire le complice des rancunes paternelles, ne devait-il pas alors décider que le père, dont l'autorité a été méconnue et bafouée par l'enfant majeur qui s'est marié sans solliciter son avis, aurait lui aussi le droit de nullité ? Le législateur a reculé devant une conséquence logique du principe qu'il posait : nous en concluons que le principe était mauvais (1). Portalis semble avoir compris la faiblesse de son argumentation. Il se hâte d'ajouter : les parents remplissent un devoir, « en cherchant à réparer par la voie de la cassation le mal qu'ils n'ont pu prévenir ». Etrange raisonnement ! On suppose ici ce qu'il faudrait démontrer, à savoir que tout mariage conclu hors l'intervention des parents est nécessairement préjudiciable à l'enfant. Cette démonstration n'a pas été faite. On ne pouvait la faire. Le bon sens déclare que la proposition est trop absolue.

Prenons un exemple. Voilà un fils de 23 ans. Son père refuse aussi formellement qu'injustement de consentir à son mariage. Aucun moyen ne lui est donné pour triompher de l'inqualifiable obstination dont il est victime. Il a hâte cependant de régulariser une situation contraire à la

---

1. « Il y a violation du droit des parents, laquelle doit être réparée ; mais cette réparation ne va pas jusqu'à exiger la nullité du contrat. En effet, leur autorité sera suffisamment vengée par une punition infligée au fils qui l'aura méconnue ; elle ne peut donc lui causer un mal plus grand. Or le mal causé par la nullité est hors de toute proportion avec la faute commise ». Boistel, *op. cit.*, p. 93.

loi et à la morale, et de procurer la légitimation à un enfant. Les futurs profitant de l'absence du père, parviennent à tromper la vigilance de l'officier de l'état civil. Le mariage est célébré. Dix ans, vingt ans se passent. Le bonheur habite ce foyer que l'on croit légitime. Mais un jour le père revient. Il apprend le mariage et fait rompre cette union, malgré le désir des époux de rester unis, en dépit de la présence de plusieurs enfants. Dira-t-on, qu'il a agi ici dans l'intérêt de l'enfant ? Ce serait évidemment contraire à la vérité. Il n'a agi que pour assouvir un sentiment de basse rancune ou de vil égoïsme. Or la loi n'a pas distingué. Elle a armé le père du droit de nullité dans tous les cas. Nous disons que la loi est défectueuse. Ce qui devait être une mesure de protection pour l'enfant, peut devenir ainsi, entre les mains des parents, un instrument de tyrannie.

Nous n'exagérons rien. Si la tyrannie dont nous parlons paraît assez chimérique en raison de l'affection qui unissent les père et mère à leurs enfants, il ne faut pas oublier qu'un ascendant éloigné, que le conseil de famille, que le tuteur *ad hoc* qui est souvent un étranger, peuvent remplacer les parents décédés ou incapables. Ils sont armés du même droit de nullité que les parents. N'y a-t-il pas là un danger pour l'enfant? Le conseil de famille pourra compter dans son sein des voisins malveillants; s'il est composé de parents, ceux-ci se trouvent presque toujours directement intéressés à ce que le mariage soit déclaré nul. Voilà les arbitres du sort de l'enfant !

Ce droit de la famille se comprenait, à la rigueur, chez les Romains. Les *nuptiæ*, par elles-mêmes, n'affranchissaient pas de la puissance paternelle. L'enfant marié restait, en principe, sous la puissance de son père. On n'est pas surpris, dès lors, que le droit rigoureux de rompre le mariage ait été accordé au *paterfamilius* qui n'avait pas consenti. Mais en France, où le mariage fait disparaître la puissance paternelle (1), ce droit ne se comprend plus.

Naguère, il s'expliquait encore comme contre-poids de l'obligation qui pesait sur le père de doter l'enfant. Il était naturel que le droit de consentir au mariage fut rigoureusement sanctionné, puisqu'il était la contre-partie d'une lourde charge. Aujourd'hui, cette charge n'incombe plus aux parents : une des raisons d'être de la nullité a disparu avec elle.

Qu'on songe aussi à ce que cette nullité a d'illusoire toutes les fois qu'elle est prononcée après la majorité matrimoniale de l'enfant! Les anciens conjoints peuvent contracter immédiatement un nouveau mariage sans être tenus d'obtenir le consentement de l'ascendant qui vient de faire rompre le mariage : alors, pourquoi la nullité? Pourquoi un scandale inutile?

Au reste, nous avons montré qu'au point de vue rationnel et qu'au point de vue de notre état social actuel, il était difficile de faire reposer l'obligation du consentement paternel sur l'intérêt de la famille; nous avons prouvé que cette obligation avait pour fondement essentiel la protection de l'enfant. Dès lors, le droit de rupture accordé à la famille n'apparaît-il pas comme une sorte d'*inelegantia juris*?

Pour nous, il y a, chez les parents, un *devoir* de consentir, bien plutôt qu'un *droit* de consentir. Plus exactement, le droit n'est ici que le corollaire du devoir. Or, on

1. « *Le mineur est émancipé de plein droit par le mariage.* » art. 476 C. civ.

ne peut tirer du corollaire des conclusions contraires au théorème qui lui sert de base ; ce que nous traduisons ainsi : le droit du père doit cesser dès qu'il est en opposition avec l'intérêt de l'enfant. L'opposition est manifeste dans l'hypothèse que nous avons prévue. Et pourtant, la loi est muette. Voilà pourquoi nous demandons une réforme.

Il s'agit de savoir ce que sera cette réforme. On pourrait se borner à donner aux tribunaux le pouvoir d'accueillir ou de repousser la demande en nullité, suivant le plus grand intérêt de l'enfant. Ce serait leur reconnaître en droit un pouvoir qu'ils paraissent s'arroger en fait. Mais cette réforme nous semble tout à la fois dangereuse et insuffisante ; dangereuse, car se serait confier au tribunal un bien gros pouvoir discrétionnaire ; insuffisante, car le tribunal serait peut-être porté à ne prendre en considération que l'intérêt pécuniaire de l'enfant, sans tenir suffisamment compte de son intérêt moral.

Soyons logiques : si le droit de la famille a pour mesure l'intérêt de l'enfant, ce droit disparaît quand l'intérêt de l'enfant n'est plus en jeu. Or, nous croyons que l'intérêt de l'enfant n'exige pas que la famille soit investie du droit de nullité (1).

Ce serait tout au plus l'enfant qui pourrait être armé de ce droit. Le mariage n'est-il pas avant tout une affaire personnelle ? L'enfant devenu majeur n'apparaît-il pas comme le meilleur juge de la convenance du mariage qu'il a contracté en minorité ? On ne voit pas de bonnes raisons pour déroger aux principes généraux en matière d'incapacité. C'est bien le moins que le contrat civil de

1. *Sic* Boistel, *op. cit.*, p. 94.

mariage jouisse de la même stabilité que les autres contrats passés par le mineur. Or, pour tous ces contrats, le mineur devenu majeur a seul le pouvoir de faire prononcer la rescission de son engagement.

On objecte que ce pouvoir peut être exercé par le tuteur au nom du mineur (1). L'ascendant, appelé à consentir, remplirait pour ainsi dire le rôle de tuteur par rapport au mariage. Il serait par là investi du droit de demander la nullité. Sans nous attarder à contrôler si cette conception a une base vraiment juridique, nous admettons l'analogie. Nous la voulons même complète ; ce qui nous amène à décider que l'ascendant, comme le tuteur, n'a pas un droit propre à cette nullité. Il ne l'exerce qu'en qualité de représentant du mineur. Il suit de là qu'il ne peut avoir des droits supérieurs à ceux du représenté, c'est-à-dire à ceux de l'enfant.

B

Cela nous amène à préciser les droits de l'*enfant*. Faut-il donner à l'enfant mineur, devenu majeur, le droit d'attaquer le mariage qu'il a conclu sans l'assistance de sa famille ? La loi française répond oui ; le droit rationnel est moins affirmatif.

Il semble d'abord que la solution du Code fait violence à un adage bien connu : *nemo auditur propriam turpitudinem allegans*. Sans vouloir exagérer la portée de ce principe juridique, il est, néanmoins permis de s'étonner que le Code ait aussi facilement accordé à un enfant, qui a méconnu le devoir que la morale et la loi lui traçaient, le droit de faire prononcer la nullité d'un mariage qu'il a

---

1. Argument tiré de l'art. 1125 C. civ.

peut-être très librement contracté. L'observation fut faite lors de la discussion de l'article 4 du projet du Code civil, devenue l'art. 182. Une discussion vive s'engagea. Real Rœderer et le Ministre de la justice s'opposèrent à ce qu'on l'accordât (1). Ils préféraient le premier projet de la section qui refusait à l'enfant le droit de faire valoir la nullité de son mariage. Tronchet, qui approuvait la nullité, finit par avoir gain de cause. Nous le regrettons.

L'argument capital de Tronchet, reproduit depuis par tous les auteurs est le suivant : l'enfant déclaré inhabile à contracter seul mariage se trouve placé dans la situation d'un incapable de droit commun ; comme tout incapable, il doit pouvoir se prévaloir de son incapacité (2).

L'argument est spécieux ; il n'est pas décisif.

De quelle incapacité s'agit-il en effet ? Il n'est évidemment pas question ici d'une incapacité semblable à celle

1. Locré, t. IV, p. 416 : « M. Réal dit que... l'époux... ne peut, en effet se prévaloir de sa propre faute et arguer d'un consentement que la loi l'obligeait de prendre. Le ministre de la justice reprend la seconde objection de M. Réal. Il lui semble qu'il serait contre les principes d'admettre l'époux, au cas de l'article, à demander la nullité de son mariage. Il n'est pas naturel qu'il argue de sa propre faute lorsque les choses ne sont plus entières. Un défaut de formalité ne doit pas, sur la demande de l'époux qui a violé la loi, faire rompre un mariage consommé... M. Rœderer objecte que si la loi vient au secours du mineur, c'est parce qu'elle entend le protéger lorsque sa faiblesse l'a fait tomber dans l'erreur. Mais que cette protection cesse comme n'ayant plus d'objet, lorsque le mineur a contracté un mariage raisonnable. Or il est réputé n'avoir pas été déçu, quand ces parents n'attaquent pas son mariage ».

2. Locré. t. IV, p. 416 : « M. Tronchet répond à la seconde objection de M. Réal. Il fait observer que la loi n'a exigé le consentement du père que par la raison qu'elle prend le mineur sous sa protection, et qu'elle la déclare incapable de contracter seul le mariage... »

de l'interdit ou de la femme mariée. La capacité de l'interdit à sa source dans la nature même : le fou est physiquement incapable d'avoir une volonté libre ; au contraire, l'enfant pubère, mineur de 21 ou de 25 ans est physiquement capable de se marier. La femme mariée, elle, est frappée d'une incapacité perpétuelle dans l'intérêt de la famille, non dans son propre intérêt (1). Force est donc d'assimiler l'incapacité du mineur au point de vue matrimonial à l'incapacité du mineur ordinaire. Il y a, dans les deux cas, incapacité de même nature.

S'il en est ainsi, nous devons appliquer à l'époux qui s'est marié sans le consentement familial les mêmes règles qu'au mineur qui a passé seul un contrat. A quoi nous conduit l'application de ces règles ? On sait que le mineur non émancipé est déclaré, par l'art. 1124, incapable de contracter, et l'art. 1305 vient préciser cet incapacité, très différente de celles de l'interdit et de la femme mariée. Les contrats passés par les mineurs en l'absence de leur tuteur, ne sont pas nuls, mais seulement rescindables pour cause de lésion. Pour les faire tomber, il ne suffit pas de prouver qu'ils ont été souscrits en minorité ; on doit établir en outre, qu'ils ont porté préjudice au mineur. Le vieil adage *minor restituitur, non tanquam minor sed tanquam læsus,* est vrai aujourd'hui, comme autrefois (1). Si nous transportions ces règles dans notre ma-

1. V. not. Isambert, *L'autorisation maritale,* thèse de la Faculté de droit de Poitiers, Paris, 1896, p. 2.

2. Bigot-Préameneu s'exprimait ainsi dans l'exposé des motifs, au Corps législatif : « on peut contracter avec les mineurs, mais s'ils sont lésés, on est censé avoir abusé de leur âge. Leur capacité cesse pour tout acte qui leur est préjudiciable... Le résultat de leur incapacité est de ne pouvoir être lésé et de ne pouvoir contracter ».

tière, nous arriverions à cette conclusion que le mineur ne pourrait faire annuler son mariage, qu'autant qu'il aurait prouvé l'existence d'une lésion, ce qui serait en contradiction avec l'art. 182.

Qu'on ne vienne pas dire que le Code prononce, dans certains cas, la nullité de l'acte passé en minorité, abstraction faite de toute lésion, et que la nullité de l'art. 182 est assimilable à un de ces cas. Il y aurait là confusion absolue entre les nullités fondées sur l'inaccomplissement de certaines formalités, et les nullités justifiées par l'incapacité. La nullité de l'art. 182 n'est pas une nullité de forme Le bon sens et Tronchet sont d'accord pour le reconnaître (1).

Nous serions donc en droit de dire à nos législateurs : vous fondez l'attribution de la nullité à l'époux coupable sur l'incapacité de cet époux, soit ! mais alors il fallait accepter les conséquences de votre principe ; il fallait décider que la nullité du mariage ne serait prononcée qu'autant que ce mariage serait reconnu préjudiciable à cet époux.

Or, l'art. 182 ne contient aucune restriction semblable. Il décide que dans tous les cas l'époux coupable pourra faire annuler son mariage (2). Disposition singulière, il faut l'avouer ! On permettra ainsi à un homme de 25 ans de faire déclarer par la justice, sur sa propre initiative, qu'un mariage contracté par lui six mois auparavant doit être regardé comme nul, sous prétexte que son consente-

---

1. Voy. le passage précité dans Locré.

2. Sauf, naturellement, si l'ascendant qui devait consentir a ratifié le mariage ou si lui-même l'a confirmé depuis qu'il a atteint l'âge compétent pour consentir seul au mariage, art. 183 C. civ.

ment n'a pas reçu l'approbation paternelle (1). Et on lui reconnaîtra ce droit même si l'ascendant est mort depuis le mariage ! Disposition étrange !

Disposition dangereuse surtout ! On favorise la fraude sous toutes ses formes. L'époux peut user de la nullité comme d'un moyen facile de faire rompre un mariage qui lui déplaît. Après s'être joué d'une épouse et d'une famille, il demandera à la loi de consacrer sa fourberie et ne laissera à sa victime que la consolation assez faible d'un mariage putatif ! Le danger est particulièrement grand s'il épouse une étrangère, dans un pays où la règle du consentement des parents est inconnue. Epouse légitime dans son pays, la femme se verra déclarée concubine par nos tribunaux. Le Français malhonnête trouvera ainsi l'occasion de causer impunément à une famille un tort irréparable.

Le législateur semble ne s'être pas assez rendu compte en quoi le mariage différait essentiellement des autres contrats. Qu'un mineur fasse prononcer la nullité d'une vente de meubles, qui lui a causé un préjudice, ou celle d'une vente d'immeubles, qui n'a pas été faite suivant les formes légales, personne n'a le droit de s'en étonner. Mais le mariage n'est pas une vente. Il n'est pas un contrat pécuniaire productif d'obligations appréciables en argent Il est un contrat *constitutif d'un état civil*. Quand des époux ont passé à la mairie, à l'Eglise, que les rapports conjugaux se sont établis, qu'un ou plusieurs

---

1. Cela fait songer involontairement au personnage plaisant de Molière qui s'écrie :

> *Votre œil en tapinois me dérobe mon cœur :*
> *Au voleur ! au voleur ! au voleur ! au voleur !*

Le législateur français n'a-t-il pas un peu trop transformé cette plaisanterie de Molière en principe juridique ?

enfants sont nés, c'est bien le cas de dire avec le ministre de la justice de 1804 que « les choses ne sont plus entières. » Alors que le consentement mutuel des deux époux est impuissant lui-même à faire cesser cet état de choses, on permet à un seul des époux de se targuer d'une faute ancienne pour faire rompre le contrat? En admettant que l'époux qui était mineur au moment du mariage, se soit engagé à la légère dans une union malheureuse, il ne faut pas oublier qu'il y a, à côté de son intérêt propre qui demande l'annulation du contrat, des intérêts considérables qui parlent pour son maintien : il y a l'Etat très intéressé à ce que les scandales et les ruptures de famille se produisent le moins possible ; il y a les enfants qui ne peuvent être rendus responsables des fautes de leurs parents, et dont l'intérêt exige la présence auprès d'eux du père et de la mère (1).

III

Nous avons laissé pour la fin la plus sérieuse *objection* de nos adversaires. Par la suppression de l'empêchement dirimant actuel, vous donnez, nous disent-il, une prime d'encouragement aux mineurs qui cherchent à s'affranchir de l'autorité paternelle. Vous leur permettez de violer impunément la loi, car votre prohibition est illusoire, si elle n'est pas sanctionnée par la nullité du mariage.

Est-ce bien exact ? D'abord l'objection ne porte pas quand il s'agit d'un mariage célébré *en France*, ce qui est

---

1. C'est probablement cette considération qui a porté les législations orientales à prohiber le mariage fait sans le consentement de la famille, mais à le reconnaître néanmoins comme union légitime. Voy. *supra*, p. 8.

le cas normal. On ne passe outre à un mariage que si on représente l'acte de consentement du descendant appelé à consentir, ou son acte de décès. Pour que la vigilance de l'officier de l'état civil soit mise en défaut, il faut imaginer un ensemble de circonstances qui se trouveront très rarement réunies, or *de minimis non curat prætor*. La règle de l'art. 148 sera donc suffisamment sanctionnée en France par les art. 76-4° et 156 du Code civil et les art. 193 et 195 du Code pénal.

La question du mariage célébré *à l'étranger* offre plus de difficultés. Il est certain que dans ce cas, la prohibition de la loi n'a plus la même efficacité. Et alors on s'écrie : il suffira de passer la frontière pour pouvoir se marier sans le consentement requis : l'autorité paternelle se trouvera compromise irrémédiablement !

Qu'on remarque toutefois que cette législation a cours dans un certain nombre de pays, par exemple en Angleterre (1), en Ecosse, aux Etats-Unis, en Espagne, en Portugal (2). Nous savons que dans la Louisiane, le Code civil de 1825 a rejeté la théorie française et que le défaut de consentement est seulement une juste cause d'exhérédation (art. 144). Or, on ne voit pas que dans ces pays les droits d'autorité paternelle et de famille soient plus menacés que chez nous. D'autres législations ont adopté un système mixte : Le mariage peut-être annulé, mais les conditions de recevabilité de l'action sont plus rigoureuses qu'en France. En Italie, le mariage ne peut être attaqué par le fils qui avait 21 ans accomplis au moment de la célébration (3) ; la prescription de l'action

1. A moins qu'il n'y ait opposition formelle des parents. V. *suprà*, p. 268.

2. Se reporter au chapitre des législations étrangères.

3. Art. 108 C. civ. italien.

s'accomplit par six mois à partir du jour où l'ascendant a eu connaissance du mariage ou à partir du jour où l'époux a atteint sa majorité (1). Le même délai de six mois est adopté par le Code néerlandais qui n'accorde d'ailleurs la nullité qu'à ceux dont le consentement était requis (2). En Allemagne, le mariage qui a eu lieu sans le consentement des parents n'est pas nul : il y a en principe, simple empêchement prohibitif (3) ; néanmoins, si le consentement du représentant légal n'a pas été donné au mineur, le mariage peut être annulé (4).

C'est ainsi que nous sommes amenés à constater que notre législation est celle qui admet le plus facilement cette nullité du mariage. Peut-être est-ce parce que nous sentons le besoin impérieux de protéger la puissance paternelle que nous n'avons pas su armer du droit si efficace de l'exhérédation. Le jour, où le législateur, aura permis l'exhérédation partielle (5) et institué certaines déchéances pécuniaires contre les enfants qui n'ont pas obtenu le consentement paternel ; le jour où la production d'un « livret civil » (6), contenant tous les renseignements sur

1. Art. 109 C. civ. italien.
2. Art. 146 C. civ. néerlandais.
3. Art. 1661 nouv. C. civ. allemand.
4. Art. 1331 nouv. C. civ. allemand. — Dans le Code civil des îles Ioniennes, la nullité du mariage n'a pas d'effets à l'égard des enfants (art. 152). Le Code civil du Bas-Canada n'accorde la nullité qu'à ceux dont le consentement était requis (art. 150). La législation hongroise ne prononce la nullité que si l'enfant avait moins de 20 ans (Loi XXXI de 1894, art. 16).
5. V. le remarquable rapport de M. Glasson sur l'*Autorité paternelle et le droit de succession des enfants*, présenté le 14 juin 1889, au Congrès de la Société d'Economie sociale.
6. Ce livret existe, mais à l'état rudimentaire ; il faudrait lui donner un caractère officiel et permettre sa reconstitution en cas de perte et son contrôle en cas de suspicion. Pour les détails de la

l'état civil de son propriétaire, sera devenue moralement (1) et matériellement (2) obligatoire, pour qui voudra contrater mariage, en France et à l'étranger, ce jour-là notre réforme aura de sérieuses chances d'aboutir. On se rappellera alors, et on approuvera ces paroles du chancelier d'Aguesseau : « Si l'utilité publique demande qu'on observe rigoureusement les solennités essentielles prescrites par les lois, la même utilité ne permet pas qu'on expose l'état des enfants et les destinées des familles aux caprices mêmes d'un père et d'une mère irrités qui veulent les sacrifier plutôt à la passion qu'à la justice » (3).

Section II. — Recours contre le refus de consentir

Notre législation reconnaît à l'ascendant appelé à consentir le droit absolu d'empêcher, par son refus, le mariage du fils jusqu'à 25 ans et celui de la fille jusqu'à 21 ans : le refus le plus injuste, le plus tyrannique ne donne ouverture à aucun recours de l'enfant.

Chose curieuse, l'omnipotence actuelle du père est plus complète, sous ce rapport, que celle dont jouissait, à Rome, le *paterfamilias* lui-même. Malgré sa tendance à

réforme, voy. Derrey, *Des empêchements prohibitifs de mariage*, op. cit. p. 275.

1. Par rapport à la personne qui se propose de contracter mariage avec le propriétaire du livret.

2. Par rapport aux officiers de l'état civil, soit français, soit étrangers.

3. D'Aguesseau, *Œuvres*, t. II, p. 151. V. dans le même sens : Boistel, *op. cit.*, p. 92 et 256, et Vantroys, *op. cit.*, p. 353.

exagérer les prérogatives de la puissance paternelle, le droit romain n'avait pas refusé à l'enfant un recours judiciaire pour vaincre la résistance du *pater* (1).

Notre ancien droit suivait les mêmes principes. La jurisprudence, se conformant à l'esprit général de la législation (2) et encouragée par les jurisconsultes (3), admettait la possibilité d'un recours contre la décision des parents (4).

N'est-il pas étrange qu'aujourd'hui qu'on répudie avec soin toute idée de puissance, pour ne conserver que celle d'autorité, on n'ait pas encore abrogé ce droit absolu de l'ascendant, vestige de l'antique souveraineté du père indou (5) et du *paterfamilias* des premiers temps de Rome ?

Nous nous expliquons.

1. Il ne considérait point ce recours comme incompatible avec le respect dû à l'autorité du père ; voy. *supra* p. 17 et 35.

2. Une Déclaration du 8 mai 1704, faite pour la Flandre française, porte que « ni les ordonnances des rois d'Espagne, ni celles des rois de France n'excluent les juges de connaître des oppositions ou *refus des père et mère*, tuteurs ou curateurs, pour le mariage des mineurs. »

3. V. Boucheul, sur la Coutume du Poitou, art. 260, nomb. 14 ; d'Aguesseau, dans son réquisitoire sous l'arrêt du 17 février 1722, *J. des Audiences*, t. VII, liv. V, chap. II ; d'Héricourt, *Lois ecclésiastiques*, part. III, chap V, art. II, nomb. 74.

4. Il y en a un exemple célèbre : le 5 septembre 1684, le sieur de la Chesnaye, gentilhomme du Poitou, s'était opposé au mariage de son fils ; ce fils assisté de sa mère fit faire un avis des parents ; la cour l'homologua et permit au fils de se marier malgré l'opposition de son père (*Conférences ecclésiastiques de Paris*, *op. cit.*, t. II, p. 354 et *J. des Audiences*, t. III. liv. 10, chap. 36. V. aussi arrêt du 21 mars 1712, *J. des Audiences*, t. VI, liv. 2, chap. 16, et arrêt du 17 février 1722, *J. des Audiences*. t. VII, liv. 5, chap. 2.

5. Lois de Manou (trad. Loiseleur-Deslongchamps, Paris, 1833) III, 21, et V, 148.

I

Nous allons montrer que le pouvoir accordé à l'ascendant de refuser injustement son consentement au
mariage, est contraire au droit rationnel, à l'intérêt social et aux principes modernes du droit public et du droit
civil.

A

La réforme que nous proposons serait inutile, si les
parents étaient toujours *ce qu'ils devraient être*. Malheureusement il n'en est pas ainsi. Cette assertion nous
coûte à écrire. Mais elle est, hélas, trop exacte pour qu'il
ne soit pas indispensable de la formuler. Il suffit, pour
s'en convaincre, de lire les pages d'une tristesse émue
que consacre M. Bonjean à ce douloureux sujet, dans ses
Enfants révoltés et parents coupables (1). Il cite une longue
série de parents négligents, ivrognes, débauchés, exploi-
teurs, persécuteurs même. Nous ne reproduirons qu'un
trait, qui montre, entre beaucoup d'autres, jusqu'où certains parents poussent inconsciemment l'oubli de leurs
devoirs en matière de consentement au mariage (2).

La jeune A..., partage avec sa mère la charge d'un père
infirme et de quatre jeunes enfants. Pour sortir de cette
évidente détresse, elle veut épouser un jeune homme
honnête et laborieux qui la désire vivement. Après de
longues négociations, le mariage est sur le point de se
réaliser, lorsque le père du jeune homme oppose un refus
formel. C'est lui-même qui fait connaître, dans une lettre,
le motif de son refus : « Quand il est revenu du service,

1. Paris, 1895, p. 146 et s.

2. V. Bonjean, *Enfants révoltés et parents coupables*, *op. cit.*, p. 172
et s.

écrit-il, en parlant de son fils, comme il n'avait jamais rien rapporté à la maison, je lui ai dit : Je veux bien t'habiller, mais tu me le rendras. Je lui ai même donné de l'argent pour vivre en attendant qu'il trouve de l'ouvrage. Sa note s'élève aujourd'hui à 434 fr. 35 *qu'il devra nous payer avant que d'avoir notre consentement.* »

Ainsi un père trouve tout naturel de vendre son consentement au mariage au prix du remboursement d'une somme avancée à son fils, pour lui permettre de chercher du travail. Les abus d'autorité sont donc des faits malheureusement trop certains (1). La raison exige qu'on y porte remède (2).

B

L'*intérêt social* réclame également le contrôle des droits exercés par les père et mère. Jadis, le chancelier d'Aguesseau s'écriait, dans un réquisitoire resté célèbre : « Quelque grande que soit l'autorité des parents, elle a cependant une autorité supérieure dans la société, et si les parents sont les premiers juges, leur jugement est toujours soumis à celui des magistrats... C'est à ceux entre les mains desquels on a remis le dépôt sacré de l'autorité publique, à examiner les différends qui s'élèvent entre les pères et les enfants, comme ceux qui s'élèvent entre

---

1. Si Montesquieu vivait de nos jours, il hésiterait peut-être à écrire que « l'autorité paternelle est encore de toutes les puissances celle dont on abuse le moins ». *Lettres persanes*, n° 79.

2. « Le mariage est un contrat par lequel un homme et une femme établissent entre eux l'union la plus intime et la plus complète qui puisse exister entre deux êtres humains. — Donc l'homme ou la femme doit jouir dans le choix de son conjoint de la liberté la plus absolue ; car il est le seul juge compétent qui puisse apprécier *les mille circonstances qui rendent ou non possible cette union souveraine* entre lui et un autre être humain ». Boistel, *Le droit dans la famille, op. cit.,* p. 90.

les autres citoyens ; et s'ils doivent apprendre aux enfants
à respecter ceux dont ils ont reçu le bienfait de la vie, ils
doivent aussi écouter leurs justes plaintes et ne pas
abandonner les membres de la patrie aux caprices d'un
particulier » (1). Nous ajoutons que c'est surtout en matière de consentement au mariage, que la société doit
contrôler l'exercice par le père de son autorité ; car il
importe que les mariages ne soient pas inutilement retar-
dés et ne deviennent ainsi moins féconds. Il est également
préjudiciable à la société que le nombre des unions illicites augmente. Or, s'il est difficile d'indiquer par des
chiffres dans quelle mesure les concubinats des classes
élevées proviennent du refus des parents de consentir à
des mariages qu'ils regardent comme des mésalliances,
on peut, grâce aux statistiques fournies par l'Œuvre du
mariage des pauvres, se rendre compte que l'opposition
peu justifiée des parents est en partie responsable des
liaisons illicites qui existent dans les classes pauvres (2).
On peut craindre, enfin, qu'une législation aussi rigoureuse condamne des femmes à une vie irrégulière et à la
prostitution (3).

C

N'est-il pas étrange que, sur ce point, le Code civil soit,
pour ainsi dire, en opposition avec les principes du *droit
public* ? Il est difficile, croyons-nous, de concilier le droit
absolu de l'ascendant, l'atteinte qu'il porte au statut personnel du fils majeur de 21 ans avec l'égalité qui est la base
de l'état civil et politique du fils. Père et fils de 21 ans sont

1. *J. des Audiences*, t. VII, liv. 5, chap. 2.
2. Cf. *Tract sur l'Œuvre du mariage des pauvres*, Paris, 1876.
3. V. *Revue de droit international*, 1870, p. 259 ; Bonjean, *op. cit.*,
p. 174.

égaux devant la loi civile. D'après les lois constitutionnelles, leurs droits politiques sont les mêmes. Avec le suffrage universel, la voix du fils a la même portée sur la marche des affaires publiques que celle du père (3). Il peut même arriver que le père soit déchu de ses droits politiques ou que l'ascendant soit privé, en raison de son sexe, de ces mêmes droits. Le fils qui veut se marier ne restera pas moins sous la dépendance absolue de l'ascendant. Nous n'attachons pas à cet argument d'autre importance que celle d'un simple rapprochement. Qu'il nous soit permis cependant de nous étonner qu'en dépit du principe de l'égalité civile et politique du père et du fils majeur de 21 ans, on ait institué une subordination matrimoniale *complète* du fils au père.

D

Enfin, il semble que les *principes du droit civil moderne* ne puissent s'accommoder de la théorie de notre Code sur ce point. Depuis une cinquantaine d'années, il y a une tendance très marquée des législations à organiser un contrôle étroit de l'autorité paternelle (2).

Cette tendance s'est manifestée en France par la loi du 22 février 1851 sur le contrat d'apprentissage, par les lois du 19 mai 1874 et du 2 novembre 1892, venant compléter la loi du 24 mars 1841 sur le travail des enfants dans les usines et manufactures, par les lois scolaires (3),

1. V. de Paricu, *Principes de la science politique*, p. 221.

2. Cf. Taudière, *Revue catholique des institutions et du droit*, juin 1892, p. 513 ; Paul Nourrisson, *Etude critique sur la puissance paternelle, op. cit.*, p. 112.

3. Lois du 16 juin 1881, sur la gratuité de l'enseignement primaire public, du 28 mars 1882 sur l'instruction obligatoire et du 30 octobre 1886, sur la laïcité de cette instruction.

et enfin par la loi du 24 juillet 1889 sur la déchéance de la puissance paternelle (1).

La même tendance se manifeste dans les législations étrangères (2). Le Code néerlandais de 1823 permet aux tribunaux de considérer l'indignité du père comme une impossibilité d'exercer ses droits. Le Code italien de 1865 consacre le droit général d'intervention des tribunaux. Le Code espagnol de 1889 donne le droit à la justice de priver les parents de leur autorité ou d'en suspendre l'exercice, si des abus se produisent vis-à-vis des enfants. D'autres législations ont admis un système d'intervention permanente et même préventive de la puissance publique. Dans le nouveau Code civil allemand, le contrôle est exercé par les tribunaux de tutelle. En Angleterre, il est confié à la Cour de chancellerie.

Cette unanime tendance de toutes les législations repose par une idée juste. Sans doute, elle offre un danger dans son application. Il faut éviter, en réprimant les abus d'autorité, de porter atteinte au principe même d'autorité. Mais sagement dirigée, cette tendance produira les meilleurs résultats et finira par faire aboutir en France, la réforme que nous demandons.

II

On oppose de vives *objections* à notre *desideratum*. Passons-les en revue et cherchons à les écarter.

1. A noter aussi la loi du 7 décembre 1874 sur les enfants employés dans les professions ambulantes. la loi du 23 décembre 1881 permettant aux mineurs de se faire ouvrir des livrets de caisse d'épargne postale sans l'intervention de leur représentant légal.

2. Cf. Paul Nourrisson, *op. cit..* p. 148.

A

Les uns nous reprochent de *substituer l'Etat aux parents*
dans l'exercice d'un des attributs importants de l'autorité
paternelle. Ce reproche nous serait fort sensible, s'il
était fondé.

- Nous ne croyons pas l'avoir mérité. Nous repoussons
cette doctrine très ancienne (1) rajeunie aujourd'hui (2),
qui considère l'enfant comme appartenant à l'Etat avant
d'appartenir aux parents. Nous pensons que le pouvoir
de la société ne saurait aller jusqu'à la suppression du
droit du père (3) jusqu'à l'anéantissement de la famille (4).
Le mot de Robespierre : « La patrie seule a le droit d'é-
lever ses enfants (5) » n'est qu'une boursouflure de
langage sans valeur scientifique. Il existait des pères et
une autorité paternelle avant qu'il y eut des Etats! L'autorité paternelle est de droit divin naturel et non de droit
humain positif. Si l'Etat a dans une certaine mesure le
droit de contrôler l'autorité paternelle et d'en prévenir

1 V. sur ce point Fustel de Coulanges, *La Cité antique*, 5ᵉ édit.,
Paris 1874, p. 262 et 265.

2. « La puissance paternelle n'est pas un droit qui appartient
au père ou qu'il exerce, comme on le croit, dans l'intérêt des
enfants; le père n'est que le représentant ou le mandataire de
l'Etat. Il remplit une fonction que celui-ci lui confie ». Lasson,
System der Rechtsphilosophie, 1881, cité par Taudière, *Traité de la
puissance paternelle. op cit.*, p. 447. Tout dernièrement encore,
M. Faillet, dans la séance du Conseil général de la Seine du
15 novembre 1898, a déclaré, sans soulever trop de protestations,
que les enfants n'étaient pas au père de famille, mais à la République!

3. Dubois, *Etude historique sur la protection de l'enfance*, 1887,
p. 257.

4. Naquet, *Religion, propriété, famille*, 1869, p. 290.

5. Réimpression du *Moniteur*, t. XX, p. 409.

les abus, il n'a jamais le pouvoir de se substituer à cette autorité.

Aussi bien, ce n'est pas de cela qu'il est question ici. La modification législative que nous demandons, ne saurait avoir d'autre effet que d'empêcher certains pères indignes d'opprimer les êtres dont ils ont la garde. Réprimer les abus d'une autorité, ce n'est pas détruire cette autorité, c'est la consolider.

B

Vous allez, nous dit-on, *semer la discorde dans la famille.* L'enfant entrera en révolte ouverte contre l'autorité paternelle. Si le tribunal auquel il s'adresse lui donne raison, voilà l'autorité morale du père irrémédiablement perdue non seulement vis-à-vis de cet enfant, mais vis-à-vis de tous les autres enfants. Si, au contraire, le tribunal confirme la sentence du père, vous aurez, en pure perte, agité dans la famille un brandon de discorde, qui sera long à s'éteindre ; vous aurez provoqué un scandale inutile.

Ce raisonnement serait victorieux, si nous accordions trop facilement le droit de recours à l'enfant. Mais nous ne le lui accorderions qu'avec certaines restrictions. Tant qu'il serait mineur de 21 ans, l'enfant ne pourrait en appeler du refus du père que si la mère était d'accord avec lui, c'est-à-dire approuvait le mariage. Quand le père et la mère s'opposeraient l'un et l'autre au mariage, leur volonté serait péremptoire. N'y aurait-t-il pas en effet les plus grandes chances pour que cette volonté fût, dans ce cas, conforme au véritable intérêt de l'enfant ? L'art. 148 s'appliquerait ici. Quand le père seul consentirait, nous respecterions encore la solution du Code. La volonté du

père l'emporterait. Ainsi le veut la faveur due au mariage ; que l'on n'oublie pas d'ailleurs que la mère doit
nécessairement être consultée. Nous ne changeons, en
définitive, la législation de l'art. 148, que dans le cas où le
père s'oppose à un mariage qui a la pleine approbation de
la mère. Nous croyons qu'il y a ici présomption grave que
le mariage approuvé par sa mère, soit conforme à l'intérêt
de l'enfant. En tous cas, il y a une raison suffisante pour
donner au tribunal le droit de trancher le différend. Il
serait donc toujours vrai de dire avec l'art. 148, qu'en cas
de dissentiment, le consentement du père suffit. Mais on
ne pourrait plus dire que ce consentement est toujours
nécessaire. Remarquons, enfin, que si l'un des père et
mère est décédé ou incapable, l'art. 149 s'appliquerait et
l'enfant ne jouirait d'aucun recours, tant qu'il serait mineur de 21 ans. Ce ne serait qu'après l'âge de 21 ans que
le fils aurait le droit d'appel contre le refus même con-
cordant de ses père et mère.

Ainsi limité, le recours que nous accordons, ne saurait
compromettre la paix de la famille. Le père et la mère seraient entendus : le tribunal les mettrait souvent d'accord·
En cas de refus persistant du père, les juges statueraient
au mieux, des intérêts de l'enfant. Et si les magistrats
étaient à la hauteur de leurs fonctions, ils finiraient presque toujours par rétablir la concorde dans la famille
troublée.

C

Ce secours, ajoute-t-on s'il n'est pas dangereux, est au
moins *inutile*. Quand l'enfant est en présence d'un père
dénaturé, il n'a qu'à faire prononcer la déchéance de la
puissance paternelle, conformément à la loi du 24 juillet

1889 ; il pourra ainsi se soustraire à la nécessité du consentement (1). Nous répondons que le remède proposé est bien peu efficace.

La loi de 1889 a eu le tort d'envisager tous les attributs de la puissance paternelle comme formant un seul bloc. On enlève au père tous ses droits ou l'on ne lui en enlève aucun. Pour vouloir trop protéger l'enfant, on ne le protège pas assez : les tribunaux placés dans l'alternative de prononcer la déchéance totale de la puissance paternelle, ou d'absoudre, se décident souvent pour ce dernier parti.

Le législateur devrait permettre, dans certains cas, au juge de porter une main moins lourde sur le père. Une indignité partielle devrait suffire pour faire perdre au père un des attributs de sa puissance. Ou mieux, on pourrait reconnaître au tribunal, dans plusieurs cas, le droit que lui confère l'art. 302, à propos de l'attribution des enfants après le divorce prononcé : les juges décident, sur la demande de la famille ou du ministère public, « pour le plus grand avantage des enfants. » C'est un droit de même nature que devrait avoir le tribunal, sur la demande de la mère, lorsque le père s'oppose injustement au mariage de l'enfant, ou sur la demande directe du fils majeur de 21 ans et mineur de 25 ans.

D

Enfin une objection théorique nous est faite : c'est un principe de notre droit que *le père seul exerce l'autorité paternelle* pendant le mariage (2) ; vous méconnaissez ce

1. Loi du 24 juillet 1889, art. 14.
2. Art. 373 C. civ.

principe, nous dit-on, en permettant à la mère de ne pas tenir compte de la volonté du père.

Il y aurait longuement à disserter sur la valeur et l'étendue de ce principe. Au reste, nous avons déjà eu l'occasion d'en parler (1), qu'il nous suffise ici de préciser certaines données. La puissance paternelle qui appartient aux deux époux ne peut être exercée en fait que par un seul, nous le reconnaissons. Le père était le chef désigné, nous ne le discutons pas. Mais ce que nous tenons à faire remarquer, c'est que le pouvoir du père doit cesser dès qu'il devient incapable de l'exercer, ou encore dès qu'il l'exerce tyranniquement. C'est le cas que nous supposons ici. Qui prendra alors le pouvoir ? Nous aurions pu répondre, la mère. Nous aurions pu demander que le dissentiment emportât consentement. Nous avons préféré recourir aux tribunaux, qui décideront souverainement et impartialement sur la demande de la mère.

Est-ce violer le principe de l'art. 373 ? Est-ce donner un droit trop considérable à la mère ? Nous ne le croyons pas. La mère aime ses enfants autant, sinon plus que le père, et en matière de mariage, elle sera autant, sinon plus clairvoyante que celui-ci (2). Spécialement en ce qui touche la fille, les droits de la mère ne sauraient être trop étendus : c'est elle qui l'a élevée, qui a été sa

1. Voy. *suprà*, p. 270 et s.

2. « Le coup d'œil de la mère porte ailleurs et plus loin que celui du père. Le père s'inquiète de la fortune, de la carrière, de la position de son gendre. La mère prend plus de soucis des rapports sympathiques qui l'uniront à sa fille. Le père juge mieux comme homme ; la mère juge mieux comme gendre. » Ernest Legouvé, *Histoire morale des femmes*, p. 288.

confidénte, qui connaît les secrets de son cœur et les intimes aspirations de son être.

Si on nous reproche de sacrifier à la tendance féministe actuelle, on avouera tout au moins que c'est là du bon féminisme. Il ne tend pas, celui-là, à éloigner la femme du foyer domestique (1) ; il l'y attache, au contraire, en augmentant dans la famille, sa salutaire influence.

Le droit moderne exige qu'on tienne compte des justes revendications de la mère (2), qu'on règle avec plus de respect pour elle les dissentiments qui peuvent éclater dans la famille. Est-il raisonnable que tous ces dissentiments soient réglés d'avance, une fois pour toutes, de la même manière, par le triomphe du mari : *tacet mater in familia* ? Il semble que lorsque la mère approuve résolument le mariage, c'est qu'en général, l'intérêt de l'enfant commande ce mariage ; et, si sa voix ne doit pas être prépondérante, elle doit être au moins entendue : le tribunal compétent jugera.

Le principe de l'autorité maritale n'a pas à intervenir ici. On invoquerait en vain l'art. 215 et l'impossibilité pour la femme d'ester en justice avant d'avoir obtenue l'autorisation de son mari. Sans même se prévaloir du précédent créé par la loi du 6 février 1893, en faveur de la femme séparée de corps, ni des art. 218 et 219 qui donnent à la femme non autorisée, le droit « de faire

1. On ne peut en dire autant de la résolution suivante que le Congrès socialiste international de Bruxelles a voté en août 1891 : « Le Congrès invite les partis socialistes de tous les pays à affirmer énergiquement sous leurs programmes, l'égalité complète des deux sexes, à demander qu'il soit concédé à la femme les mêmes droits civils et politiques qu'à l'homme. »

2. Louis Bridel, *Le droit des femmes et le mariage, op. cit.*

citer son mari directement devant le tribunal de première instance de l'arrondissement du domicile commun, qui peut donner ou refuser son autorisation, après que le mari aura été entendu ou dûment appelé en la chambre du conseil », il suffirait, pour écarter l'objection fondée sur l'autorité maritale, de faire remarquer que la femme mariée reste pleinement capable pour tous les actes relatifs aux *droits de famille*. Ainsi elle a le pouvoir de reconnaître seule un enfant naturel (1). Si, comme épouse, elle doit obéissance et soumission, comme mère, elle a des droits propres, corrélatifs des devoirs d'éducation et d'établissement, qu'elles partagent avec le père (2). Celui-ci néglige-t-il ses devoirs dans une circonstance capital pour l'enfant ? Il appartient à la mère de les lui rappeler, en faisant appel à l'autorité supérieure de la justice.

III

L'économie générale de la législation ne serait pas troublé par la réforme que nous demandons (3). Il existe

1. Art. 337, C. civ.

2. M. Cadet (*Le Mariage en France, op. cit.*) s'élève avec force contre la déchéance injustifiable qui frappe la mère sous ce rapport : « Lorsque M. Jourdain, le plaisant héros de la comédie de Molière, annonce l'intention qu'il a de donner en mariage sa fille au fils du grand turc et que Mme Jourdain, encore dans l'ignorance du stratagème employé, combat ce projet avec énergie, elle laisse échapper ce cri du cœur : Elle est à moi aussi bien qu'à vous ! Il nous semble que le législateur a trop oublié que les enfants appartiennent à la mère, non moins qu'au père et qu'en toute justice les articles 148 et 150 du Code civil qui annihilent le droit de la mère et celui de l'aïeule, devraient être modifiés. »

3. V. sur ce point, Verduchène, *Observations critiques sur le Code civil néerlandais, comparé au Code Napoléon*, Maestricht, 1860, t. I, p. 97.

déjà dans notre droit des *dispositions assez semblables* à celle que nous proposons d'introduire.

C'est d'abord l'art. 302 dont nous avons parlé. Citons aussi le nouvel art. 152 (loi du 20 juin 1896) qui apporte une exception au principe qu'en cas de dissentiment le consentement du père suffit. Cet art. 152 dispose que s'il y a dissentiment entre les parents divorcés ou séparés de corps, « le consentement de celui des deux époux, au profit duquel le divorce ou la séparation aura été prononcé et qui aura obtenu la garde de l'enfant, suffira ». La volonté de la mère peut ainsi être préférée purement et simplement à celle du père.

Enfin une disposition de la loi du 24 juillet 1889 établit, dans une hypothèse particulière, le droit de recours que nous demandons. Ce droit est même plus considérable que celui que nous sollicitons, puisqu'il tend à combattre la volonté unie des deux parents et qu'il est exercé par des étrangers à la famille. Qu'on en juge ! Lorsque des mineurs de 16 ans ont été confiés par leurs parents à des établissements d'assistance publique, à des associations de bienfaisance ou à des particuliers, si les parents refusent de consentir au mariage, « l'assistance publique peut les faire citer devant le tribunal qui donne ou refuse le consentement, les parents entendus ou dûment appelés, dans la chambre du conseil ». (1) Nous ne demandons pas autre chose que l'extension de cette disposition à un cas similaire et plus pratique.

Nous avons aussi l'exemple des législations étrangères pour nous encourager. Le recours est admis dans presque tous les pays qui exigent le consentement des parents.

1. Loi du 24 juillet 1889, art. 17.

Citons seulement la législation néerlandaise, qui autorise dans certains cas le pourvoi devant le juge de canton (1), le Code italien qui rend compétente dans tous les cas la cour d'appel (2) et le nouveau Code civil allemand qui porte le différent devant le tribunal des tutelles (tribunal de baillage) (3). Enfin, dans l'avant-projet de revision du Code civil de Belgique, on trouve un art. 338 ainsi conçu : « Le père exerce l'autorité durant le mariage de commun accord avec la mère. En cas de dissentiment, le tribunal décidera » (4).

Quant à la *règlementation pratique* de ce recours, elle pourrait être la suivante : lorsque les enfants sont mineurs de 21 ans, le droit de recours n'est pas accordé à eux-mêmes, mais à la mère pour en appeler du refus du père, ou à l'aïeule pour en appeler du refus de l'aïeul (5); lorsque le fils est majeur de 21 ans, il exerce par lui-même le recours, soit que son père seul refuse, soit que le père et la mère refusent l'un et l'autre. Il n'y a pas de distinction à faire entre l'enfant légitime et l'enfant naturel. La cause sera portée devant le tribunal de première instance du domicile du père ou de l'aïeul, siégeant en chambre de conseil, les parents et le mineur dûment entendus ou appelés, sans l'assistance de défenseurs (6).

1. Act. 99 à 102, C. civ. néerlandais.

2. Act. 66, C. civ. italien.

3. Act. 1308, nouv. C. civ. allemand.

4. Laurent, *Avant-projet de revision du Code civil*, Bruxelles, 1882, art. 358. Le Code civil des Iles Ioniennes, de 1841, permet le recours, sauf en ce qui concerne le père, art. 149.

5. *Sic :* Verduchêne, *op. cit.,* t. I, p. 98 ; Taudière, *op cit ,* p. 483 ; Cadet, *op. cit.,* p. 213.

6. On pourrait se reporter avec fruit au nouv. art. 153 modifié par la loi belge du 30 avril 1896 et par la loi luxembourgeoise du 12 juin 1898.

De la sorte le scandale sera évité. Et si le tribunal sait mettre de la discrétion à contrecarrer la décision du père il arrivera presque toujours à faire renaître l'accord dans la famille, et à rendre une sentence à la fois respectueuse des droits du père et salutaire aux intérêts de l'enfant.

Section III. — Suppression de l'acte respectueux à l'égard des aïeuls et aïeules.

On se rappelle qu'en 1895, lors de la discussion de la proposition de loi de M. l'abbé Lemire, à la Chambre des députés, un amendement fut présenté par M. Charles Ferry, qui tendait à la suppression pure et simple de l'acte respectueux, tant à l'égard des père et mère que des autres ascendants (1). On sait que l'amendement fut repoussé (2). Nous avons approuvé pleinement les motifs donnés par M. le rapporteur Bertrand pour écarter cette réforme. Nous avons montré qu'à notre avis, la Chambre avait fait œuvre utile en maintenant, sans se laisser influencer par l'exemple des législations étrangères, le principe de la demande de conseil après la majorité matrimoniale.

Mais à côté de l'amendement de M. Charles Ferry, un autre amendement avait été déposé par l'auteur même de la proposition de loi, par M. l'abbé Lemire. Cet amendement, plus modeste, tendait seulement à supprimer, dans la nouvelle rédaction de l'art. 151, l'obligation, pour les enfants mineurs de solliciter le consentement de leurs aïeuls et aïeules, en cas de décès des père et mère, ou d'impossibilité pour ceux-ci de manifester leur volonté.

1. *J. off.*, Chambre des députés, séance du 2 avril 1895, p. 1176.
2. Voy. *supra*, p. 300.

L'amendement fut adopté en seconde lecture par la Chambre des députés, le 2 avril 1895 (1). On pouvait croire qu'il passerait dans la loi. Mais le Sénat, faisant, selon l'expression de M. Charles Ferry, « du conservatisme à outrance » (2), le rejeta dans la séance du 24 mars 1896 (3).

M. l'abbé Lemire s'était contenté de demander une réforme que d'autres parlementaires avait proposée avant lui. M. Félix Le Roy, notamment, dans un projet de loi déposé à la Chambre des députés le 2 juillet 1888 (4), et qui fut l'objet d'un rapport favorable de M. Gomot (5), avait réclamé la même modification législative.

A notre tour, nous reprenons aujourd'hui cette réforme, bien persuadés qu'un examen plus attentif du Sénat l'eut fait adopter en 1896.

Rappelons d'abord les motifs indiqués par les divers orateurs qui ont défendu l'amendement de M. l'abbé Lemire. Nous exposerons ensuite et nous réfuterons les objections qui ont été formulées. Nous résumerons enfin le débat, pour conclure que les avantages de notre réforme l'emportent sur ses inconvénients.

I

MM. l'abbé Lemire et Trarieux, à la Chambre des dé-

1. Par 297 voix, contre 227, *J. off.*, Chambre des députés, séance du 2 avril 1895, p. 1184.

2. Discours de M. Charles Ferry, *J. off.*, même séance, p. 1176.

3. Par 182 voix contre 60, *J. off.*, Sénat, séance du 24 mars 1896 p. 318.

4. Annexes n° 2872 à la séance du 2 juillet 1888, *J. off.*, Annexes, 1888, p. 916.

5. Rapport déposé le 16 mars 1889.

putés, et M. Ratier, au Sénat, se sont faits les principaux *défenseurs* de la réforme.

Dans la séance du 2 avril 1895, M. l'abbé Lemire a montré, dans un langage éloquent, les difficultés qu'éprouvent les futurs conjoints à satisfaire à l'obligation rigoureuse de l'article 151 : « Cette obligation de demander le consentement des aïeuls et aïeules s'expliquait peut-être au commencement de notre siècle, lorsque la stabilité du foyer était la loi commune en France, mais je pense que personne ici ne se fait assez illusion pour croire que la stabilité soit encore la règle aujourd'hui, principalement pour les populations ouvrières ! Là, c'est la mobilité qui est pour ainsi dire la loi ! C'est ce que l'on constate tous les jours. Jeunes gens et jeunes filles doivent quitter leur pays, leur foyer, la maison de leurs père et mère, avant 21 ou 25 ans. Ils partent au loin, entraînés par la loi de l'offre et de la demande, et ils se dispersent aux quatre coins de la France, pour trouver de quoi gagner leur pain. Voilà la réalité, Messieurs. Par conséquent quand on oblige ces pauvres jeunes gens, ces orphelins — car il s'agit d'eux — à demander le consentement de leurs grands parents, aïeul ou aïeule, on ne doit pas être surpris qu'ils répondent : nous ne savons pas, s'ils vivent encore, où ils demeurent, et, s'ils sont morts, nous ne savons pas si c'est dans tel endroit ou dans tel autre ! » (1)

A l'appui de ses affirmations, l'orateur produisait une statistique faite à Bruxelles avant le vote de la loi de 1887. On y voit qu'en 1886, à Bruxelles, sur 8.028 personnes mariées, 1.630 ont eu besoin de rechercher leurs aïeuls et aïeules, c'est-à-dire en tenant compte des ascendants

1. *J. off.*, Chambre des députés, séance du 2 avril 1895, p. 1180.

des père et mère, quatre fois 1.630 personnes, soit 6.520. Or sur ces 6.520 ascendants recherchés, 59 seulement ont été retrouvés, et sur ces 59, un seul a exigé l'acte respectueux avant de consentir au mariage (1).

- Cette statistique suffit à prouver qu'en pratique, les recherches d'aïeuls et d'aïeules n'aboutissent à aucun résultat utile pour l'enfant et, par contre, lui occasionnent des frais de temps et d'argent. Pourquoi dès lors, concluait l'orateur, conserver « ce luxe d'investigations qui ne produisent aucun effet d'une utilité appréciable et suffisante pour compenser les ennuis qu'elles occasionnent (2) ? »

M. le garde des Sceaux Trarieux soutint l'amendement de M. l'abbé Lemire. Il fit remarquer que la loi devait faire une différence entre les père et mère et les autres ascendants. Quand il s'agit en effet des ascendants au deuxième degré, la complication des formalités augmente, en raison du plus grand nombre des ascendants. D'autre part, l'utilité de la demande est plus minime, les aïeuls ayant presque toujours perdu de vue l'enfant, depuis un assez long temps (3).

1. *J. off.*, Chambre des députés, séance du 2 avril 1895, p. 1181. A Lille, en 1889, sur 3.306 personnes mariées, 596 ont eu à s'enquérir de leurs aïeuls et aïeules, par conséquent 2.384 personnes ont dû être recherchées, 30 seulement ont été retrouvées.

2. *J. off., loc. cit.*

3. « Les enfants, au moment du mariage, ont à consulter le père ou la mère. Cette consultation, le plus souvent, leur sera facile. S'ils ont quitté leurs père et mère, ils savent en général où les trouver, ils savent où ils se trouvent. Au regard des aïeuls et aïeules, à ce degré plus éloigné de la parenté, la situation est toute différente. D'abord, les ascendants peuvent être au nombre de quatre... Ils sont peut-être dispersés aux quatre coins de l'horizon, et il devient dès lors extrêmement difficile de les consulter. » Discours de M. Trarieux, *J. off.*, Ch. des députés, séance du 2 avril 1895, p. 1183.

Devant le Sénat, le rapporteur de la proposition de loi, M. Ratier, se déclara également partisan de la réforme. Après avoir fait observer que la législation actuelle avait pour résultat assez fréquent de retarder et, par là, d'empêcher certains mariages, il montra, par des lettres émanées de plusieurs maires de grandes villes, qu'on se trouvait souvent en « présence d'enfants ayant l'intention de contracter une union parfaitement honorable et de nature à assurer leur bonheur, alors que, au contraire, certains grands-parents étaient disposés à abuser de la formalité que le Code avait rendu nécessaire (1) ».

II

Nous arrivons aux *objections*. La proposition de M. l'abbé Lemire a été combattue, à la Chambre des députés, par le rapporteur, M. Bertrand (2), et au Sénat, par M. Demôle (3).

N'y a-t-il pas, ont dit les orateurs (4), quelque chose d'injuste et même de monstrueux à dispenser l'enfant orphelin, élevé et entouré de soins par ses grands-parents, de solliciter le conseil de ces grands-parents, quand il songe à se marier? Evidemment, cette objection a sa gravité. Mais il faut remarquer qu'on se trouve ici en présence d'une situation exceptionnelle. La règle générale est que les enfants sont élevés par les père et mère. Or, la loi n'est pas faite pour les cas exceptionnels.

D'ailleurs, lorsque les grands-parents auront élevé

1. *J. off..* Sénat, séance du 24 mars 1896, p. 316.
2. *J. off.*, annexe n° 841. à la séance du 18 juillet 1894.
3. *J. off.*, Sénat. séance du 24 mars 1896, p. 316.
4. Voy. les discours de MM. Bertrand et Demôle, *J. off.*, *loc. cit.*; cf. Loubat, *op. cit.*, p. 72.

l'enfant, il y a de grandes chances, si ces grands-parents sont honorables, pour que l'enfant tienne de lui-même à les consulter. Mais si l'enfant veut contracter mariage sans tenir compte de leur avis, ce n'est pas un acte respectueux qui l'arrêtera.

Avec la suppression de l'acte respectueux, ajoute-t-on, les vieux parents ne connaîtront peut-être pas le mariage de leurs petits-enfants. Nous répondons d'abord que les publications sont là pour le leur faire connaître. Ce moyen, sans doute, peut être inefficace. Il y aura alors dans ce cas, une situation pénible. Mais toute loi n'a-t-elle pas ses imperfections ? D'ailleurs, la situation de l'ascendant serait celle qui est faite actuellement à l'adoptant, et personne ne songe à protester contre cette situation, presque aussi intéressante que celle des ascendants.

On invoque, il est vrai, le principe du Décalogue : tes père et mère honoreras. On fait remarquer qu'à moins d'interpréter le texte judaïquement, il faut y comprendre les aïeuls et aïeules. Nous en convenons. Mais on nous accordera cependant que le devoir de respect est plus rigoureux à l'égard des père et mère qu'à l'égard des aïeuls ou bisaïeuls. Et puis, toutes les obligations morales n'ont pas besoin d'avoir leur sanction civile. Cette sanction, qui est utile dans certains cas, peut être nuisible dans d'autres, par exemple lorsqu'elle est notoirement inefficace, tout en présentant, d'autre part, des inconvénients graves.

On ajoute que la réforme demandée enlève toute raison d'être à l'obligation alimentaire qui incombe aux aïeuls et aïeules à l'égard de leurs descendants (1). Cette objec-

1. Art. 205 C. civ. Cette objection a été formulée par M. Bertrand à la Chambre des députés (*J. off.*, Chambre des députés,

tion ne nous paraît pas fondée. En effet, l'obligation alimentaire est due par les beaux-pères et belles-mères à leurs gendres et belles-filles (1), et par l'adoptant à l'adopté (2). Pourtant, ces personnes ne jouissent pas du droit d'intervenir dans le mariage de celui à qui ils doivent la pension alimentaire. Il y a plus. La déchéance de la puissance paternelle fait perdre aux ascendants leur droit de consentir. Elle laisse néanmoins subsister leur obligation d'aliments vis-à-vis de leurs descendants (3). Il est donc manifeste qu'il n'existe aucune corrélation entre l'obligation alimentaire, due par les aïeuls, et leur droit d'être consultés pour le mariage. Remarquons d'ailleurs que notre réforme laisse intact entre les mains des aïeuls le droit très efficace de faire opposition non motivée au mariage (4).

Enfin, dit-on, les modifications introduites par la loi de 1896 sont suffisantes pour sauvegarder l'intérêt de l'enfant, sans qu'il soit nécessaire de supprimer la formalité de l'acte respectueux à l'égard des aïeuls. On fait ainsi allusion au nouvel article 155 qui dispose que, si les ascendants dont le conseil est requis sont décédés et si l'on est dans l'impossibilité de produire l'acte de décès ou la preuve de leur absence, faute de connaître leur dernier domicile, il sera procédé à la célébration du mariage des majeurs sur leur déclaration à serment que le lieu du décès et celui du dernier domicile de leurs ascendants leur sont inconnus. Cette déclaration doit être certifiée par serment des quatre témoins de l'acte

2 avril 1895, p. 1184) et reprise par M. Demôle au Sénat (*J. off.*, Sénat, 24 mars 1896, p. 316).

1. Art. 206 C. civ.
2. Art. 349 C. civ.
3. Loi du 24 juillet 1889, art. 1-4°.
4. Art. 173 et 176 C. civ.

de mariage. Voilà ce que l'on présente comme une disposition suffisante pour rendre inutile la réforme que nous proposons !

Est-il besoin de faire remarquer que la simplification sera bien souvent illusoire ? D'abord, il faut que le descendant soit sûr du décès de l'ascendant. Si ce décès est incertain, il devra rechercher l'ascendant jusqu'à ce qu'il le trouve ou acquiert la preuve de son décès. Il paraît bien que pour éviter ces recherches, le futur n'hésite pas à certifier sous serment le décès ; mais encore faut-il qu'il trouve quatre témoins complaisants pour faire la même déclaration. La simplification a lieu trop souvent au prix d'un faux serment.

III

Il est temps de résumer le débat. Nous demandons la suppression de l'acte respectueux à l'égard des aïeuls et aïeules pour deux raisons principales : l'une est d'ordre théorique, l'autre d'ordre pratique.

Le motif théorique est le suivant :

La nécessité de la demande de conseil ne se justifie que par l'idée du respect filial. On ne peut guère, en effet, invoquer l'intérêt de la famille qui, tendant à devenir particulariste et ignorant la mésalliance, n'a pas, pour ainsi dire, de droits propres distincts de ceux de l'enfant. On ne peut pas davantage se prévaloir de l'intérêt de l'enfant. Sans doute, dans bien des cas, il pourra consulter avec fruit l'aïeul, comme il pourra demander avec profit l'avis d'une personne expérimentée et dévouée ; mais il faut songer aussi que, dans d'autres cas, le conseil demandé sera d'un maigre profit, par la force même des circonstances : le futur âgé de 30 à 35 ans, aura vraisemblablement des aïeuls âgés de 85 à 90 ans ? Par contre, la demande de conseil entraîne pour le futur, des recherches longues et des formalités compliquées. Peut-on, après cela, invoquer l'intérêt de l'enfant pour repousser notre réforme ? Nous restons donc en présence de cette affirmation : l'obligation perpétuelle, de l'acte respectueux ne se justifie, en réalité, que par le devoir de respect filial.

Or, tirons de cette règle les conclusions qu'elle comporte. Notre Code a transformé, dans l'art. 371, ce précepte de morale en une règle de droit, mais seulement à l'égard des père et mère (1). Juridiquement, l'art. 152 doit être en corrélation avec l'art. 371 : il ne doit concerner que les père et mère.

Notre deuxième argument, celui-la d'ordre pratique, est plus décisif encore. En raison de la prompte dispersion des membres de la famille, il arrive souvent aujourd'hui, dans les villes surtout, que les futurs ignorent la résidence de leurs grands-parents et ne savent même pas s'ils sont vivants ou morts (2).

Quand arrive le moment de contracter mariage, ils sont contraints de choisir entre deux partis : ou bien ils recherchent leurs ascendants, et alors ce sont des frais de correspondance considérables, des démarches nombreuses que nous signalent les statistiques de l'Œuvre du mariage des pauvres (3) ou bien, pour s'éviter cette peine, ils usent de la faculté accordée par la loi de 1896 et décla-

1. « *L'enfant, à tout âge, doit honneur et respect à ses* père et mère, » art. 371 C. civ.

2. Cf. Blanc du Collet, *Commentaire de la loi du 20 juin 1896*, Paris, 1897, p. 54.

3. Voy. *Compte-rendu des travaux de la Société Saint-François Régis de Bruxelles*, Bruxelles, 1884, p. 10.

rent sous serment que leurs ascendants sont morts et qu'ils ignorent le lieu de leur dernier domicile.

Dans ce dernier cas qui *tend à devenir la pratique courante*, le résultat voulu par le législateur n'est pas atteint ; l'aïeul n'est pas consulté ; on a seulement un faux serment de plus à déplorer. Quand une obligation légale devient ainsi une pure formalité, quel avantage trouve-t-on à son maintien ? Elle survit en quelque sorte à la cause qui l'avait fait naître : elle n'est plus qu'une entrave inutile : elle est mûre pour la suppression.

Il nous semble que M. le sénateur Ratier se plaçait au véritable point de vue lorsqu'il disait à la séance du 24 mars 1896 : « Il faut cependant... comprendre qu'à côté du droit des grands-parents, il y a aussi quelqu'un dont on ne parle pas et qui pourtant joue un grand rôle dans le mariage, je veux parler de l'enfant. Eh bien, l'enfant lorsqu'il atteint cet âge qui n'est plus l'âge de l'incapacité légale, a-t-il ou n'a-t-il pas la possibilité de se marier librement ? Pourquoi lui imposer une formalité plus irrespectueuse. Est-ce, en un mot, une nécessité qu'à cet âge, si l'action morale qui doit être une sauvegarde et qui ne peut pas être remplacée par une formalité judiciaire, est restée sans résultat, le jeune homme et la jeune fille, libres de leurs droits, soient arrêtés dans la célébration d'une union à laquelle ils aspirent par un acte de procédure à accomplir ? (1) ».

Nous pouvons enfin invoquer des précédents contenus les uns dans les législations qui nous entourent, les autres dans la législation française elle-même.

En Belgique, la loi du 30 avril 1896 (2) a accompli la

1. *J. off.*, Sénat, séance du 24 mars 1896, p. 317.
2. V. *suprà*, p. 230.

réforme que nous sollicitons. Le législateur belge a été moins timide que le législateur français. Or, l'organisation de la famille est sensiblement la même dans les deux pays. Nous avons donc tout lieu de croire que la réforme donnerait en France les bons résultats qu'elle a donnés en Belgique (1). En Espagne, qui est un des rares pays où le conseil des père et mère doive être sollicité par l'enfant majeur, il n'est aucunement question de requérir le conseil des aïeuls (2) ; de même dans les Pays-Bas (3). Enfin, une loi toute récente du Grand-Duché de Luxembourg, la loi du 12 juin 1898, vient d'opérer la réforme que nous demandons (4).

1. Voy. le *Compte-rendu du Congrès international des Sociétés de Saint-François-Régis et des Comités des mariages,* Bruxelles, 1898.

2. Art. 47 C. civ. espagnol.

3. Seul, le conseil des père et mère est requis et seulement jusqu'à 30 ans, art. 99 C. civ. néerl.

4. La loi luxembourgeoise du 12 juin 1898 a été visiblement inspirée par la loi belge du 30 avril 1896. Elle correspond bien aussi, dans son esprit général, à notre loi du 20 juin 1896, mais ses dispositions sont d'un libéralisme plus accentué que les dispositions françaises. — En ce qui concerne l'acte respectueux, la loi de 1898 : *a)* reproduit la réforme française, en décidant que l'enfant majeur de vingt-un ans qui veut se marier sans le consentement de ses père et mère, n'a plus qu'un acte respectueux à signifier ; *b)* accomplit la réforme que nous sollicitons, en déclarant que l'acte respectueux n'est plus à signifier aux ascendants autres que les père et mère ; *c)* adopte la réglementation belge touchant les fils et filles majeurs de vingt-un ans et mineurs de vingt-cinq : le père et, à son défaut, la mère, peuvent, dans les quinze jours qui suivent la notification de l'acte respectueux, prendre leur recours contre cet acte devant le tribunal du domicile de l'enfant qui pourra ordonner qu'il sera sursis au mariage s'il trouve que les motifs de refus sont fondés ; *d)* permet que l'acte respectueux soit dressé et notifié par l'officier de l'état civil lui-même ; *e)* décide enfin que l'acte respectueux n'est pas exigé du futur époux, lorsque le père et la mère n'ont pas de demeure connue dans le Grand-Duché. — Sur l'esprit et l'étendue des autres réformes accomplies dans le

Au reste, en France, plusieurs décrets déjà mentionnés (1), ont dispensé les futurs résidant en Cochinchine, dans l'Annam et au Tonkin et dont les ascendants ont leur domicile dans un autre pays, de l'obligation de signifier les actes respectueux. Est-ce avoir trop d'ambition que de réclamer pour les habitants de la métropole les franchises dont jouissent les habitants des colonies ? Nous demandons simplement l'extension des décrets de 1877, de 1883 et de 1890 à toutes les parcelles du territoire français en ce qui concerne les aïeuls et la suppression assez arbitraire, de la distinction relative au domicile de l'ascendant.

Nous concluons que si l'obligation de l'acte respectueux est utile et légitime en ce qui touche les père et mère (2), cette obligation au regard des aïeuls et aïeules, apparaît comme une formalité presque toujours vaine, et souvent contraire aux intérêts du descendant. Nous croyons que sa suppression constituerait un important progrès législatif (3).

Signalons, en terminant, une réforme d'ordre secondaire, qui pourrait avoir d'utiles résultats dans la pratique. On pourrait, croyons-nous, étendre à l'acte respec-

droit matrimonial luxembourgeois par la loi de 1898, nous renvoyons à la *Circulaire du procureur général d'Etat du 30 juin 1898,* Luxembourg, imprimerie de la Cour, 1898.

1. Décrets du 28 juin-13 septembre 1877, du 27 janvier 1883 et du 29 janvier 1890.

2. On a proposé de remplacer l'acte respectueux par une comparution devant le président exerçant sa juridiction gracieuse, comparution analogue à celle des époux en cas de divorce (rapport de M. Bourcart, au Congrès des sociétés savantes, 1891, p. 57). Nous n'apercevons pas bien l'utilité de cette réforme qui serait loin de constituer une simplification.

3. *Sic,* Blanc du Collet, *op. cit.,* p. 98 ; Nourrisson, *op. cit.,* p. 230.

tueux la règle posée par la loi de 1896, relativement à l'acte de consentement. On pourrait permettre que l'acte respectueux fût dressé et notifié par l'officier de l'état civil (1).

1. Vœu exprimé par le Congrès international de Bruxelles de 1897 et réalisé par la loi luxembourgeoise du 12 juin 1898.

CONCLUSION

On n'épuise pas un sujet inépuisable. Nous n'avons
pas la prétention d'avoir tout dit sur le rôle juridique des
ascendants dans la formation du mariage. Aussi bien,
en étudiant la réglementation française dans son origine
historique, dans son texte et ses rapports avec les législations étrangères, enfin dans son esprit philosophique
et ses tendances, n'avons-nous eu d'autre but que de présenter une vue d'ensemble d'un problème fort attachant
de notre législation. Nous laissons à des voix plus auto-
risées que la nôtre, le soin de dire quelles sont, parmi
les réformes proposées, celles qu'on pourrait introduire
dès maintenant dans nos lois. Pour nous, notre ambition
serait satisfaite, si de la diversité des aspects embrassés
dans cette étude, se dégageait, comme conclusion pratique, la nécessité de réviser sur plusieurs points notre
droit matrimonial et de défendre la famille, groupement
naturel et fondement de l'édifice social, contre les attaques de certains théoriciens modernes.

Que si les modifications souhaitées par nous paraissent à certains esprits de nature, en raison de leur caractère franchement libéral, à compromettre l'autorité
respectable des parents et à jeter le trouble dans la
famille, nous demandons à ces esprits trop prompts à
s'alarmer de se rassurer. Moins que personne, nous ne

voudrions porter atteinte à la double notion d'autorité et de respect, que nous considérons comme la meilleure garantie de la paix familiale et sociale.

Mais, nous ne croyons pas que définir une autorité, chercher à prévenir ses abus, soit s'attaquer à cette autorité ; nous croyons que c'est plutôt la servir.

Le droit moderne proclame que la puissance paternelle n'est que *l'ensemble des droits dont jouissent les parents afin de pouvoir accomplir leur devoir d'éducation à l'égard de leurs enfants*. Nous nous bornons à tirer de ce principe le corollaire qu'il comporte : la protection de de l'enfant doit être le fondement et la mesure du droit d'intervention des ascendants à propos du mariage.

Ce que nous voulons, c'est concilier, mieux que ne l'a fait notre Code civil, l'indépendance juridique de l'enfant et la déférence due aux parents, c'est débarrasser notre législation des vaines formalités qui retardent et, par là, compromettent la conclusion des mariages, c'est, en un mot, faciliter l'union légitime, afin de diminuer le nombre des unions irrégulières. Et, ce faisant, nous croyons servir la cause de la famille plus efficacement que ceux qui, tout en entourant de prétendues garanties la formation du lien matrimonial, n'hésitent pas à permettre la rupture de ce lien avec une déplorable facilité.

Dans son discours du 2 avril 1895, à la Chambre des députés, M. l'abbé Lemire prononçait ces paroles : « Nous allons faire un premier pas aujourd'hui, et je pense qu'on en fera bien d'autres, car, au point de vue de la famille, il y a des réformes législatives dont nous constatons chaque jour l'urgence ».

L'honorable député du Nord a compris que, devant la crise matrimoniale que notre pays traverse, devant l'effrayante diminution des naissances, et surtout des naissances légitimes, le devoir du législateur est d'intervenir. Certes, l'action des mœurs est féconde en cette matière (1) ; mais pour être vraiment efficace, cette action doit trouver un point d'appui dans la loi. Nos législateurs ont su accomplir, en 1896, un premier progrès. Nous souhaitons qu'ils en réalisent bientôt un nouveau, plus complet Nous souhaitons que, se pénétrant des vrais intérêts de la famille, ils augmentent et la facilité d'accès et la stabilité de l'union matrimoniale.

1. Aussi peut-on regretter que notre législateur n'ait pas imité la sagesse des législateurs anglais, espagnol, portugais, suédois, norvégien, russe, américain, etc..., qui ont craint de faire perdre au mariage une partie de sa dignité, en séparant l'union civile du mariage religieux. V. Glasson, *Histoire du droit et des instit. polit. civ. et judic. de l'Angleterre,* Paris, 1883, t. VI, p. 113.

Vu :
Le Président de la thèse,
E. CHÉNON.

Vu :
Le Doyen de la Faculté,
GLASSON.

Vu et permis d'imprimer :
Le vice-recteur de l'Académie de Paris,
GRÉARD.

TABLE DES MATIÈRES

DEUXIÈME PARTIE

Le droit actuel.

TROISIÈME PARTIE

Examen critique.

Laval. — Imprimerie parisienne, L. BARNÉOUD & Cie.